OEUVRES COMPLÈTES

DE

GEORGE SAND

QUESTIONS D'ART ET DE LITTÉRATURE

CALMANN LÉVY, ÉDITEUR

ŒUVRES COMPLÈTES
DE
GEORGE SAND
FORMAT GRAND IN-18

Les Amours de l'âge d'or..	1 vol.	Jean Ziska — Gabriel......	1 vol.
Adriani.................	1 —	Jeanne.................	1 —
André..................	1 —	Journal d'un voyageur pen-	
Antonia................	1 —	dant la guerre........	1 —
Autour de la table......	1 —	Laura..................	1 —
Le Beau Laurence......	1 —	Légendes rustiques......	1 —
Les Beaux Messieurs de		Lélia — Métella — Cora.	2 —
Bois-Doré..............	2 —	Lettres d'un voyageur...	1 —
Cadio..................	1 —	Lucrezia-Floriani-Lavinia.	1 —
Césarine Dietrich........	1 —	Mademoiselle La Quintinie.	1 —
Le Château des Désertes.	1 —	Mademoiselle Merquem...	1 —
Le Château de Pictordu..	1 —	Les Maîtres mosaïstes....	1 —
Le Chêne parlant........	1 —	Les Maîtres sonneurs.....	1 —
Le Compagnon du tour de		Malgretout..............	1 —
France................	2 —	La Mare au Diable......	1 —
La Comtesse de Rudolstadt.	2 —	Le Marquis de Villemer...	1 —
La Confession d'une jeune		Ma Sœur Jeanne........	1 —
fille..................	2 —	Mauprat................	1 —
Constance Verrier........	1 —	Le Meunier d'Angibault..	1 —
Consuelo...............	3 —	Monsieur Sylvestre.......	1 —
Contes d'une grand'mère..	1 —	Mont-Revêche...........	1 —
La Coupe...............	1 —	Nanon..................	1 —
Les Dames vertes........	1 —	Narcisse................	1 —
La Daniella.............	2 —	Nouvelles...............	1 —
La Dernière Aldini......	1 —	Nouvelles lettres d'un	
Le Dernier Amour.......	1 —	voyageur..............	1 —
Dernières pages.........	1 —	Pauline.................	1 —
Les Deux Frères.........	1 —	La Petite Fadette........	1 —
Le Diable aux champs....	1 —	Le Péché de M. Antoine..	2 —
Elle et Lui..............	1 —	Le Piccinino.............	2 —
La Famille de Germandre..	1 —	Pierre qui roule.........	1 —
La Filleule..............	1 —	Promenades autour d'un	
Flamarande.............	1 —	village................	1 —
Flavie..................	1 —	Le Secrétaire intime.....	1 —
Francia.................	1 —	Les Sept Cordes de la Lyre.	1 —
François le Champi......	1 —	Simon...................	1 —
Histoire de ma vie......	4 —	Tamaris.................	1 —
Un Hiver à Majorque —		Teverino — Léone Léoni...	1 —
Spiridion..............	1 —	Théâtre complet.........	4 —
L'Homme de neige......	3 —	Théâtre de Nohant......	1 —
Horace.................	1 —	La Tour de Percemont. —	
Impressions et Souvenirs..	1 —	Marianne.............	1 —
Indiana................	1 —	L'Uscoque..............	1 —
Isidora.................	1 —	Valentine...............	1 —
Jacques................	1 —	Valvèdre................	1 —
Jean de la Roche........	1 —	La Ville noire...........	1 —

Imprimerie de Poissy — S. Lejay et Cie.

QUESTIONS D'ART
ET DE
LITTÉRATURE

PAR

GEORGE SAND

PARIS
CALMANN LÉVY, ÉDITEUR
ANCIENNE MAISON MICHEL LÉVY FRÈRES
RUE AUBER, 3, ET BOULEVARD DES ITALIENS, 15
A LA LIBRAIRIE NOUVELLE
—
1878
Droits de reproduction et de traduction réservés.

QUESTIONS D'ART
ET DE
LITTÉRATURE

PRÉFACES GÉNÉRALES [1]

I

1842.

Il se passe depuis dix ans, sur un tout petit coin de la scène littéraire, un phénomène étrange, à propos de mes romans. Ce ne serait pas la peine d'en parler, si, à cet exemple pris entre mille, ne se rapportaient pas tous les autres cas de même nature. Voici ce fait, à moi personnel au premier abord, et auquel se rattachent pourtant de grandes questions sociales :

Depuis dix ans, dans une série de romans que je

---

[1]. Ces préfaces ont été écrites, la première pour l'édition Perrotin des *Œuvres complètes* de l'auteur, seize volumes in-12, 1842-1844, et la seconde pour l'édition Hetzel, neuf vol. in-8°, 1851-1856.   *Note de l'Éditeur.*

n'ai pas pour cela la prétention de croire très-importants ni très-profonds, j'ai adressé aux hommes de mon temps une suite d'interrogations très-sincères, auxquelles la critique n'a rien trouvé à répondre, sinon que j'étais bien indiscret de vouloir m'enquérir auprès d'elle de la vérité. J'ai demandé, avec beaucoup de réserve et de soumission au début, dans deux romans intitulés *Indiana* et *Valentine*, quelle était la moralité du mariage tel qu'on le contracte et tel qu'on le considère aujourd'hui. Il me fut par deux fois répondu que j'étais un questionneur dangereux, partant un romancier immoral.

Cette insistance à éluder la question, à la manière des catholiques, en condamnant l'esprit d'examen, m'étonna un peu de la part de journalistes chez lesquels je cherchais vainement la trace d'une religion ou d'une croyance quelconque. Cela me fit penser que l'ignorance de la critique n'était pas seulement relative aux questions sociales, mais s'étendait encore aux questions humaines; et je me permis de lui demander, dans un roman intitulé *Lélia*, comment elle entendait et comment elle expliquait l'amour.

Cette nouvelle demande mit la critique dans une véritable fureur. Jamais roman n'avait déchaîné de tels anathèmes, ni soulevé d'aussi farouches indignations. J'étais un esprit pervers, un caractère odieux, une plume obscène, pour avoir esquissé le fantôme d'une femme qui cherche en vain l'amour dans le cœur des hommes de notre temps, et qui se retire au désert pour y rêver l'amour dont brûla sainte Thérèse. Cependant je ne demeurai pas convaincu que les Pères de l'Église, dont j'avais à cette époque la tête remplie, m'eussent inspiré la pensée d'un livre abominable.

Je fis un nouveau roman que j'intitulai *Jacques*, et dans lequel, prenant un homme pour type principal, je demandai encore, et cette fois au nom de l'homme, comme je l'avais fait jusqu'alors au nom de la femme, quel était l'idéal de l'amour dans le mariage. Cette fois, ce fut pis encore. J'étais l'ennemi du mariage, l'apologiste de la licence, le contempteur de la fidélité, le corrupteur de toutes les femmes, le fléau de tous les maris.

Plus tard, dans un roman appelé *Spiridion*, je demandai à mon siècle quelle était sa religion. On m'observa que cette préoccupation de mon cerveau *manquait d'actualité*. Les critiques qui m'avaient tant reproché de n'avoir ni foi ni loi, de n'être qu'un *artiste*, c'est-à-dire, dans leurs idées d'alors, un brouillon et un athée, m'adressèrent de doctes et paternels reproches sur ma prétention à une croyance, et m'accusèrent de vouloir me donner des airs de philosophe. « Restez artiste ! » me disait-on alors de toutes parts, comme Voltaire disait à son perruquier : « Fais des perruques. »

Plus tard encore, dans un roman intitulé *le Compagnon du tour de France*, je demandai ce que c'était que le droit social et le droit humain ; quelle justice était praticable de nos jours, et comment il fallait s'y prendre pour persuader aux prolétaires que l'inégalité des droits et des moyens de développement était le dernier mot de la forme sociale et de la sagesse des lois. Il me fut répondu que j'en voulais trop savoir, que j'étais le courtisan de la populace, le séide d'un certain Jésus-Christ et de plusieurs autres raisonneurs très-scélérats que la justice de tous les siècles et l'intérêt de tous les gouvernements avaient envoyés à la potence.

Muni d'aussi bons renseignements, éclairé, comme on voit, par les docteurs de la presse, atteint et convaincu du délit de curiosité, j'avoue que ces docteurs m'ont, du moins, appris une chose : c'est que la critique des journaux n'a pas le premier mot des énigmes sociales dont je lui ai ingénument demandé la solution. C'est pourquoi je continuerai à questionner mes contemporains, n'acceptant pas du tout ce raisonnement des conservateurs, qu'*on ne doit pas signaler le mal, à moins qu'on en ait trouvé le remède.* Si les questions sont des crimes, il y a un moyen de les faire cesser : c'est d'y répondre ; et je demande aux gens que ma curiosité scandalise de me mettre une bonne fois l'esprit en repos, en me prouvant que tout est clair et que tout va bien. Mais jusqu'ici, hélas ! ils ne m'ont fait d'autre réponse que celle de la chanson du roi Dagobert, ce grand politique des temps passés, s'il faut en croire la légende :

« Apprends, lui dit le roi,
Que je n'aime pas les *pourquoi.* »

Loin de moi l'intention de me présenter ici comme la victime des opinions et des préjugés, afin de repousser les critiques littéraires dont mes livres ont été l'objet. En matière d'art, j'admettrai volontiers la compétence de la critique, n'attribuant pas d'autre mérite à mes ouvrages que la sincérité et l'ardeur d'investigation qui les ont dictés, et ne cherchant pas ailleurs la cause de la popularité qu'ils ont acquise, en dépit de tous leurs défauts et des critiques qu'on en a faites.

Car vous cherchez tous avec moi, ô mes contemporains ! tous, vous avez besoin de la vérité, public et juges, lecteurs et critiques. C'est en vain que vous résistez aux voix qui s'élèvent de toute part : au fond de vos consciences parlent des voix bien plus éloquentes que la mienne ; et tel de vous m'a condamné pour la forme, qui, dans son âme sentait les mêmes douleurs, les mêmes révoltes, les mêmes besoins que moi. Mais, errant dans les ténèbres du doute, hommes malheureux que nous sommes ! il nous arrive souvent de prendre nos amis pour des ennemis, et réciproquement. Cela n'empêchera pas ceux de nous qui commencent à distinguer le crépuscule de la nuit, et à aimer l'humanité malgré les erreurs des hommes, de chercher toujours et de tenir fermes dans leurs mains ces mains qui les repoussent et qui les méconnaissent.

Vous tous qui m'avez tant de fois traduit au tribunal de l'opinion avec emportement, avec dureté, avec une sorte de haine personnelle, étrange, inexplicable !... je ne vous traduis point au tribunal de la postérité. Instruite de tous les mystères qui nous épouvantent, elle nous poussera tous ensemble dans l'abîme bienfaisant de l'oubli. De nos manifestations diverses, s'il reste une faible trace, nos enfants verront bien que tel d'entre nous qui gourmanda l'égoïsme et l'apathie des autres, les aima puissamment et n'en fut point sérieusement haï. Nos pères furent incertains et malheureux, diront-ils ; mais ils furent trop près de la vérité pour ne point se sentir échauffés déjà d'un rayon de la bonté divine.

II

Nohant, 12 avril 1851.

En publiant une édition complète de mes ouvrages dans le format le plus populaire aujourd'hui et au plus bas prix, je n'ai eu ni le dessein de m'enrichir en cas de succès, ni la prétention de faire un grand sacrifice dans le cas contraire. Mais je puis dire que ce qui m'a le plus préoccupé, c'est le désir de faire lire à la classe pauvre ou malaisée des ouvrages dont une grande partie a été composée pour elle. J'ai dû attendre pour m'y décider que l'habitude générale consacrât l'usage d'un format qui ne me semblait pas commode, et qui néanmoins l'est devenu par l'habitude même.

J'ai voulu encore essayer de donner au peuple une édition aussi soignée que possible, sans augmenter d'un centime le prix de ces sortes de publications, et je crois y avoir réussi grâce aux soins généreux et intelligents de l'ami qui s'est fait mon éditeur.

Enfin, j'ai été heureuse d'obtenir le concours d'un grand talent[1] pour l'illustration de cette longue série d'ouvrages que j'offre à un peuple très-artiste et très-capable d'apprécier les choses d'art.

Dans cette longue série, plusieurs ouvrages (je puis dire le plus grand nombre) ont été inspirés par le désir

---

1. Tony Johannot.

d'éclairer le peuple sur ses devoirs autant que sur ses droits. Quelques-uns, les premiers surtout, n'ont été que le cri d'une âme fortement impressionnée, atteinte parfois de doute et de découragement; peu pressée de conclure parce qu'elle craignait d'avoir à maudire l'humanité, qu'elle éprouvait le besoin d'aimer. Peu à peu la lumière s'est faite dans ce chaos d'émotions diverses à mesure que l'âge y amenait la réflexion. Mes instincts avaient toujours été révolutionnaires, en ce sens que l'injustice était un spectacle antipathique pour ma nature, et qu'un immense besoin d'équité chrétienne avait rempli ma vie dès mon plus jeune âge; mais la confiance dans mes instincts ne m'est venue que peu à peu avec la certitude que le progrès est la loi vitale de l'humanité, et à mesure que je sentais ce progrès s'opérer en moi-même. Qui se sent vivre, sent et saisit la vie dans les autres; et cette vie des autres vient alimenter et étendre la sienne propre. Je suis donc arrivée, sans grands efforts et sans fortes études, à cet état de lucidité dans la conviction où peut arriver toute âme sincère, sans qu'il lui soit besoin d'une trempe supérieure. Ce que je suis, tout le monde peut l'être ; ce que je vois, tout le monde peut le voir ; ce que j'espère, tout le monde peut y arriver. Il ne s'agit que d'aimer la vérité, et je crois que tout le monde sent le besoin de la trouver.

Je n'ai point révélé de vérité nouvelle dans mes ouvrages. Je n'y ai jamais songé, bien qu'on m'ait accusé, avec une ironie de mauvaise foi, d'avoir voulu, comme tant d'autres, jouer à la doctrine et à la secte. J'ai examiné autant que j'ai pu les idées que soulevaient, autour de nous tous, les hommes de mon temps. J'ai chéri celles qui m'ont semblé généreuses et vraies; je n'ai pas toujours tout compris dans les moyens pratiques que plusieurs ont proposés, soit qu'ils fussent obscurs, soit plutôt que mon cerveau fût impropre à saisir les combinaisons et les calculs des probabilités. Je ne me suis pas tourmenté dans mon impuissance; j'ai trouvé qu'il me restait bien assez à faire en employant le genre de facultés qui m'était échu, au développement du sentiment de la justice et de l'amour de mes semblables. J'avais une nature d'artiste, et, quoi qu'on en dise, je n'ai jamais voulu être autre chose qu'un artiste; ceux qui ont cru m'humilier et me blesser en proclamant que je n'étais pas de taille à faire un philosophe m'ont fait beaucoup de plaisir, car chacun a l'amour-propre d'aimer sa propre organisation et de s'y complaire comme l'animal dans son propre élément. Mais, en prétendant que mon organisation et ma vocation d'artiste s'opposaient en moi à l'intelligence et au développement des vérités sociales élémentaires et à l'amour des éternelles vérités dont le christianisme est la philosophie première, on a dit un sophisme tout à fait puéril. A-t-on jamais reproché aux peintres de la renaissance de se poser en théologiens parce qu'ils traitaient des sujets sacrés! Les peintres flamands avaient-ils la prétention de se dire savants naturalistes parce qu'ils étudiaient et connaissaient les lois de la lumière! Quel est donc l'artiste qui peut s'abstraire des choses divines et humaines, se passer du reflet des croyances de son époque, et vivre étranger au milieu où il respire? Vraiment, jamais pédantisme ne fut poussé aussi loin dans l'absurde que cette théorie de l'art pour l'art, qui ne répond à rien, qui ne repose sur rien, et que personne au monde, pas plus ceux qui l'ont affichée que ceux qui l'ont combattue, n'a jamais pu mettre en pratique. L'art pour l'art est un mot creux, absolument faux et qu'on a perdu bien du temps à vouloir définir sans en venir à bout : parce qu'il est tout bonnement impossible de trouver un sens à ce qui n'en a pas.

Demandez à un poëte, au plus exclusivement poëte de tous les hommes, de faire des vers, seulement pour faire de beaux vers, et de n'y pas mettre l'ombre d'une idée philosophique, vous verrez s'il en vient à bout, ou bien vous verrez quels vers ce seront. Prenez la pièce la plus romantique, la plus purement descriptive des chefs de la prétendue doctrine de l'art pour l'art, et vous verrez si, au bout de dix vers, l'humanité, le sentiment et le souvenir de ses grandeurs ou de ses misères, ne viennent pas animer, expliquer, symboliser le tableau.

Quand M. Victor Hugo dit: *La mer était désespérée*, il met une âme dans la mer, une âme orageuse et troublée, une âme de poëte, ou l'âme collective de l'humanité.

Les anciens disaient : *Téthys est en fureur* ; eux aussi personnifiaient les tumultes des passions humaines jusque dans ceux des éléments. C'est qu'il n'est pas possible d'être poëte ou artiste, dans aucun genre et à quelque degré que ce soit, sans être un écho de l'humanité qui s'agite ou se plaint, qui s'exalte ou se désespère.

J'ai donc prêché à ma manière, comme l'ont fait avant moi et autour de moi, comme le feront toujours tous les artistes.

De tout temps, on a cherché querelle à ceux qui avaient le goût des nouveautés, comme disaient les anciens orthodoxes, c'est-à-dire la croyance au progrès, et le désir de combattre les abus et les erreurs de leur siècle.

On les étranglait, on les brûlait au temps passé. Aujourd'hui, on les exile, on les emprisonne, s'ils sont hommes; on les insulte, on essaye de les outrager, s'ils sont femmes. Tout cela est bien facile à supporter quand on croit; depuis l'estrapade des vieux siècles jusqu'à l'ironie injurieuse du nouveau, tout est fête et plaisir intérieur, soyez-en certains, ô contempteurs de l'avenir, pour quiconque a foi en l'avenir.

Vous perdez donc vos peines; les hommes s'instruiront et travailleront à s'instruire les uns les autres, sous toutes les formes, depuis le trouvère avec son vieux luth, jusqu'à l'écrivain moderne avec l'idée nouvelle.

La vérité du temps a été dite aux hommes du temps. Certains esprits synthétiques la renferment dans une doctrine que l'on étudie, que l'on discute, que l'on juge, et qui laisse de grandes lueurs, lors même qu'elle est incomplète.

Les philosophes, les historiens, les politiques jettent la foi et la lumière à pleines mains, même ceux qui se trompent, car l'erreur des forts esprits est encore une instruction pour ceux qui cherchent et choisissent.

Les artistes viennent après eux, et sèment un peu de blé mêlé sans doute à des herbes folles. Mais ces folles herbes, le temps, le goût, la mode, qui, elle aussi, est une recherche du progrès dans le beau, en feront aisément justice. Le froment restera. Nos descendants souriront certainement de la quantité de paroles, de fictions, de *manières* qu'il nous a fallu employer pour dire ces paroles banales ; mais ils ne nous sauront pas mauvais gré de la préoccupation sérieuse qu'ils retrouveront au fond de nos œuvres, et ils jugeront, à l'embarras de notre parole, de la lutte que nous avons eu à soutenir pour préparer leurs conquêtes.

II

MARS ET DORVAL

Le 9 février 1833, madame Dorval et mademoiselle Mars ont joué au Théâtre-Français un acte du *Mariage de Figaro*. Ces deux femmes si célèbres, avec mademoiselle Déjazet, pleine de gentillesse sous le costume de Chérubin, ont formé, dans la scène de la romance, un tableau qui rappelait le dessin spirituel, l'expression enjouée et le riche coloris des meilleures compositions de l'école française. Le rôle de Suzanne a toujours valu tant d'éloges à mademoiselle Mars, qu'elle doit y avoir épuisé les émotions du triomphe. Quant à madame Dorval, c'était la première fois qu'elle paraissait sous la toque emplumée de la comtesse Almaviva. La partie super-aristocratique de l'auditoire témoignait d'avance quelque doute sur l'aptitude de l'actrice à bien conserver la dignité de la grande dame, à côté de l'inflammable sensibilité de la femme. On pensait que mademoiselle Mars, plus habituée aux charmantes minauderies de l'éventail, serait une comtesse plus convenable, et que madame Dorval, douée d'un talent plus incisif et d'une imagination plus jeune, serait une Suzanne plus piquante. Mais à l'intelligence de madame Dorval, l'étude et la règle sont des lisières trop courtes. L'inspiration lui révèle tout ce que l'enseignement donne aux autres. Il a semblé qu'en revêtant les nobles et frais atours de la châtelaine, en traînant la *robe à queue*, solennel caractère de certains rôles, dans les traditions du théâtre, elle se soit sentie investir de l'orgueil du rang sans dépouiller cependant les entraînements du cœur. Les personnes d'un jugement délicat et d'une observation éclairée ont remarqué tout ce qu'elle a su établir de nuances dans ce peu de scènes, ingrat et incomplet moyen de développement pour la puissance de son âme. Ces personnes ont néanmoins eu le temps de s'intéresser, de s'attacher à cette femme mélancolique et fine, encore brisée par les chagrins d'un amour mal payé, déjà ranimée par les vives impressions d'un amour nouveau, nonchalante au dehors, passionnée au dedans ; à cette femme incertaine, effrayée, entraînée, que l'avenir et le passé se disputent, qui lutte contre sa raison et contre son cœur, à cette femme enfin qui a tant de répugnance et tant d'adresse à mentir, parce qu'elle se sent comtesse, et parce qu'elle se souvient d'avoir été Rosine. On a compris tout cela dans ce peu de temps, parce que, en lisant Beaumarchais, madame Dorval en a tout à coup saisi la pensée intime.

Ces mêmes personnes ont songé à établir un parallèle entre madame Dorval et mademoiselle Mars, et nous avons entendu raisonner, avec l'impartialité que donné un vrai sentiment de l'art, sur le mérite de ces deux grandes artistes. Nous avons recueilli quelques-unes de ces causeries d'entr'acte, triomphe moins immédiat et moins enivrant pour les acteurs que les applaudissements de la représentation ; succès plus flatteur et plus solide, parce qu'il est établi sur des impressions plus profondément recueillies, plus religieusement conservées.

Naturellement l'esprit des juges s'est reporté sur les divers succès qu'ont obtenu, mademoiselle Mars dans le cours d'une longue et brillante carrière ; madame Dorval dans la période de quelques années de triomphes, récompense tardive d'un talent trop longtemps ignoré ou méconnu. Parmi ces juges, soit délicatesse d'affection, soit sentiment exquis de la politesse, aucun ingrat n'a reproché à mademoiselle Mars d'avoir usé trop longtemps du privilége de sa gloire. Tous étaient pénétrés d'une sorte de respect naïf pour cette grande renommée que tous n'ont pas vu briller dans son plus vif éclat, mais dont tous ont senti le reflet encore chaleureux et beau. Nul n'a donc songé à faire à madame Dorval un mérite de sa jeunesse au détriment de mademoiselle Mars : on aime trop madame Dorval aujourd'hui pour ne pas sentir qu'on l'aimera encore dans vingt ans, et qu'on la perdra le plus tard possible. Ne désirons-nous pas tous qu'elle suive l'exemple de mademoiselle Mars, et qu'elle hésite longtemps à recevoir de son public la couronne des adieux ?

Abstraction faite d'une différence d'âge qui ne constitue de préséance à l'une qu'au jugement des yeux, mais où l'esprit et le cœur n'entrent pour rien dans l'arrêt du spectateur, d'assez chaudes discussions se sont élevées sur cette question de supériorité, considérée non pas seulement comme *attrait*, mais aussi comme *mérite*. Les deux illustres rivales ont eu chacune une nombreuse phalange de champions courtois et honorables, admirateurs zélés, mais sincères et généreux comme le sentiment qui doit exister dans le cœur de ces deux femmes. Car ces deux femmes ont compris l'art sous deux aspects différents, et toutes deux ont marché à leur but avec la persévérance que donnent l'intelligence et la réflexion ; mais toutes deux se sentent trop haut placées dans leur gloire pour ne pas s'admirer l'une l'autre, et pour ne pas se donner loyalement la main dans la coulisse comme sur la scène.

Les rôles qu'elles venaient de remplir dans la pièce de Beaumarchais impliquaient des qualités tellement distinctes, qu'il a été nécessaire de se reporter à des rôles analogues entre eux, pour asseoir le système de comparaison. Ainsi l'on a mis en présence Suzanne avec Jeanne Vaubernier, Clotilde avec Adèle d'Hervey.

L'aréopage, vous le voyez, a tout à fait mis de côté le doute précédemment émis sur la compétence de l'une ou de l'autre actrice dans l'une ou l'autre littérature, drame ancien ou drame nouveau. Madame Dorval, en paraissant sur le Théâtre-Français, pour la seconde fois, venait de prouver qu'elle sait se reporter à la pensée des *maîtres de l'art* (c'est ainsi que l'on dit encore au foyer des acteurs de la rue Richelieu). Mademoiselle Mars a été une interprète admirable des poëtes vivants. La première, elle nous a révélé le drame de Dumas et le drame de Victor Hugo ; elle a marché avec son siècle, elle a ouvert le chemin à une littérature nouvelle, et madame Dorval, appelée à en suivre le progrès et à en assurer le triomphe, a recueilli là où l'autre avait semé. Elle a eu tous les bénéfices de l'époque qui l'a produite ; ce n'est pas à dire qu'il faille reprocher à mademoiselle Mars d'être venue trop tôt.

Mais mademoiselle Mars a-t-elle toujours compris le *vrai*, qui est de tous les temps, mieux ou moins bien que madame Dorval ? *That is the question*. Et la question n'a pas été jugée irrévocablement. On n'a pas été aux voix, on n'a pas lu la sentence écrite à la foule assemblée. La foule émue s'est retirée, emportant des impressions différentes, suivant l'âge, les opinions et le cœur de chacun.

Car, ne vous y trompez pas, ceci est une pierre de touche à laquelle vous connaîtriez, si vous vouliez bien observer, des nuances de caractères habilement ou pudiquement cachées. Il fut un temps où, pour juger un homme, on lui adressait la question qui remuait alors toutes les existences morales : *Voltaire ou Rousseau ?* Aujourd'hui que ces questions fondamentales ont reçu d'en haut beaucoup de jour, et qu'on s'amuse, en attendant mieux, à des questions d'art et de sentiment, on peut deviner quels cerveaux s'allument, quels cœurs palpitent sous le satin de ces turbans, sous le velours de ces corsages que vous voyez briller au premier et même au second rang des loges. Il ne s'agit pour cela que d'entendre la réponse à une question en apparence désintéressée. Mais vous, mesdames, méfiez-vous de votre premier mouvement lorsqu'un mari, ou un autre homme encore, vous demandera d'un ton dégagé : *Pasta ou Malibran ? Mars ou Dorval ?*

Oh ! c'est que c'est bien différent ! il y a tant de manières d'être belle et passionnée! il y a de la passion si chaste, si comprimée, si noble! Il y a de la passion si envahissante, si soudaine, si profonde! Voyez-vous, mesdames, il ne faut pas laisser voir toutes vos larmes quand vous êtes au théâtre avec votre mari ou avec un autre homme encore. Mais vous me direz que je me mêle de ce qui ne me regarde pas.

Je répondrai en vous disant que je retarde le plus possible à vous dire tout ce que j'ai entendu depuis l'orchestre jusqu'au balcon, les loges inclusivement. C'est que je n'aime pas à faire l'autopsie de mon cerveau, pour savoir la raison de mes plaisirs. Je suis heureux quand je puis dire devant mademoiselle Mars : « C'est beau! » heureux encore quand, oppressé par le jeu plus vigoureux et plus hardi de madame Dorval, je ne me sens la force de rien dire. Mais pourquoi tout cela est si beau, je ne saurais le dire ni pendant ni après, si l'opinion du public ne me formulait mes sensations.

Voici ce que disaient les uns : « Mademoiselle Mars est plus correcte ; elle a un genre de grâce plus étudiée, plus coquette. Comme elle se donne plus de peine pour plaire, il faut bien qu'on lui en tienne compte. »

« Mais, disaient les autres, Jeanne Vaubernier, insouciante, évaporée, enfant sans soucis, prête à toutes les folies pourvu qu'elles ne lui coûtent pas de peine et ne lui apportent pas un pli au front, cette fille si folle et si jeune, ne l'avez-vous pas vue? C'est le seul rôle où madame Dorval puisse déployer cette faculté qu'elle possède d'imposer le rire aussi bien que les larmes, et qu'on ne lui connaissait pas avant qu'elle eût rendu à la scène le personnage tant défiguré de madame Dubarry. Pensez-vous que mademoiselle Mars ait aussi bien compris l'esprit de Beaumarchais, dans Suzanne, que madame Dorval a compris l'esprit du règne des cotillons dans la pièce de M. de Rougemont? Ne vous est-il pas venu quelquefois à l'esprit, en voyant cette Suzanne, si aimable, si suave, si exquise dans tous ses mouvements, qu'elle était bien plus française qu'espagnole? que son œil noir avait trop de tendresse et pas assez d'ardeur? que son maintien comme sa toilette n'était pas tout à fait aussi pétulant, aussi fripon, aussi malicieux que vous l'aviez rêvé en vous introduisant dans cette famille d'amoureuses intrigues et de mignonnes scélératesses domestiques? Quelquefois ne semble-t-il pas que mademoiselle Mars ait peine à se débarrasser de cet air d'urbanité bienveillante et convenable qu'elle a pris dans ses rôles *habillés?* Cette jolie et gracieuse caméristre de madame Almaviva n'est-elle pas un peu trop son égale et sa compagne? est-ce bien là la soubrette Suzon qui inspire des désirs à tous les hommes? Il faut que ce comte Almaviva soit bien fat et bien sot pour s'être flatté de séduire, à la veille de son mariage, cette personne si bien élevée, si élégante de manières, si pudiquement modeste au milieu des plus grands éclats de sa gaieté! nous avons bien peur que mademoiselle Mars ne sacrifie parfois la vérité forte et saisissante d'un rôle à des habitudes de bon ton qui plaisent à une classe de spectateurs exclusifs, mais qui diminuent la puissance de ses effets sur les masses? »

A cela les admirateurs de mademoiselle Mars répondaient : « C'est possible, mais voyez quelle justesse inimitable de gestes! quelle exquise gentillesse d'intention ! que de fraîcheur dans cette voix, que de finesse dans ce sourire, que de charme et que de soin dans les moindres détails de la pantomime ! »

Et personne n'apportait de contradiction. Le moyen, s'il vous plaît ?

Alors ceux qui se sentent plus immédiatement dominés par la puissance théâtrale de madame Dorval disaient que Jeanne Vaubernier, introduite dans les jardins de Louis XV sous le riche habit d'une comtesse, elle, la petite grisette à la fois si gauche et si décidée, était peut-être plus dans l'esprit de son personnage que la belle Suzanne mal déguisée en Suzon. Les enfantillages de madame Dorval ont moins de séduction peut-être que ceux de mademoiselle Mars, mais il font rire d'un rire plus franc et plus joyeux. On songe moins à l'admirer. Elle y songe si peu elle-même ! elle est si pénétrée de la situation qu'elle retrace ! elle oublie tellement l'amour-propre de la femme pour s'abandonner, ardente et généreuse qu'elle est, à la tâche enthousiaste de l'artiste !

Alors de belles femmes aux yeux bleus, au front droit et ferme, laissèrent échapper de leurs lèvres calmes et discrètes ces éloges épurés que mademoiselle Mars aime sans doute à mériter. Elles déclarèrent que le personnage de Clotilde [1] était le plus fermement tracé qui eût encore paru sur la scène moderne ; elles rappelèrent tous ces mots si solennellement vrais, toutes ces notes de l'âme si nettement attaquées et cette expression calme, profonde, ce recueillement presque religieux de la passion qui fermente, ces larmes du cœur qui ne vont pas jusqu'aux

---

1. Dans le drame de Frédéric Soulié qui porte ce titre.

yeux, ces colères de femme outragée, toujours réprimées dans leur élan par le sentiment intérieur d'une dignité méconnue, et toutes ces nuances délicates d'une douleur immense que l'infortunée Clotilde semble impuissante à comprendre, tant elle est effrayée de la sentir. Les femmes aiment particulièrement à s'indigner des torts d'un homme envers une femme. Il semble que tout cri de détresse et d'abandon trouve un écho dans leur âme, que la plainte arrachée à tout cœur blessé rouvre une blessure du leur. Si beaucoup de femmes haïssent Clotilde à la fin du quatrième acte, beaucoup aussi, davantage peut-être, tressaillent d'une joie sympathique au spectacle de sa vengeance.

Mais de jeunes femmes aux cheveux noirs, aux lèvres vermeilles et mobiles, dont les grands yeux brillaient au travers d'une humidité mélancolique, dont la parole était plus brève et l'expression plus pittoresque, répondirent à leurs pâles compagnes en refaisant à leur guise et à leur taille peut-être le personnage de Clotilde. Elles détestèrent sa délation, et cependant elles la concevaient ; elles comprenaient fort bien cette invasion soudaine et terrible du désespoir qui jette le caractère en dehors de toute pitié, de toute tendresse féminine. Mais elles ne se l'expliquaient que comme l'effet du délire, et, si elles trouvaient le délire de Clotilde assez prouvé dans la pensée de l'écrivain, elles le trouvaient incomplet dans celle de l'actrice ; elles aimaient à rendre justice à cet éclair d'emportement où mademoiselle Mars *pose* si bien ; mais elles insinuaient que cet état de prostration morale où tombe Clotilde un instant après son horrible effort ressemble à une extase de sublime médilation, plutôt qu'à l'accablement d'une femme tout à l'heure en démence.

Quelques hommes essayèrent de trancher la question en disant que mademoiselle Mars avait eu dans sa vie le véritable malheur d'être trop correctement belle, et de ne pouvoir jamais abjurer le caractère angélique de sa physionomie. Peut-être le masque musculaire manque-t-il chez elle de souplesse et de mobilité ; peut-être y a-t-il dans sa noble intelligence des formes trop arrêtées, un type de passion tracé sur des proportions trop systématiques, pas assez d'éclectisme et d'élasticité morale, s'il est permis de parler ainsi.

Madame Dorval, sans avoir étudié plus consciencieusement son art, a peut-être reçu du ciel des lumières plus vives ; son esprit est peut-être plus souple en même temps que sa taille et ses traits. Il y a en elle un plus sincère abandon de la théorie, une plus grande confiance dans l'inspiration, et cette confiance est justifiée par une soudaineté presque magique dans toutes les situations de ses rôles. Le principal caractère de son jeu, ce qui la place si en dehors de toute imitation et doit la maintenir désormais au premier rang sur la nouvelle scène française, c'est le jet inattendu et toujours brûlant de ses impressions. Jamais on ne devine le mot qu'elle va dire. Il n'y a pas dans l'action de ses muscles, dans le soulèvement de sa poitrine, dans la contraction de ses traits, un effort préparatoire qui révèle au spectateur la péripétie prochaine de son drame intérieur ; car madame Dorval compose son drame elle-même, elle s'en pénètre, et, obéissante à l'impulsion de son génie, elle se trouve tout à coup jetée hors d'elle-même, au delà de ce qu'elle avait prévu d'heureux, au delà de ce que nous osions espérer de pathétique et d'entraînant. On se rappellera toujours ce cri d'enthousiasme et de déchirement qui s'échappa de toutes les poitrines à la première représentation d'*Antony*, lorsque madame Dorval, résumant dans un mot fort et vrai toute la destinée d'Adèle, se retourna brusquement et froissa sans pitié sa robe de bal sur le bras de son fauteuil en s'écriant :

Mais je suis perdue, moi !

Un mot plus simple n'atteignit jamais à une telle puissance et ne produisit une sensation plus imprévue.

Entre ces deux grands talents, personne n'osa se décider. Que mademoiselle Mars se rassure ; elle est arrivée à une telle légitimité de puissance, que, si l'on voyait chanceler son diadème, nul ne serait assez impie pour y porter la main. On se retira en disant que chacune de ces deux illustrations régnait par des moyens différents : l'une par des qualités exquises, par des grâces attractives et des séductions dont la nature fut peut-être plus prodigue envers elle qu'envers aucune organisation physique de son temps; l'autre, par une plus vaste répartition d'instinct dramatique et de sensibilité expansive, par une vigueur plus saisissante et une plus impérieuse révélation de sa spécialité.

Février 1833.

III

OBERMANN

PAR

E.-P. DE SENANCOUR

Si le récit des guerres, des entreprises et des passions des hommes a de tout temps possédé le privilége de captiver l'attention du plus grand nombre, si le côté épique de toute littérature est encore aujourd'hui le côté le plus populaire, il n'en est pas moins avéré, pour les âmes profondes et rêveuses ou pour les intelligences délicates et attentives, que les poëmes les plus importants et les plus précieux sont ceux qui nous révèlent les intimes souffrances de l'âme humaine dégagées de l'éclat et de la variété des événements extérieurs. Ces rares et austères productions ont peut-être une importance plus grande que les faits mêmes de l'histoire pour l'étude de la psychologie au travers du mouvement des siècles; car elles pourraient, en nous éclairant sur l'état moral et intellectuel des peuples aux divers âges de la civilisation, donner la clef des grands événements qui sont encore proposés pour énigmes aux érudits de notre temps.

Et cependant ces œuvres dont la poussière est secouée avec empressement par les générations éclairées et mûres des temps postérieurs, ces *monodies* mystérieuses et sévères où toutes les grandeurs et toutes les misères humaines se confessent et se dévoilent, comme pour se soulager, en se jetant hors d'elles-mêmes, enfantées souvent dans l'ombre de la cellule ou dans le silence des champs, ont passé inaperçues parmi les productions contemporaines. Telle a été, on le sait, la destinée d'Obermann.

A nos yeux, la plus haute et la plus durable valeur de ce livre consiste dans la donnée psychologique, et c'est principalement sous ce point de vue qu'il doit être examiné et interrogé.

Quoique la souffrance morale puisse être divisée en d'innombrables ordres, quoique les flots amers de cette inépuisable source se répandent en une multitude de canaux pour embrasser et submerger l'humanité entière, il y a plusieurs ordres principaux dont toutes les autres douleurs dérivent plus ou moins immédiatement. Il y a: 1° la passion contrariée dans son développement, c'est-à-dire la lutte de l'homme contre les choses ; 2° le sentiment des facultés supérieures, sans volonté qui les puisse réaliser ; 3° le sentiment des facultés incomplètes, clair, évident, irrécusable, assidu, avoué : ces trois ordres de souffrances peuvent être expliqués et résumés par ces trois noms: Werther, René, Obermann.

Le premier tient à la vie active de l'âme et par conséquent rentre dans la classe des simples romans. Il relève de l'amour, et, comme *mal*, a pu être observé dès les premiers siècles de l'histoire humaine. La colère d'Achille perdant Briséis et le suicide de l'enthousiaste Allemand s'expliquent tous deux par l'exaltation de facultés éminentes, gênées, irritées ou blessées. La différence des génies grec et allemand et des deux civilisations placées à tant de siècles de distance ne trouble en rien la parenté psychologique de ces deux données. Les éclatantes douleurs, les tragiques infortunes ont dû exciter de plus nombreuses et de plus précoces sympathies que les deux autres ordres de souffrance aperçus et signalés plus tard. Celles-ci n'ont pu naître que dans une civilisation très-avancée.

Et, pour parler d'abord de la mieux connue de ces deux maladies sourdes et desséchantes, il faut nommer René, type d'une rêverie douloureuse, mais non pas sans volupté; car à l'amertume de son inaction sociale se mêle la satisfaction orgueilleuse et secrète du dédain. C'est le dédain qui établit la supériorité de cette âme sur tous les hommes, sur toutes les choses au milieu desquelles elle se consume, hautaine et solitaire.

À côté de cette destinée à la fois brillante et sombre se traîne en silence la destinée d'Obermann, majestueuse dans sa misère, sublime dans son infirmité. A voir la mélancolie profonde de leur démarche, on croirait qu'Obermann et René vont suivre la même voie et s'enfoncer dans les mêmes solitudes pour y vivre calmes et repliés sur eux-mêmes. Il n'en sera pas ainsi. Une immense différence établit l'individualité complète de ces deux solennelles figures. René signifie le génie sans volonté ; Obermann signifie l'élévation morale sans génie, la sensibilité maladive monstrueusement isolée en l'absence d'une volonté avide d'action. René dit : « Si je pouvais vouloir, je pourrais faire; » Obermann dit : « A quoi bon vouloir? je ne pourrais pas. »

En voyant passer René si triste mais si beau, si découragé mais si puissant encore, la foule a dû s'arrêter, frappée de surprise et de respect. Cette noble misère, cette volontaire indolence, cette inappétence affectée plutôt que sentie, cette plainte éloquente et magnifique du génie qui s'irrite et se débat dans ses langes, ont excité le sentiment d'une présomptueuse fraternité chez une génération inquiète et jeune. Toutes les existences manquées, toutes les supériorités avortées se sont redressées fièrement, parce qu'elles se sont crues représentées dans cette poétique création. L'incertitude, la fermentation de René en face de la vie qui commence, ont presque consolé de leur impuissance les hommes déjà brisés sur le seuil. Ils ont oublié que René n'avait fait qu'hésiter à vivre, mais que des cendres de l'ami de Chactas, enterré aux rives du Meschacébé, était né l'orateur et le poëte qui a grandi parmi nous.

Atteint mais non pas saignant de son mal, Obermann marchait par des chemins plus sombres vers des lieux plus arides. Son voyage fut moins long, moins effrayant en apparence ; mais René revint de l'exil, et la trace d'Obermann fut effacée et perdue.

Il est impossible de comparer Obermann à des types de souffrance tels que Faust, Manfred, Childe-Harold, Conrad et Lara. Ces variétés de douleur signifient, dans Gœthe, le vertige de l'ambition intellectuelle, et dans Byron, successivement, d'abord un vertige pareil (Manfred); puis la satiété de la débauche (Childe-Harold); puis le dégoût de la vie sociale et le besoin de l'activité matérielle (Conrad); puis, enfin, la tristesse du remords dans une grande âme qui a pu espérer un instant trouver dans le crime un développement sublime de la force, et qui, rentrée en elle-même, se demande si elle ne s'est pas misérablement trompée (Lara).

Obermann, au contraire, c'est la rêverie dans l'impuissance, la perpétuité du désir ébauché. Une pareille donnée psychologique ne peut être confondue avec aucune autre. C'est une douleur plus spéciale, peu éclatante, assez difficile à observer, mais curieuse, et qui ne pouvait être poétisée que par un homme en qui le souvenir vivant de ses épreuves personnelles nourrissait le feu de l'inspiration. C'est un chant triste et incessant sur lui-même, sur sa grandeur invisible, irrévélable, sur sa perpétuelle oisiveté. C'est une mâle poitrine avec de faibles bras ; c'est une âme ascétique avec un doute rongeur qui trahit sa faiblesse, au lieu de marquer son audace. C'est un philosophe à qui la force a manqué pour devenir un saint. Werther est le captif qui doit mourir étouffé dans sa cage ; René, l'aigle blessé qui reprendra son vol ; Obermann est cet oiseau des récifs à qui la nature a refusé des ailes, et qui exhale sa plainte calme et mélancolique sur les grèves d'*où partent les navires et où reviennent les débris.*

Chez Obermann, la sensibilité seule est active, l'intelligence est paresseuse ou insuffisante. S'il cherche la vérité, il la cherche mal, il la trouve péniblement, il la possède à travers un voile. C'est un rêveur patient qui se laisse souvent distraire par des influences puériles, mais que la conscience de son mal ramène à des larmes vraies, profondes, saisissantes. C'est un ergoteur voltairien qu'un poétique sentiment de la nature rappelle à la tranquille majesté de l'élégie. Si les beautés descriptives et lyriques de son poëme sont souvent troublées par l'intervention de la discussion philosophique ou de l'ironie mondaine, la gravité naturelle de son caractère, le recueillement auguste de ses pensées les plus habituelles lui inspirent bientôt des hymnes nouveaux, dont rien n'égale la beauté austère et la sauvage grandeur.

Cette difficulté de l'expression dans la dialectique subtile, cette mesquinerie acerbe dans la raillerie, révèlent la portion infirme de l'âme où s'est agité et accompli le poëme étrange et douloureux d'Obermann. Si parfois l'artiste a le droit de regretter le mélange contraint et gêné des images sensibles, symboles vivants de la pensée, et des idées abstraites, résumés inanimés de l'étude solitaire, le psychologiste plonge un regard curieux et avide sur ces taches d'une belle œuvre, et s'en empare avec la cruelle satisfaction du chirurgien qui interroge et surprend le siége du mal dans les entrailles palpitantes et les organes *hypertrophiés*. Son rôle est d'apprendre et non de juger. Il constate et ne discute pas. Il grossit son trésor d'observations de la découverte des cas extraordinaires. Pour lui, il s'agit de connaître la maladie ; plus tard, il cherchera le remède. Peut-être la race humaine en trouvera-t-elle pour ses souffrances morales, quand elle les aura approfondies et analysées comme ses souffrances physiques.

Indépendamment de ce mérite d'utilité générale, le livre d'*Obermann* en possède un très-littéraire, c'est la nouveauté et l'étrangeté du sujet. La naïve tristesse des facultés qui s'avouent incomplètes; la touchante et noble révélation d'une impuissance qui devient sereine et résignée, n'ont pu jaillir que d'une intelligence élevée, que d'une âme d'élite : la majorité des lecteurs s'est tournée vers l'ambition des rôles plus séduisants de Faust, de Werther, de René, de Saint-Preux.

Mystérieux, rêveur, incertain, tristement railleur, peureux par irrésolution, amer par vertu, Obermann a peut-être une parenté éloignée avec Hamlet, ce type embrouillé mais profond de la faiblesse humaine, si complet dans son avortement, si logique dans son inconséquence. Mais la distance des temps, les métamorphoses de la société, la différence des conditions et des devoirs font d'Obermann une individualité nette, une image dont les traits bien arrêtés n'ont de modèle et de copie nulle part. Moins puissante que belle et vraie, moins flatteuse qu'utile et sage, cette austère leçon donnée à la faiblesse impatiente et chagrine devait être acceptée d'un très-petit nombre d'intelligences dans une époque toute d'ambition et d'activité. Obermann, sentant son incapacité à prendre un rôle sur cette scène pleine et agitée, se retirant sur les Alpes pour gémir seul au sein de la nature, cherchant un coin de sol inculte et vierge pour y souffrir sans témoin et sans bruit; puis bornant enfin son ambition à s'éteindre et à mourir là, oublié, ignoré de tous, devait trouver peu de disciples qui consentissent à s'effacer ainsi, dans le seul dessein de désencombrer la société trop pleine de ces volontés inquiètes et inutiles qui s'agitent sourdement dans son sein et le rongent en se dévorant elles-mêmes.

Si l'on exige dans un livre la coordination progressive des pensées et la symétrie des lignes extérieures,

Obermann n'est pas un livre, mais c'en est un vaste et complet, si l'on considère l'unité fatale et intime qui préside à ce déroulement d'une destinée entière. L'analyse en est simple et rapide à faire. D'abord l'effroi de l'âme en présence de la vie sociale qui réclame l'emploi de ses facultés ; tous les rôles trop rudes pour elle : oisiveté, nullité, confusion, aigreur, colère, doute, énervement, fatigue, rassérénement, bienveillance sénile, travail matériel et volontaire, repos, oubli, amitié douce et paisible, telles sont les phases successives de la douleur croissante et décroissante d'Obermann. Vieilli de bonne heure par le contact insupportable de la société, il la fuit, déjà épuisé, déjà accablé du *sentiment amer de la vie perdue*, déjà obsédé des fantômes de ses illusions trompées, des *squelettes atténués* de ses passions éteintes. C'est une âme qui n'a pas pris le temps de vivre, parce qu'elle a manqué de force pour s'épanouir et se développer. « J'ai connu l'enthousiasme des vertus difficiles... Je me tenais assuré d'être le plus heureux des hommes si j'en étais le plus vertueux, *l'illusion a duré près d'un mois dans sa force.* »

Un mois ! ce terme rapide a suffi pour désenchanter, pour flétrir la jeunesse d'un cœur. Vers le commencement de son pèlerinage, au bord d'un des lacs de la Suisse, il consume dix ans de vigueur dans une nuit d'insomnie...

« Me sentant disposé à rêver longtemps, et trouvant dans la chaleur de la nuit la facilité de la passer tout entière au dehors, je pris la route de Saint-Blaise... Je descendis une pente escarpée, et je me plaçai sur le sable où venaient expirer les vagues... La lune parut ; je restai longtemps. Vers le matin, elle répandait sur les terres et sur les eaux l'ineffable mélancolie de ses dernières lueurs. La nature paraît bien grande à l'homme lorsque, dans un long recueillement, il entend le roulement des ondes sur la rive solitaire, dans le calme d'une nuit encore ardente et éclairée par la lune qui finit.

» Indicible sensibilité, charme et tourment de nos vaines années, vaste conscience d'une nature partout accablante et partout impénétrable, passion universelle, indifférence, sagesse avancée, voluptueux abandon, tout ce qu'un cœur mortel peut contenir de besoin et d'ennui profond, j'ai tout senti, tout éprouvé dans cette nuit mémorable. J'ai fait un pas sinistre vers l'âge d'affaiblissement, *j'ai dévoré dix années de ma vie*. Heureux l'homme simple dont le cœur est toujours jeune! »

Dans tout le livre, on retrouve, comme dans cet admirable fragment, le déchirement du cœur, adouci et comme attendri par la rêveuse contemplation de la nature. L'âme d'Obermann n'est rétive et bornée qu'en face du joug social. Elle s'ouvre immense et chaleureuse aux splendeurs du ciel étoilé, au murmure des bouleaux et des torrents, aux *sons romantiques que l'on entend sous l'herbe courte de Titlis*. Ce sentiment exquis de la poésie, cette grandeur de la méditation religieuse et solitaire, sont les seules puissances qui ne s'altèrent point en elle. Le temps amène le refroidissement progressif de ses facultés inquiètes; ses élans passionnés vers le but inconnu où tendent toutes les forces de l'intelligence se ralentissent et s'apaisent. Un travail puéril, mais naïf et patriarcal, senti et raconté à la manière de Jean-Jacques, donne le change au travail funeste de sa pensée, qui creusait incessamment les abîmes du doute. « On devait le lendemain commencer à cueillir le raisin d'un grand treillage exposé au midi et qui regarde le bois d'Armand... Dès que le brouillard fut un peu dissipé, je mis un van sur une brouette, et j'allai le premier au fond du clos commencer la récolte. Je la fis presque seul, sans chercher un moyen plus prompt ; j'aimais cette lenteur, je voyais à regret quelque autre y travailler. Elle dura, je crois, douze jours. Ma brouette allait et revenait dans des chemins négligés et remplis d'une herbe humide ; je choisissais les moins unis, les plus difficiles, et les jours coulaient ainsi dans l'oubli, au milieu des brouillards, parmi les fruits, au soleil d'automne... J'ai vu les vanités de la vie, et je porte en mon cœur l'ardent principe de ses plus vastes passions. J'y porte aussi le sentiment des grandes choses sociales et de l'ordre philosophique... Tout cela peut animer mon âme et ne la remplit pas. Cette brouette, que je charge de fruits et pousse doucement, la soutient mieux. Il semble qu'elle voiture paisiblement mes heures, et que son mouvement utile et lent, sa marche mesurée, conviennent à l'habitude ordinaire de la vie. »

Après avoir épuisé les désirs immenses, irréalisables, après avoir dit : « Il y a l'infini entre ce que je suis et ce que je voudrais être. Je ne veux point jouir, je veux espérer... Que m'importe ce qui peut finir ? » Obermann, fatigué de n'être rien, se résigne à n'être plus. Il s'obscurcit, il s'efface. « Je ne veux plus de désirs, dit-il, ils ne me trompent point... Si l'espérance semble encore jeter une lueur dans la nuit qui m'environne, elle n'annonce rien que l'amertume qu'elle exhale en s'éclipsant, elle n'éclaire que l'étendue de ce vide où je cherchais, et où je n'ai rien trouvé. »

Le silence des vallées, les soins paisibles de la vie pastorale, les satisfactions d'une amitié durable et partagée, sentiment exquis dont son cœur avait toujours caressé l'espoir, telle est la dernière phase d'Obermann. Il ne réussit point à se créer un bonheur *romanesque*, il témoigne pour cette chimère de la jeunesse un continuel mépris. C'est la haine superbe des malheureux pour les promesses qui les ont leurrés, pour les biens qui leur ont échappé ; mais il se soumet, il s'affaisse, sa douleur s'endort, l'habitude de la vie domestique engourdit ses agitations rebelles, il s'abandonne à cette salutaire indolence, qui est à la fois un progrès de la raison raffermie et un bienfait du ciel apaisé. La seule exaltation qu'Obermann conserve dans toute sa fraîcheur, c'est la reconnaissance et l'amour pour les dons et les grâces de la nature. Il finit par une grave et adorable oraison sur les fleurs champêtres, et ferme doucement le livre où s'ensevelissent ses rêves, ses illusions et ses douleurs. « Si j'arrive à la vieillesse ; si, un jour, plein de pensées encore, mais renonçant à parler aux hommes, j'ai auprès de moi un ami pour recevoir mes adieux à la terre, qu'on place ma chaise sur l'herbe courte, et que de tranquilles marguerites soient là devant moi, sous le soleil, sous le ciel immense, afin qu'en laissant la vie qui passe je retrouve quelque chose de l'illusion infinie. »

Telle est l'histoire intérieure et sans réserve d'Obermann. Il était peut-être dans la nature d'une pareille donnée de ne pouvoir se poétiser sous la forme d'une action progressive ; car, puisque Obermann nie perpétuellement non-seulement la valeur des actions et des idées, mais la valeur même des désirs, comment concevrait-on qu'il pût se mettre à commencer quelque chose?

Cette incurie mélancolique, qui encadre de lignes infranchissables la destinée d'Obermann, offrait un type trop exceptionnel pour être apprécié lors de son apparition en 1804. A cette époque, la grande mystification du Consulat venait enfin de se dénouer. Mais, préparée depuis 1799 avec une habileté surhumaine, révélée avec pompe au milieu du bruit des armes, des fanfares de la victoire et des enivrantes fumées du triomphe, il n'avait soulevé que des indignations impuissantes, rencontré que des résistances muettes et isolées. Les préoccupations de la guerre et les rêves de la gloire absorbaient tous les esprits. Le sentiment de l'énergie extérieure se développait le premier dans la jeunesse; le besoin d'activité virile et martiale bouillonnait dans tous les cœurs. Obermann, étranger par caractère chez toutes les nations, devait, en France plus qu'ailleurs, se trouver isolé dans sa vie de contemplation et d'oisiveté. Peu soucieux de connaître et de comprendre les hommes de son temps, il n'en fut ni connu ni compris, et traversa la foule, perdu dans le mouvement et le bruit de cette cohue, dont il ne daigna pas même regarder l'agitation tumultueuse. Lorsque la chute de l'Empire introduisit en France la discussion parlementaire, la discussion devint réellement la monarchie constitutionnelle, comme l'empereur avait été l'Empire à lui tout seul. En même temps que les institutions et les coutumes, la littérature anglaise passa le détroit et vint régner chez nous. La poésie britannique nous révéla le doute incarné sous la figure de Byron; puis la littérature allemande, quoique plus mystique, nous conduisit au même résultat par un sentiment de rêverie plus profond. Ces causes, et d'autres, transformèrent rapidement l'esprit de notre nation, et pour caractère principal lui infligèrent le *doute*. Or, le doute, c'est Obermann, et Obermann, né trop tôt de trente années, est réellement la traduction de l'esprit général depuis 1830.

Pourtant, dès le temps de sa publication, Obermann excita des sympathies d'autant plus fidèles et dévouées qu'elles étaient plus rares. Et, en ceci, la loi qui condamne à de tièdes amitiés les existences trop répandues fut accomplie; la justice, qui dédommage du peu d'éclat par la solidité des affections, fut rendue. Obermann n'encourut pas les trompeuses jouissances d'un grand succès, il fut préservé de l'affligeante insouciance des admirations consacrées et vulgaires. Ses adeptes s'attachèrent à lui avec force et lui gardèrent leur enthousiasme, comme un trésor apporté par eux seuls, à l'offrande duquel ils dédaignaient d'associer la foule. Ces âmes malades, parentes de la sienne, portèrent une irritabilité chaleureuse dans l'admiration de ses grandeurs et dans la négation de ses défauts. Nous avons été de ceux-là, alors que, plus jeune et dévoré d'une plus énergique souffrance, nous étions fiers de comprendre Obermann et près de haïr tous ceux dont le cœur lui était fermé.

Mais le mal d'Obermann, ressenti jadis par un petit nombre d'organisations précoces, s'est répandu peu à peu depuis, et, au temps où nous sommes, beaucoup peut-être en sont atteints; car notre époque se signale par une grande multiplicité de maladies morales, jusqu'alors inobservées, désormais contagieuses et mortelles.

Durant les quinze premières années du xixe siècle, non-seulement le sentiment de la rêverie fut gêné et empêché par le tumulte des camps, mais encore le sentiment de l'ambition fut entièrement dénaturé dans les âmes fortes. Excité, mais non développé, il se restreignit dans son essor en ne rencontrant que des objets vains et puérils. L'homme qui était tout dans l'État avait arrangé les choses de telle façon que les plus grands hommes furent réduits à des ambitions d'enfant. Là où il n'y avait qu'un maître pour disposer de tout, il n'y avait pas d'autre manière de parvenir que de complaire au maître, et le maître ne reconnaissait qu'un seul mérite, celui de l'obéissance aveugle ; cette loi de fer eut le pouvoir, propre à tous les despotismes, de retenir la nation dans une perpétuelle enfance ; quand le despotisme croula irrévocablement en France, les hommes eurent quelque peine à perdre cette habitude d'asservissement qui avait effacé et confondu tous les caractères politiques dans une seule physionomie. Mais, rapidement éclairés sur leurs intérêts, ils eurent bientôt compris qu'il ne s'agissait plus d'être élevé par le maître, mais d'être choisi par la nation ; que, sous un gouvernement représentatif, il ne suffisait plus d'être aveugle et ponctuel dans l'exercice de la force brutale pour arriver à faire de l'arbitraire en sous-ordre, mais qu'il fallait chercher désormais sa force dans son intelligence, pour être élevé par le vote libre et populaire à la puissance et à la gloire de la tribune. À mesure que la monarchie, en s'ébranlant, vit ses faveurs perdre de leur prix, à mesure que la véritable puissance politique vint s'asseoir sur les bancs de l'opposition, la culture de l'esprit, l'étude de la dialectique, le développement de la pensée devint le seul moyen de réaliser des ambitions désormais plus vastes et plus nobles.

Mais, avec ces promesses plus glorieuses, avec ces prétentions plus hautes, les ambitions ont pris un caractère d'intensité fébrile qu'elles n'avaient pas encore présenté. Les âmes, surexcitées par d'énormes travaux, par l'emploi de facultés immenses, ont été éprouvées tout à coup par de grandes fatigues et de cuisantes angoisses. Tous les ressorts de l'intérêt personnel, toutes les puissances de l'égoïsme, tendues et développées outre mesure, ont donné naissance à des maux inconnus, à des souffrances monstrueuses, auxquelles la psychologie n'avait point encore assigné de place dans ses annales.

L'invasion de ces maladies a dû introduire le germe d'une poésie nouvelle. S'il est vrai que la littérature soit et ne puisse être autre chose que l'expression de faits accomplissables, la peinture de traits visibles, ou la révélation de sentiments possiblement vrais, la littérature de l'Empire devait refléchir la physionomie de l'Empire, reproduire la pompe des événements extérieurs, ignorer la science des mystérieuses souffrances de l'âme. L'étude de la conscience ne pouvait être approfondie que plus tard, lorsque la conscience elle-même jouerait un plus grand rôle dans la vie, c'est-à-dire lorsque l'homme, ayant un plus grand besoin de son intelligence pour arriver aux choses extérieures, serait forcé à un plus mûr examen de ses facultés intérieures. Si l'étude de la psychologie, poétiquement envisagée, a été jusque-là incomplète et superficielle, c'est que les observations lui ont manqué, c'est que les maladies, aujourd'hui constatées et connues, hier encore n'existaient pas.

Ainsi donc le champ des douleurs observées et poétisées s'agrandit chaque jour, et demain en saura plus qu'aujourd'hui. Le mal de Werther, celui de René, celui d'Obermann, ne sont pas les seuls que la civilisation avancée nous ait apportés, et le livre où Dieu a inscrit le compte de ces fléaux n'est peut-être encore ouvert qu'à la première page. Il en est un qu'on ne nous a pas encore officiellement signalé, quoique beaucoup d'entre nous en aient été frappés ; c'est la souffrance de la volupté dépourvue de puissance. C'est un autre supplice que celui de Werther, se brisant contre la société qui proscrit sa passion, c'est une autre inquiétude que celle de René, trop puissant pour vouloir ; c'est une autre agonie que celle d'Obermann, atterré de son impuissance ; c'est la souffrance énergique, colère, impie, de l'âme qui veut réaliser une destinée, et devant qui toute destinée s'enfuit comme un rêve ; c'est l'indignation de la force qui voudrait tout saisir, tout posséder, et à qui tout échappe, même la volonté, au travers de fatigues vaines et d'efforts inutiles. C'est l'épuisement et la contrition de la passion désappointée ; c'est, en un mot, le mal de ceux qui ont vécu.

René et Obermann sont jeunes. L'un n'a pas encore employé sa puissance, l'autre n'essayera pas de l'employer ; mais tous deux vivent dans l'attente et l'ignorance d'un avenir qui se réalisera dans un sens quelconque. Comme le bourgeon exposé au vent impétueux des jours, au souffle glacé des nuits, René résistera aux influences mortelles et produira de beaux fruits. Obermann languira comme une fleur délicate qui exhale de plus suaves parfums en pâlissant à l'ombre. Mais il est des plantes à la fois trop vigoureuses pour céder aux vains efforts des tempêtes, et trop avides de soleil pour fructifier sous un ciel rigoureux.

Fatiguées, mais non brisées, elles enfoncent encore leurs racines dans le roc, elles élèvent encore leurs calices desséchés et flétris pour aspirer la rosée du ciel ; mais, courbées par les vents contraires, elles retombent et rampent sans pouvoir vivre ni mourir, et le pied qui les foule ignore la lutte immense qu'elles ont soutenue avant de plier.

Les âmes atteintes de cette douloureuse colère peuvent avoir eu la jeunesse de René. Elles peuvent avoir répudié longtemps la vie réelle, comme n'offrant rien qui ne fût trop grand ou trop petit pour elles ; mais à coup sûr elles ont vécu la vie de Werther. Elles se sont suicidées comme lui par quelque passion violente et opiniâtre, par quelque sombre divorce avec les espérances de la vie humaine. La faculté de croire et d'aimer est morte en elles. Le désir seul a survécu, fantasque, cuisant, éternel, mais irréalisable, à cause des avertissements sinistres de l'expérience. Une telle âme peut s'efforcer à consoler Obermann, en lui montrant une blessure plus envenimée que la sienne, en lui disant la différence du doute à l'incrédulité, en répondant à cette belle et triste parole : « Qu'un jour je puisse dire à un homme qui m'entende : *Si nous avions vécu!* » — Obermann, consolez-vous, nous aurions vécu en vain.

Il appartiendra peut-être à quelque génie austère, à quelque psychologue rigide et profond, de nous montrer la souffrance morale sous un autre aspect encore, de nous dire une autre lutte de la volonté contre l'impuissance, de nous initier à l'agitation, à l'effroi, à la confusion d'une faiblesse qui s'ignore et se nie, de nous intéresser au supplice perpétuel d'une âme qui refuse de connaître son infirmité, et qui, dans l'épouvante et la stupéfaction de ses défaites, aime mieux s'accuser de perversité que d'avouer son indigence primitive. C'est une maladie plus répandue que toutes les autres, mais que nul n'a encore osé traiter. Pour la revêtir de grâce et de poésie, il faudra une main habile et une science consommée.

Ces créations viendront sans doute. Le mouvement des intelligences entraînera dans l'oubli la littérature *réelle*, qui ne convient déjà plus à notre époque. Une autre littérature se prépare et s'avance à grands pas, idéale, intérieure, ne relevant que de la conscience humaine, n'empruntant au monde des sens que la forme et le vêtement de ses inspirations, dédaigneuse, à l'habitude, de la puérile complication des épisodes, ne se souciant guère de divertir et de distraire les imaginations oisives, parlant peu aux yeux, mais à l'âme constamment. Le rôle de cette littérature sera laborieux et difficile, et ne sera pas compris d'emblée. Elle aura contre elle l'impopularité des premières épreuves; elle aura de nombreuses batailles à livrer pour introduire, dans les récits de la vie familière, dans l'expression scénique des passions éternelles les mystérieuses tragédies que la pensée aperçoit et que l'œil ne voit point.

Cette réaction a déjà commencé d'une façon éclatante dans la poésie personnelle ou lyrique : espérons que le roman et le théâtre ne l'attendront pas en vain.

Mai 1833.

IV

À PROPOS

DE

LÉLIA ET DE VALENTINE

(Préface de *Romans et Nouvelles*)

Voici deux volumes nouveaux[1] qui n'ont pas, avec les précédents ouvrages de l'auteur, une parenté bien étroite et bien intime; c'est au public à décider ce qu'ils valent et la durée qui les attend. Il serait au moins inutile maintenant d'essayer de prévenir les juges avant l'ouverture des débats. Après la lecture, la question sera jugée et se résoudra d'une façon décisive en dépit des préfaces et des apologies, mais aussi, il faut l'espérer, en dépit des attaques et des interprétations calomnieuses. D'ordinaire, il est d'assez mauvais goût d'expliquer au lecteur ce qu'on a voulu faire; si l'idée qui a inspiré un livre n'est pas assez claire par elle-même ou n'est pas assez nettement expliquée dans le poëme ou le roman qui lui sert d'enveloppe ou de symbole, les commentaires et les gloses ne servent

---

1. Ces volumes contenaient : *la Marquise, Lavinia, Métella* et *le Secrétaire intime.*

de rien. Il faut accepter la condamnation, si injuste qu'elle puisse être; il faut se résigner et attendre du temps la justice lente, mais inévitable, qui ne manque jamais aux pensées vraies. Ce parti, qui, dans le plus grand nombre des cas, est à coup sûr le plus sage, n'est pourtant pas toujours acceptable. Depuis quelques mois, les attaques dirigées contre l'auteur de *Lélia* ont pris un caractère tellement grossier, tellement personnel, qu'une réponse publique est devenue nécessaire; toutefois il faut faire dans ces attaques deux parts bien distinctes; la part littéraire, que la discussion peut aborder; la part sociale, qui, n'ayant rien à faire avec le raisonnement, ne peut être le sujet d'une préface.

On a dit que *Indiana*, *Valentine* et *Lélia* étaient trois moments d'une même pensée, trois faces diverses d'une intention unique, trois expresssions d'une même volonté, et que les deux premiers livres demeuraient obscurs et inexpliqués sans le troisième. Sans doute il y a entre ces trois livres une fraternité incontestable; mais cette fraternité intellectuelle n'entraîne pas de droit la solidarité littéraire. Il se peut donc faire que l'un de ces trois livres vaille beaucoup moins que les deux autres, offre moins d'intérêt, soit construit sur un plan plus irrégulier, sans que pour cela le blâme et l'excommunication doivent envelopper dans un commun anathème toute la famille littéraire de l'auteur.

L'acharnement inattendu des reproches adressés à *Lélia*, et la rétractation inopinée des éloges si indulgemment prodigués jusque-là à ses sœurs aînées, font peu d'honneur à la clairvoyance des critiques. Cette colère rétroactive, qu'on y prenne garde, ne va pas à moins qu'à proclamer tout haut que les panégyristes se savent mauvais gré de leur premier enthousiasme, et qu'ils n'avaient pas compris les deux premières pages du plaidoyer avant de lire la troisième. Si cela est vrai, si les choses se passent dans leur conscience ainsi qu'ils le disent, peut-être bien changeront-ils d'avis à la lecture de la quatrième page; peut-être bien, dans un avenir très-prochain, seront-ils réduits à dire naïvement que cette fois-ci encore ils se sont trompés, qu'ils ont prononcé trop vite, et qu'une réflexion plus patiente leur a révélé des intentions inaperçues.

L'auteur s'abstiendra d'apprécier publiquement les récriminations hostiles dirigées contre lui; mais il croit pouvoir se permettre d'expliquer, selon sa conscience, ce qu'il a voulu, ce qu'il a prétendu jusqu'ici. Et d'abord il doit déclarer qu'il n'a pas entendu écrire un plaidoyer contre la société, contre les institutions qui la régissent, contre l'humanité entière, comme on l'a dit récemment. Ces graves accusations iraient assez mal à sa taille; ni son talent, ni sa volonté, ni ses espérances ne méritent une pareille accusation. Il sait très-bien que la majorité estime très-haut les institutions dont elle s'accommode, et, Dieu merci, l'orgueil et la folie ne l'ont jamais égaré au point de lui faire croire qu'il suffisait d'une parole pour renverser ce qui existe. Si les choses qui lui semblent mauvaises paraissaient telles au plus grand nombre, la société n'aurait pas besoin de son conseil pour les détruire et les réformer.

Indiana et *Valentine* ne sont pas un pamphlet contre le mariage, mais bien un tableau exact ou infidèle: c'est au lecteur à juger des souffrances morales infligées à une âme délicate et pure par la brutalité impérieuse et par l'égoïsme poli. Comme le mariage et l'amour peuvent très-bien exister en dehors de ces deux conditions, la vérité poétique du tableau n'a rien à faire avec les institutions et les passions qui servent à l'encadrer.

Il y a sans nul doute des âmes nobles et généreuses qui s'accommodent très-bien d'une vie uniforme et paisible, et qui ne souhaitent jamais rien au delà, qui étudient les défauts et les vices qu'elles sont appelées à subir pour les corriger et se faire, par un travail persévérant, des journées plus sereines et plus douces. Que la paix et le bonheur soient avec elles, car ces obscurs dévouements méritent une récompense éclatante. Il y a des passions sincères qui marchent à leur but sans arrière-pensée, qui ne prévoient pas l'abandon au delà du plaisir, qui ne rêvent pas l'indépendance dans la possession, qui voient dans l'amour autre chose que la soumission et le commandement, qui ne conçoivent pas le bonheur sans un échange également prodigue et aveugle des deux parts ; ces passions-là sont grandes, nobles, poétiques, dignes d'admiration et d'enthousiasme. Dans le malheur et l'abaissement, elles méritent encore l'estime et l'amnistie des âmes les plus calmes et les plus désintéressées ; elles peuvent offrir aux regards du sage un spectacle douloureux et déchirant, mais elles n'avilissent pas celui qui les endure ; elles peuvent défier le mépris, et le poëte n'a pas à les flétrir.

Est-ce à dire que l'égoïsme et la brutalité seront à jamais protégés par un privilége inviolable et sacré, et que la poésie n'aura pas le droit de les atteindre ? Chose singulière ! *Indiana*, qu'on a donnée pour un plaidoyer contre le mariage et l'amour, se résout dans une affection pure et sereine, assez sûre d'elle-même pour ne craindre ni la durée ni le nombre des jours pareils, assez sainte et sérieuse pour demander à Dieu de la bénir, assez dévouée pour compter sur l'avenir. L'union d'Indiana et de Ralph, qu'est-ce autre chose que l'amour dans le mariage ?

Dans *Valentine*, des idées pareilles se retrouvent en présence. Seulement le rôle de ces idées est changé, l'égoïsme prudent et réfléchi est représenté par la Loi. L'enthousiasme aveugle et l'emportement effréné appartiennent à la jeunesse ambitieuse, inexpérimentée. Le cœur d'une femme peut hésiter longtemps entre ces caractères si opposés : il peut prolonger sa défense et céder lentement le terrain qui lui reste. Mais, pour peu que l'un des deux adversaires qui se disputent la proie s'avilisse aux yeux de son juge, la victoire ne sera pas longtemps indécise. Tant que la Loi était représentée par un caractère pur, si odieux et si glacé qu'il fût, le devoir pouvait sembler auguste, la lutte était glorieuse ; avec l'avilissement de la personne, le mépris et l'oubli du devoir commencent. Alors la chute est inévitable. Quand Valentine se donne à Bénédict, elle n'a plus à choisir qu'entre Dieu et lui. La spoliation à laquelle elle se résigne lui rend la liberté ; elle n'a plus à compter qu'avec elle-même. Sa faiblesse ou sa résistance n'engage plus l'honneur de personne. Elle s'appartient, elle peut se donner. Sa défense, en se prolongeant, ne serait plus qu'un calcul d'égoïsme ou de vanité. En présence des tortures endurées pour elle par un amant résigné, ce ne serait plus du courage, ce serait de la lâcheté.

Avant la publication de *Lélia*, ces explications pouvaient sembler surabondantes. Personne encore n'avait songé à voir au fond de deux récits très-simples un plaidoyer passionné contre les lois sociales. Avec *Lélia* tout a changé de face. Et pourtant il semble que les choses auraient dû prendre un tout autre cours. N'est-ce pas en effet un singulier avocat que celui qui, voulant donner gain de cause à l'enthousiasme irréfléchi contre la réalité positive, prend à partie l'enthousiasme lui-même, le discute, le décompose, l'interroge obstinément pour lui faire avouer sa folie? N'est-ce pas un étrange plaidoyer que celui qui, voulant prouver que l'entraînement et la passion dominent de toute la tête la résignation et le devoir, met le doute au-dessus de l'entraînement, la négation au-dessus de l'espérance? Qu'il y ait dans le monde où nous vivons des âmes assez riches en expansions et en dévouements pour ne pas se désabuser au premier coup, des cœurs assez magnifiquement dotés pour ne pas prononcer à la première déception l'anathème de la vieillesse et de l'impuissance, l'auteur ne le nie pas. Qu'il se rencontre parmi les femmes de France des caractères assez heureux ou assez aveugles pour puiser dans chaque nouveau désabusement, dans chaque nouvelle trahison, une crédulité plus confiante et plus enfantine, l'auteur ne croit pas que ce soit une question. Mais la poésie ne peut-elle franchir les limites de ces félicités paisibles et de ces crédulités persévérantes? N'a-t-elle pas le droit de prendre pour sujet de ses études les exceptions douloureuses qui passent du désabusement au désespoir, du désespoir au doute, du doute à l'ironie, de l'ironie à la pitié, et de la pitié à la résignation sereine et impassible, au dédain religieux et grave de tout ce qui n'est pas Dieu ou la Pensée.

L'espérance, ardente et dévouée en présence même de la Réalité qui la raille et la défie, est une chose grande et digne d'admiration ; mais ce n'est que l'Espérance, et, si la Sagesse n'est pas un vain mot, elle a droit d'estimer l'Espérance pour ce qu'elle vaut, c'est-à-dire comme un rêve.

Le bonheur des sens, le Plaisir insoucieux de la veille et du lendemain, le triomphe du corps sur l'âme peut sembler à l'Ironie elle-même, si hautaine et si fière qu'elle soit, un sujet de regrets plutôt que de compassion. L'isolement silencieux et désert de la pensée repliée sur elle-même peut donner la sérénité, mais non pas le bonheur. En présence des joies auxquelles elle ne saurait descendre, il est permis à la Raison de s'attrister sur l'atmosphère inhabitée où elle s'est réfugiée. Il n'y a dans cette tristesse résignée rien qui ressemble à l'apologie du libertinage. Le sage peut envier la courtisane sans cesser d'être sage. Platon peut être jaloux d'Aspasie sans estimer moins haut les enseignements de Socrate.

Que le Doute né du désabusement admire sans réserve la Passion sanctifiée par l'Épreuve et par la douleur, qui s'agenouille devant l'homme qui a traversé le vice et les tortures qu'il entraîne pour s'élever laborieusement à la sérénité du courage et de la clairvoyance, est-ce là un sujet de scandale ? Il semble que toutes ces idées, ramenées à leur expression la plus simple et la plus nue, se défendent d'elles-mêmes et n'ont pas besoin d'apologie.

Que la foi religieuse qui suffit à consoler les âmes énergiques attise les feux d'un cœur faible au lieu de les éteindre, et pousse au meurtre un prêtre égaré par le jeûne et la veille, est-ce donc un si grand étonnement pour la piété de ce temps-ci? Si toutes ces explications vont au fond des choses, comme l'auteur incline à le penser, il a peine à deviner quelle lumière inattendue son dernier livre a pu jeter sur *Indiana* et sur *Valentine*. Si ces trois récits sont pour tous les esprits sérieux ce qu'ils sont pour lui, il ne devine pas comment la peinture des mœurs domestiques, qui avait semblé juste, comment le détail des combats intérieurs d'une femme hésitant longtemps entre le devoir et la passion, qui avait semblé fidèle, peut cesser tout à coup d'avoir les mérites qu'on lui attribuait d'abord, lorsqu'il prend fantaisie à la Pensée d'attaquer l'Enthousiasme après avoir attaqué l'Égoïsme et la Brutalité.

L'auteur voit aujourd'hui sans découragement et sans colère les récriminations de la critique. Quoiqu'il n'ait pas la prétention de moraliser son siècle, il comprend très-bien qu'on ne peut impunément effleurer même par la poésie les questions qui intéressent l'humanité tout entière. Il a vécu, il ne s'étonne pas de rencontrer sur sa route les vanités furieuses qui se croient insultées, les vices prudents et hypocrites qui se croient démasqués, les douleurs silencieuses et lâches qui n'osent s'avouer. Il sait très-bien qu'on ne peut toucher au feu sans se brûler les doigts.

Il n'ignore pas qu'il y a dans la littérature purement humaine, qui prend le cœur avec ses extases et ses tortures pour sujet permanent de ses études et de ses inspirations, quelque chose d'austère et d'impitoyable qui doit blesser au vif les âmes vulgaires drapées dans le mensonge et la pruderie. Ces âmes-là sont volontiers indulgentes pour le poëte qui, dans son respect pour l'homme, s'abstient d'y toucher. Elles étourdissent de leur bruyante fanfare celui qui préfère aux peintures de la conscience la description des costumes et des paysages. Elles couronnent glorieusement celui qui les amuse de ses récits sans les troubler dans leurs plaisirs. Elles placent comme un demi-dieu sur un piédestal celui qui les laisse vivre à leur aise, et qui ne va pas fouiller au fond de leurs mémoires pour remuer la fange qu'elles y ont amassée.

Sans doute, en éliminant l'homme tout entier du domaine de l'imagination, la poésie est d'une pratique plus facile et plus paisible. Sans doute les amitiés sont plus durables, les admirations plus complaisantes pour celui qui sait donner à ses récits un caractère tellement impersonnel et désintéressé, que pas un ne se reconnaisse dans le portrait de ses acteurs. Mais l'auteur s'est depuis longtemps résolu à ne jamais peindre que les spectacles qui ont éveillé ses sympathies. Il laisse aux plumes plus heureuses ou plus habiles le domaine de l'histoire. Il craindrait de s'égarer dans ce hardi pèlerinage au travers des siècles passés; il s'en tient à ce qu'il a vu, aux émotions dont il a été le témoin, aux douleurs et aux espérances qu'il a pu comprendre; il n'essayera pas de réchauffer les cœurs qui battaient sous les armures aujourd'hui rouillées. Il se sent trop inhabile pour une tâche si périlleuse.

Il ne se révoltera pas contre ceux qui prennent la vie autrement que lui, qui s'arrangent de la réalité sans la blâmer, qui ne permettent pas à leurs désirs de s'élancer au delà du présent, ni à leurs souvenirs de reculer dans un passé désormais impossible. Il n'a pas la prétention, Dieu merci, de se mettre à la tête d'une réaction littéraire. Ce qu'il fait, il le fait pour son compte, sans imposer son exemple ou donner ses livres pour des leçons. Il ne s'est guère enquis jusqu'ici des systèmes ou des principes qui dominent l'art et la poésie de son temps. Ce qu'il admire, il l'admire naïvement sans se demander pourquoi. Ce qui lui répugne, il s'en abstient plutôt qu'il ne le blâme. Il n'est pas de ceux qui trouvent au fond de tous leurs sentiments trois ou quatre idées très-plausibles dont ils déduisent complaisamment avec une érudition splendide les origines avérées.

C'est pourquoi ses livres, quelle que soit la destinée qui les attend, pourront exciter des sympathies ou des répugnances, comme tous les poëmes obscurs ou inachevés ; mais ils ne seront jamais dignes de la haine ou de la discussion, car il ne plaidera jamais au profit d'un système. Il est de ceux pour qui sentir vaut mieux que savoir. Il peut avoir tort, mais du moins il est sincère.

15 mars 1834.

V

SOUVENIRS DE MADAME MERLIN

Les avantages du progrès dans l'éducation des femmes ont été fort contestés de tout temps; mais nous avons ouï dire que la génération présente les discutait de bonne foi. Nous espérons qu'il en est, ou du moins qu'il en sera bientôt ainsi. Nous sommes convaincu que les hommes vraiment forts, et, par conséquent, vraiment bons et sages, désirent l'émancipation intellectuelle des femmes. Nous croyons que ceux qui s'en effrayent sont des hommes faibles, qui ont besoin de la gendarmerie pour constater leur supériorité, et qui, à défaut de secours, retomberaient au-dessous de leurs esclaves.

Un temps viendra donc, peut-être, où le domaine des sciences, des arts et de la philosophie sera ouvert aux deux sexes. Jusqu'ici, nous n'avons pas encore vu que, sauf le chant, la danse et la peinture en miniature, les femmes pussent prétendre à un rang égal à celui des hommes dans la pratique de l'art, et nous ne voulons pas répondre que le progrès des siècles les amène à ce point. C'est un problème qui est peut-être du ressort de la phrénologie plutôt que de celui de la philosophie. Il est bien certain que leur aptitude une fois contestée, une forte direction ne pourra leur être qu'avantageuse. L'examen et l'expérience résoudront la question, dès que cette question, vitale pour la société future, sera devenue l'objet d'une attention impartiale et consciencieuse.

Sans aspirer à jeter du jour sur cette matière, nous pensons que tous les essais hasardés sur les routes qui conduisent à la découverte du vrai doivent être encouragés par la société présente. Tous ceux de ses membres qu'un honteux intérêt ne pousse pas à conserver les abus et les injustices dont souffrent les masses, désirent améliorer l'avenir, et, par conséquent, découvrir la vérité dans le présent. Tous les hommes d'un vrai mérite savent qu'ils ne peuvent être détrônés ni affermis dans leur empire par l'influence, plus ou moins grande, d'un sexe qui met tout son espoir et qui cherche toutes ses garanties dans ce mérite même. Quelles que soient les imbéciles résistances du vulgaire et les haineuses contradictions de la mauvaise foi, les hommes supérieurs entraînent, tôt ou tard, les siècles dans les voies providentielles. Que les femmes à qui les abus du temps présent conviennent ne se réjouissent donc pas trop. Que celles dont la fierté répugne à en profiter ne se découragent pas non plus. Le travail s'opère, et les pas rétrogades mêmes ne sont pas sans profit pour l'instruction de l'humanité.

Nous en demandons bien pardon aux dames; mais, si nous en jugions d'après ce que nous voyons dans le présent, nous nous prononcerions pour la supériorité intellectuelle de l'homme. Il est vrai que, si nous partions du même principe pour juger de la *progressivité* de l'homme, nous prononcerions hardiment qu'il est né pour l'esclavage, et qu'il faut lui refuser toute lumière et toute liberté. Proportion gardée, nous croyons que, jusqu'au milieu du siècle dernier, l'intelligence féminine s'est développée, dans son éternel ilotisme, autant que celle de l'homme dans sa constante souveraineté. Mais, comme nous n'avons pas encore vu la femme admise généralement à une liberté d'instruction suffisante, nous ne pouvons constater que des faits. Les plus grandes femmes scientifiques et littéraires, sans en excepter aucune, n'ont été et ne sont encore dans leur partie que des hommes de seconde classe, tout au plus. On a eu égard à l'infirmité de leur sexe en leur donnant place au milieu des premiers hommes de leur temps : on a bien fait. C'est pourquoi nous ne pensons pas qu'un génie mâle puisse être envieux et inquiet des triomphes d'un génie femelle : il faut qu'un homme soit bien médiocre pour en être blessé, et pour vouloir en souiller l'éclat inoffensif.

La faiblesse et la pâleur des productions littéraires féminines, sans prouver irrévocablement l'infériorité intellectuelle du sexe, devraient trouver grâce et protection, en raison de leur peu d'importance. En aucun temps, peut-être, les femmes n'ont été aussi peu aimées que dans celui-ci. C'est une preuve certaine du désaccord qui règne entre l'éducation de l'homme et celle de la femme, entre le progrès énorme de l'une et le progrès insuffisant de l'autre. Un jour, peut-être, l'égalité pourra être réclamée ; aujourd'hui, sans aucun doute, l'homme éprouve le besoin de rapprocher la femme de son âme, et la femme cherche à communiquer plus intimement avec la parcelle de divinité, dont l'homme n'est peut-être pas doté plus largement qu'elle, mais que les lois humaines ont moins étouffée en lui.

Nous pensons que les trop brusques protestations qui se sont élevées de nos jours ont été plus nuisibles qu'avantageuses à l'émancipation des femmes. Elles se sont pressées de réclamer des droits dont il n'est pas encore prouvé qu'elles soient aptes à jouir, même dans une donnée de progrès considérable. Si nous avions un conseil à leur offrir, ce serait de se montrer très-modestes dans leurs prétentions et très-méritoires dans leurs actes. Jamais les bouleversements politiques ne leur fourniront des chances d'affranchissement, puisque l'action des forces physiques leur est déniée par la nature. Mais un évangile de douceur, de sagesse et de persuasion, une révélation de la véritable dignité morale, pourront améliorer leur sort, et les replacer à la longue dans une position honnête et supportable.

Les écrits des femmes ont donc une très-grande importance psychologique, et loin de les critiquer avec une sévérité qui n'est ni difficile, ni généreuse, il serait d'un esprit sain et grave de les examiner avec attention, de les juger avec indulgence. Nous ne voyons pas qu'on l'ait fait, et que les décisions dont elles ont été l'objet aient été exemptes d'une galanterie excessive, ou d'une excessive dureté. Les femmes n'ont pas droit de cité au Panthéon, mais leur place n'est pas celle que veulent leur assigner beaucoup d'hommes, plus femmes qu'elles.

Espérons donc que la critique voudra bien consentir un jour à se faire plus gracieusement pédagogue, et à s'armer d'une férule plus légère et de lunettes moins microscopiques. Nous la prions, au nom des lumières, au nom de la philosophie, au saint nom de l'art poétique, d'entreprendre paternellement l'éducation des femmes auteurs.

Le livre que nous présentons aujourd'hui à son examen est un de ceux dont la modestie et le charme portent le plus gracieux caractère. Madame Merlin le fit imprimer il y a quelques années pour un petit nombre de personnes, et cette timide apparition ne sauva point d'un véritable succès l'humilité de l'auteur. Encouragée aujourd'hui par des suffrages bien désintéressés, elle s'est décidée à une réimpression du joli volume intitulé *Mes douze premières années*, augmenté d'une suite que nous désirons trouver digne du commencement.

M. de Latouche a dit en parlant des femmes : *Elles ne sont pas poëtes, elles sont la poésie*. Rien ne peut être mieux appliqué au récit de l'enfance de Mercedès Merlin. Sous un ciel enchanté, au bord d'une mer d'or et de poupre, au sein d'une nature vigoureuse, riche en délices, ce récit nous montre une enfant créole, chaste, aimante et simple comme la Virginie des Pamplemousses, mais solitaire, et, par conséquent, plus fière, plus rêveuse et plus forte. Ce que nous aimons le plus dans cette belle fille de la nature, c'est qu'elle sait lire à peine, c'est qu'elle n'apprend point des vers de Racine et de Boileau par cœur avant d'être capable de les comprendre, c'est qu'elle ne conçoit rien à la nécessité de la contrainte, de l'hypocrisie et de l'affection. C'est en vain que ses grands parents, effrayés du développement d'une si belle plante, veulent l'étioler et la réduire à la taille de la société. Mercedès s'enfuit du couvent à neuf ans, avec son costume de novice, sa robe de mousseline, son léger voile et ses bandeaux de cheveux noirs. Elle traverse les rues de la Havane d'un pas rapide, et va se jeter dans le sein de *Mamita,* poétique figure d'aïeule, dont une demi-page de description charmante nous fait aimer les longues tresses d'argent, la beauté majestueuse, le vêtement toujours blanc et d'une propreté recherchée, la grâce bienveillante et la bonté inaltérable. Bientôt arrachée aux tendres caresses et à l'indulgente protection de Mamita, Mercedès, reléguée à la campagne, chez une tante de son père, est confiée à la garde du chapelain de la maison; les malins tours de la belle espiègle, toujours occupée de projets d'évasion et de réunion à sa chère Mamita, mettent en désarroi le pauvre Fray Matteo, et, un soir, tandis qu'il la suit à la promenade, en chantant son office d'un ton nazillard, elle franchit le torrent sur une planche, pousse du pied le pont fragile, et prend son vol à travers champs, laissant le gros moine stupéfait, la bouche ouverte, le livre à la main, les lunettes sur le nez, la rivière à ses pieds.

Comme peinture rapide et ravissante des délices et des beautés de ce climat *sous lequel il n'y a pas d'enfance,* les *Souvenirs de madame Merlin* ne sont pas sans mérite; mais celui qui nous a frappé principalement, c'est la simplicité et la bonté qui respirent à travers chaque impression de cette vigoureuse croissance. Il y a comme un parfum de bonheur et de franchise répandu sur ces premières années d'une jeune fille destinée à la geôle sociale comme les autres, mais qui proteste de toute sa force ingénue contre les couvents, les livres, l'esclavage des noirs, les corsets et les souliers. Aussi, un sentiment de tristesse et de regret s'empare de nous, lorsque nous la voyons arriver à Madrid, jouissant à douze ans de tout l'éclat d'une précoce jeunesse, ignorante, passionnée, un peu sauvage, fatiguée du poids de ses longs cheveux noirs, chantant sans art et sans méthode les airs de son pays, à la grande surprise de sa mère, qui ne soupçonnait ni cette belle voix, ni cette rare beauté, ni cette âme chaleureuse, languissante et prête à mourir lorsque le froid et la neige viennent pour la première fois attrister son cœur et crisper ses fibres. Ce premier hiver, et cette gêne sociale, l'étrangeté de ces salons où elle se sent isolée, cette involontaire jalousie contre une sœur (sans doute injustement préférée), jalousie qu'elle combat avec force et générosité dans son propre cœur; tout cela est d'un intérêt profond, et nous ne connaissons pas de combinaison romanesque plus attachante que cette histoire véritable d'une destinée rentrée dans les voies ordinaires du monde et détachée de la liberté naturelle comme un fruit savoureux arraché à un arbre des déserts.

Le grand défaut des femmes qui racontent leur jeunesse est de se souvenir d'elles-mêmes avec un peu trop d'amour. L'adulation dont elles sont entourées les encourage trop à parler de leur beauté, de leurs nobles qualités, de leurs heureuses dispositions. Nous avouons qu'en général cela nous paraît contraire à la pudeur encore plus qu'à la modestie. Il y a un peu de courtisanerie dans cette description de leur personne physique et morale qu'un éditeur publie.

Il y a cependant des pudeurs si vraies et des beautés

si chastes qu'on leur pardonne leur nudité naïve. La *muchacha* havanaise nageant dans le ruisseau avec ses compagnes comme la jeune sauvage de Chateaubriand dans le Meschacébé, et rentrant au logis sous sa tunique légère comme la Chloé de Longus, nous a paru digne de figurer parmi ces chérubins dont la beauté n'a pas encore de sexe, et qui apparaissent aux enfants dans leurs prières. Quand la chasteté des souvenirs d'enfance peut passer ainsi au travers des années de la vie, sans rien perdre de sa limpidité, et se révéler sous la plume d'une femme sans subir d'altération, on aime à supposer que le cristal traversé par de tels rayons est resté aussi pur que possible.

Le livre de madame Merlin serait un petit poëme sans défaut, si elle se fût abstenue des réflexions métaphysiques faites après coup, et attribuées aux rêveries de ses premières années. Nous nous plaisons à la voir sur la terrasse de sa villa havanaise, écoutant les bruits de la mer qui vient mourir languissamment sur le sable, contemplant les *parcelles de lumière que chaque flot renvoie au soleil couchant;* mais nous aimerions mieux nous imaginer à loisir les molles rêveries qui berçaient vaguement son âme innocente, que d'en recevoir la confidence arrangée.

Il y a, dans cette forme arrêtée d'une pensée vaporeuse, un refroidissement sensible des plus chaudes impressions. Mais les taches mêmes de ce charmant ouvrage attestent chez les femmes un désir encore impuissant, mais pourtant louable, de s'élever au-dessus de leur condition actuelle. Il appartient à la génération présente de relâcher ou de resserrer leurs liens.

Avril 1836.

VI

MARIE DORVAL

Questions d'Art et de Litt. 1857

. . . .

....Pour savoir l'empire qu'elle exerce sur moi, dit-il[1], il faudrait savoir à quel point son organisation diffère de la mienne... Elle! Dieu lui a donné la puissance d'exprimer ce qu'elle sent ; elle répand son âme au dehors ; elle sait, elle peut le faire ; elle est douée d'une sensibilité éloquente, expansive, puissante comme tout ce qui part d'un cœur ardent et d'une intelligence forte. Cette femme si belle et si simple, elle n'a rien appris ; elle a tout deviné. Pauvre, abandonnée, méconnue qu'elle était, nul ne s'est occupé d'orner son esprit et de diriger ses sentiments, et c'est pour cela qu'elle s'est faite si grande, le jour où elle a pu percer ; c'est pour cela qu'elle est si vraie, si semblable à elle-même, si femme, la grande tragédienne ! Regar-

1. L'auteur se cache ici sous le personnage de Mario.

dez-la... écoutez-la, Évan. Oh! naïve! naïve et passionnée! et jeune, et suave, et tremblante, et terrible! Comprenez-vous à présent qu'elle subjugue un pauvre cœur souffrant et infirme comme le mien!

— Je sais, Mario, que ton caractère est sombre et concentré; on te reproche d'être hautain et méfiant, je crois plutôt que tu es timide.

— Je suis peut-être tout cela, dit Mario; je ne sais de quels mots expliquer ce qu'il y a de froid et d'incomplet dans ma nature; je ne sais rien exprimer, moi. Il y a sur mon cerveau, à coup sûr, une paralysie qui empêche mes sensations de prendre une forme expressive... Il y a des jours, voyez-vous, où, si je pouvais écrire ce que je refoule en moi d'énergie pour la douleur, la colère, l'amour ou la haine, je consentirais à tremper ma plume dans la dernière goutte de mon sang. Oh! si l'on pouvait dire ce que l'on souffre, peut-être que l'on ne souffrirait plus! car un autre vous comprendrait, vous plaindrait et vous consolerait; mais, moi, je ne peux jamais être compris qu'à demi, et cela ne me suffit pas. Ce que j'écris est terne et refroidi comme les impressions du lendemain. C'est un si pâle reflet de la pensée que la parole humaine! Écrire, mon ami, c'est le tourment de la vie, c'est le supplice de quiconque sent encore son cœur dans sa poitrine, c'est une lutte sans repos entre le désir et l'impuissance, c'est l'ambitieux roulant toujours une pierre sur laquelle ne s'élève jamais le palais que son imagination a bâti. O Sysiphe! pauvre poëte!

» Mais tenez, quand je viens m'asseoir ici, quand je me jette sur les banquettes de ce théâtre, opprimé que je suis par la violence de mon mal, brûlé par la fièvre, le cerveau douloureux et pesant, avec l'amertume cuisauté sur mes lèvres de marbre et des larmes vitrifiées dans mes yeux arides ; alors, si cette femme paraît sur la scène avec sa taille brisée, sa marche nonchalante, son regard triste et pénétrant, alors savez-vous ce que j'imagine ? — que Dieu me pardonne cette innocente et vaniteuse fiction ! — *il me semble que je vois mon âme ;* que cette forme pâle, et triste, et belle, c'est mon âme qui l'a revêtue pour se montrer à moi, pour se révéler à moi et aux hommes.

» Alors cette femme parle ; elle pleure, elle maudit, elle invoque, elle commande, elle se désole ! Oh ! comme elle crie ! comme elle souffre ! quel féroce plaisir j'éprouve à la voir pleurer ainsi ! — C'est qu'elle répand toutes ces impressions, aussi pures, aussi violentes qu'elle les reçoit ; cette âme conçoit et elle produit en même temps ; cette femme est elle-même ce qu'elle paraît être ; en elle, la passion et la souffrance ne sont pas des reflets, comme les mots que je dis, comme les phrases que je trace ; c'est l'inspiration âpre et saisissante qui émane d'elle, toute vierge, comme elle y est descendue ; c'est le souffle de Dieu qui vient du ciel tout en feu et qui traverse cette âme pour s'y refroidir.

» Et ce n'est pas à cause des mots qu'elle prononce ; car ils sont au-dessous d'elle, tous ces poètes qui lui dictent sa passion. S'ils la laissaient libre d'improviser son rôle, elle dirait mieux qu'eux ce qu'il faut dire. Mais n'importe ! elle a heureusement une voix plus puissante que leur génie. Son geste, son regard suppléent à leur pensée. Voyez ces cheveux fins et soyeux qui semblent s'animer sur son vaste front ! voyez sa peau qui bleuit et tout son corps que la douleur brise !.... Eh bien, voyez-vous, s'écria-t-il dans une sorte d'ivresse, en se levant brusquement et en étendant ses bras vers l'objet de son enthousiasme, c'est moi que vous voyez là ; c'est mon âme qui est dans cette femme et qui la fait se tordre et délirer ainsi ; ce dieu qui la possède, il est en moi aussi ; c'est le même dieu ; mais elle est pythonisse, et, moi, je ne le suis pas.

» Elle ne sait pas cela, elle ; mais, moi, je le sens bien peut être ! Ne voilà-t-il pas que je tremble, que mon sang fermente, que mon écorce craque de tous côtés et que je pleure comme elle ? Quel autre aurait ce pouvoir ? Pouvez-vous dire, Évan, que vous m'avez jamais vu pleurer ? Eh bien, à l'heure qu'il est, je crie, je sanglote, je parle, je m'agite, j'existe par tous mes pores, je m'épanche, je me livre, je me communique, je sors de ma prison d'airain, je brise le sépulcre glacé où la flamme divine a si longtemps dormi. Oh ! donnez-moi ma plume, je vais écrire... faites silence, je vais parler !... Attendez, attendez, voici mon génie qui plane sur moi ; écoutez, je suis le premier de vos poëtes !...

Mais le rideau venait de tomber entre l'actrice et Mario, le lustre s'éteignit, et avec lui le génie du poëte. Évan éclata de rire ; Mario resta consterné d'abord, et puis il redevint inerte comme à l'ordinaire.

La puissante artiste qui venait de dépenser tant d'énergie à son profit lui avait tout repris en s'en allant.

Janvier 1837.

VII

INGRES ET CALAMATTA

Après sept ans de travail, M. Calamatta vient de terminer la gravure de la plus grande page de M. Ingres, le tableau du *Vœu de Louis XIII*. Cette vaste scène est composée naïvement, selon la manière classique des anciens maîtres. Le roi, à genoux, les bras levés devant l'autel, offre son sceptre et sa couronne à la reine des cieux qui apparaît dans sa gloire, tenant le fils de l'homme dans ses bras. Deux anges adolescents soulèvent les draperies du chœur et les retiennent d'une manière régulière pour découvrir au roi l'apparition céleste. Un groupe de petits anges, d'une beauté ravissante, est comme plongé jusqu'aux épaules dans le nuage qui porte Marie. Deux d'entre eux sont descendus jusque sur le marbre du temple. Debout auprès de Louis XIII, ils portent la tablette où le prince a inscrit la consécration dévote du royaume de France.

Rien de plus simple que cette composition, mais

aussi rien de plus harmonieux et de plus noble. La régularité systématique, l'extrême sobriété des ornements ne la refroidissent pas, car ils servent à appeler l'attention et à concentrer l'effet principal sur la figure de la Vierge. Cette figure est incontestablement la plus belle création sacrée que notre siècle ait produite en peinture. Elle peut soutenir la comparaison avec les plus célèbres des anciennes écoles d'Italie. C'est une pensée mixte entre le génie de Michel-Ange et celui de Raphaël; c'est une rivale, en puissance, de l'*Assunta* du Titien. Je crois qu'elle seule suffirait pour placer M. Ingres à la tête des plus grands artistes de nos jours, comme elle l'eût placé à côté des plus beaux noms, dans les jours florissants de la renaissance.

Pour la dimension, la composition et la pensée principale, ce tableau formerait un admirable pendant à l'*Assomption* du Titien. En faisant ce rapprochement dans la pensée, il est impossible de ne pas déplorer la condition des vrais artistes de nos jours, et le sort de leurs œuvres. Titien fut à Venise plus puissant et plus riche qu'un doge. Son chef-d'œuvre brille dans le musée de sa patrie à la place d'honneur, vis-à-vis le chef-d'œuvre du Tintoret, entre le chef-d'œuvre du Pardenone et ceux de Giambellino, de Véronèze et de Paris-Bourdon. L'univers artiste traverse ces galeries moins complètes, mais plus épurées et surtout plus vénérées que celles de Paris, de Vienne, de Londres, et c'est presque chapeau bas qu'il est permis de regarder la *Vierge* du Titien. Et M. Ingres ne jouit que d'une gloire contestée par l'envie, ou méconnue par l'ignorance. Dans un siècle où les traditions de l'art cèdent platement aux caprices de la mode, ou follement aux déréglements de la fantaisie, l'artiste que la postérité nous contestera le moins, soutient une lutte ardente, amère, interminable peut-être, contre les hommes et contre les choses. Il a subi pendant quarante ans une héroïque misère. Il a vu ses œuvres sublimes critiquées avec amertume. Le public lui-même dévié de la bonne route depuis longtemps, privé de points de comparaison, perdu au milieu d'un débordement de mauvais goût et d'ignorance, s'est arrêté incertain, étonné de cette rude simplicité, et ne sachant si cet homme au génie austère, à la douloureuse patience, était un grand homme ou un fou. — Quant au chef-d'œuvre mystique de M. Ingres, qu'est-il devenu? où est-il? qui s'en inquiète? Il est à Montauban. Qui le possède? qui va le voir? qui le sait? La France n'est point artiste. Les artistes forment une classe à part dans l'État. Le peuple ne les comprend pas, les nobles les oublient, la bourgeoisie les paye et les corrompt.

Qu'il nous soit permis encore de dire quelques mots sur cette figure de Vierge par M. Ingres. Il nous semble qu'à l'exemple de ses maîtres chéris, M. Ingres a mis toute son âme, toute sa pensée, tout son génie dans cette personnification de la foi. Elle est grande, elle est forte, elle est empreinte d'une majesté un peu froide. Elle inspire peut-être plus de crainte que d'amour. Ce sentiment de l'artiste est plein de profondeur; soit que sa religion porte l'empreinte des rudes labeurs et des longues épreuves de sa vie, soit que, faisant planer cette figure céleste sur la tête d'un roi, il ait voulu la montrer sévère, sans pitié comme la conscience, sans indulgence comme la justice. La vierge de Raphaël est pleine de charme, de tendresse et de mélancolie. Telle elle doit se montrer dans les rêves du jeune artiste, symbole divin d'espérance, d'amour et de pardon. Dans la représentation du *Vœu de Louis XIII*, c'est la Thémis chrétienne, et elle semble dire : « Vous aurez un grand compte à rendre. » Dans la pensée de M. Ingres, c'est l'équité immortelle, disant : « Rien n'est beau que ce qui est grand, rien n'est durable que ce qui est vrai. » Si nous passons de la pensée à l'exécution, nous trouvons cette irréprochable pureté de dessin, que du moins personne ne s'est avisé jusqu'ici de contester à M. Ingres. Sa couleur, moins riche que celle du Titien, est pourtant distribuée avec plus de science dans le *Vœu de Louis XIII* que dans l'*Assunta*. Ici, la vierge un peu renversée et vue dans une sorte de raccourci, en s'élevant vers le foyer lumineux, reçoit la lumière sur son front radieux, et la laisse comme couler en s'affaiblissant jusqu'à ses pieds. Les personnages prosternés au premier plan sont donc éclairés par de grandes lames et accusés par de fortes ombres, ce qui fait paraître la figure de la Vierge réduite à des proportions trop petites pour le peu d'élévation où elle se trouve ; et lui donne moins d'importance au premier abord qu'aux personnages secondaires, dont le groupe n'est pas irréprochable. Dans le tableau de M. Ingres, la Vierge est dans une attitude perpendiculaire, le foyer l'éclaire par derrière et la montre dans un relief complet. Le groupe de la mère et de l'enfant est accusé plus que le groupe inférieur qui, recevant comme une réfraction, a plus de noblesse et de transparence, quoique moins éclairé en réalité. Cette disposition de la lumière est d'un grand effet et la figure principale en reçoit une solennité importante. L'enfant

Jésus est un chef-d'œuvre de dessin. La tête est aussi régulière, aussi divine que celle de sa mère. Mais ce qui est incomparable, c'est le mouvement des deux mains de la Vierge, qui posent avec le calme et l'aisance de la force sur les flancs de Jésus. Leur attitude a une puissance inexprimable, et toute la figure de la Vierge est empreinte d'un orgueil divin. On voit qu'elle porte avec une joie muette la rédemption du monde, l'avenir des générations.

Déjà la lithographie avait popularisé cette tête de Vierge, mais ce travail incomplet n'avait même pas le mérite de rendre fidèlement le modèle. La Vierge y est représentée comme une femme encore belle, mais déjà mûrie par l'âge, et ce type conviendrait mieux à la mère de saint Augustin qu'à la mère éternellement jeune du Christ. Chez M. Ingres et chez Calamatta, qui l'a fidèlement reproduite, Marie est aussi jeune que chez Raphaël, bien qu'au premier abord la différence des types accuse une différence d'âge.

M. Calamatta a rendu ce tableau avec une perfection qui ne laisse rien à désirer. Sept ans de travail, et plusieurs voyages en Italie ont été consacrés à cette œuvre patiente et consciencieuse. M. Calamatta est le Ingres de la gravure. Le burin si renommé des Anglais n'a rien produit de plus beau que le masque de Napoléon, dessiné et gravé par lui. Le *Vœu de Louis XIII* ne peut qu'augmenter cette réputation d'élite. S'il nous est permis de poursuivre le parallèle entre l'*Assomption* du Titien et le tableau de M. Ingres, nous dirons que Schiavoni a fait sa fortune en gravant l'*Assunta* et quelques autres tableaux classiques. Schiavoni fut dans la haute faveur de l'empereur d'Autriche, il acheta un des plus beaux palais de Venisé, et tous les étrangers vont voir sa galerie de tableaux. Nous ne blesserons pas la modestie de Calamatta en disant quelle stoïque existence il a embrassée pour se consacrer sans relâche à un travail consciencieux, à des études presque inconnues aux artistes de nos jours. Mais nous sommes forcés de dire que son talent et son œuvre sont, par rapport à ceux de Schiavoni, ce qu'est Raphaël à Bassano. M. Calamatta conserve les traditions inflexibles du dessin correct de M. Ingres, nul mieux que lui n'a le sentiment du beau et la puissance de le reproduire fidèlement. L'enthousiasme touchant qui le porte à s'effacer sans cesse derrière ce grand maître, ne peut empêcher les amis de l'art d'apprécier le mérite personnel de son travail et de lui vouer une haute reconnaissance pour la reproduction du *Vœu de Louis XIII*. Pour Calamatta, l'art est une religion. Il a terminé son œuvre. M. Ingres est content. L'avenir est doté d'une page sublime. Maintenant, que son travail le ruine ou l'enrichisse, que le sujet soit populaire ou antipathique à la foule, que sept ans de sa jeunesse soient sans fruit pour sa fortune et pour sa gloire, c'est de quoi Calamatta n'a pas le temps de s'occuper. Il a d'autres travaux à entreprendre, d'autres devoirs à accomplir. Dans sa mansarde vit un autre grand artiste, un ami inséparable, un génie frère du sien, Mercuri, non moins pauvre, non moins ignoré, non moins indifférent aux bruits du monde et aux faveurs de la fortune. Entre autres gravures d'un haut mérite, Mercuri a reproduit d'une manière ravissante le tableau des *Moissonneurs* de Robert. Cette gravure a reçu fort peu de publicité, et c'est une perte véritable pour les arts. Bientôt il fera paraître la gravure d'un charmant petit tableau de

M. Paul Delaroche, représentant *Sainte Amélie*. La France artiste comprendra-t-elle le mérite supérieur de cette production et créera-t-elle une patrie à ces deux beaux talents, dont le pape prohibe les œuvres sacrées dans ses États, sous prétexte que le lion, l'étoile et l'aigle, qui ornent la vignette du masque de Napoléon sont des signes maçonniques et portent atteinte à la sûreté du saint-siége!

Mars 1837.

VIII

LES POËTES POPULAIRES

Le public n'en est plus, nous le croyons, à s'étonner qu'un *ouvrier maçon* puisse faire d'assez beaux vers; ce serait s'étonner qu'un homme puisse joindre à des sentiments vifs, à des pensées profondes, la faculté d'expression. Sans parler d'exemples anciens, Hégésippe Moreau, qui, tout dernièrement, a laissé, en mourant si jeune, un volume de chefs-d'œuvre d'une admirable perfection, et bien d'autres encore nous ont appris qu'il y a dans le peuple, dans les prolétaires, tous les talents, toutes les sortes de génie. Heureuse la patrie, si elle savait tirer de tous ses enfants le plus grand effet possible, suivant les dons que la nature a départis à chacun! La pièce de Poncy, intitulée : *A la mer,* est assurément empreinte d'un grand sentiment du rhythme. Les dernières strophes sont fort belles. Laissons de côté les imperfections nombreuses. Au plaisir naïf que l'auteur prend à décrire de pures *sensations,* on reconnaîtrait qu'il est très-jeune, et qu'il a le bonheur de vivre sous un beau ciel. Les ouvriers des villes industrielles n'ont pas le ciel de Toulon, ses horizons, le contraste de ses montagnes et de sa mer, pour les soutenir dans leurs labeurs. Aussi leurs accents, quand la poésie les inspire, sont-ils bien différents. La société, le malheur de leur condition, voilà leurs sujets ordinaires.

Les vers de Poncy, le maçon de Toulon, que la *Revue Indépendante* vient de publier, nous ont remis en mémoire et les poëtes prolétaires que cite M. Arago dans la lettre qui les accompagne, et bien d'autres encore dont les noms méritent d'être ajoutés à la liste. Nous avons sous les yeux un volume de beaux vers pleins de charme, de grâce, et de mélancolie. L'auteur est une jeune ouvrière. Une poëtesse (si nous pouvons employer ce mot qui mériterait d'être dans le Dictionnaire, et qui nous paraît aussi nécessaire maintenant que celui de poëte), une poëtesse justement célèbre, madame Tastu, a bien voulu servir d'introductrice à sa compagne. Dans des pages touchantes, elle remarque que la poésie, l'instrument poétique, est maintenant aux mains du peuple, des classes ouvrières, des prolétaires. Les poëtes du xvie siècle, en effet, et ceux du commencement du xviie siècle, étaient presque tous sortis de la noblesse : Pierre de Ronsard, Jean et Joachim Du Bellay, le sire de Malherbe, le marquis de Racan, le sieur de Segrais, madame des Houlières, et tant d'autres. Plus tard, les poëtes sortirent de la bourgeoisie : La Fontaine, Corneille, Racine, Boileau, Voltaire, naissent en pleine bourgeoisie, dans la bourgeoisie riche. Les poëtes prolétaires de ces deux siècles, comme le menuisier de Nevers, par exemple, sont des anomalies, des exceptions qui paraissent tenir du prodige. Au xviiie siècle, au contraire, les grands seigneurs, les nobles, cette classe qui avait donné autrefois la fameuse pléiade, se tarit : c'est le temps où M. de Saint-Aulaire entre à l'Académie et devient immortel pour un quatrain. Béranger, de notre temps, est le premier exemple d'un grand poëte sorti des classes populaires. Les autres illustrations poétiques contemporaines appartiennent encore à la bourgeoisie. Il paraîtrait, suivant madame Tastu, dont nous avons voulu appuyer les prévisions par cette remarque historique, que, le temps aidant, l'inspiration pourrait bien passer dans les classes pauvres, dans les classes inférieures, comme on dit encore par un mauvais langage. Écoutons madame Tastu :

« La poésie se meurt, dit-on, comme si rien mourait en ce monde ! — la poésie surtout; la poésie, qui répond à l'un des plus irrésistibles besoins de l'humanité; car, ainsi que l'a dit la Parole divine : L'homme ne vit pas seulement de pain. Fidèle à sa double nature, à peine a-t-il eu le temps de pourvoir aux nécessités de son corps, que celles de son âme commencent à se manifester.

» Nos intrépides navigateurs, en explorant la Polynésie, ont trouvé dans quelques-unes de ses îles des peuplades barbares qui habitent, comme les animaux sauvages, des tanières enfumées, qui n'ont pour vêtement qu'une peau de bête, pour aliment que les produits de la pêche ou de la chasse, produits si précaires, à cause de l'imperfection des outils et des instruments qu'ils emploient, que souvent ils demeurent plusieurs jours sans nourriture. Eh bien ! ces êtres si peu développés encore ont déjà senti le besoin de joindre des chants à tous les actes de leur misérable vie : ils ont des chants pour la prière, pour les combats, pour la chasse ou pour la pêche, des chants rimés et rhythmés; ainsi, en apparence si près de la brute, ils portent cependant la marque indélébile de leur haute origine, et se font reconnaître de leurs frères en se joignant à l'hymne universel qui de la terre s'élève incessamment vers le ciel.

» Non, aucun des dons que le Créateur a faits à l'homme n'est destiné à périr; non, la poésie ne meurt pas; elle se transfigure ou se déplace, mais elle existe toujours. A l'origine des sociétés, elle préside à tous les actes faits en commun, elle n'est alors qu'un chœur général. Plus tard, quand d'un consentement unanime les hommes ont remis le pouvoir aux mains d'un seul, il arrive qu'à l'entrée d'un siècle apparaît quelque grande figure qui résume en soi, aux applaudissements de ses contemporains, toute la poésie d'un peuple ou d'une époque. Puis, bientôt l'esprit humain se lasse de cette sublime synthèse : l'individualité commence à se faire jour : chacun veut dire son mot, expliquer sa souffrance, formuler son désir; Les classes diverses de la société viennent l'une après l'autre figurer sur la scène; les classes élevées, la bourgeoisie, le peuple, les femmes enfin, d'abord rares et timides, puis plus nombreuses et plus hardies. Comme dans une œuvre savante de Beethoven, la phrase harmonieuse parcourt l'orchestre, répétée tour à tour par chaque instrument. Quand le silence se fait d'un côté, tournez-vous de l'autre et écoutez! vous retrouverez la sublime mélodie. Vous vous plaignez qu'autour de vous tout est aride, stérile et desséché; faites un pas hors de l'enclos qui borne vos regards, et vous verrez s'épanouir à vos pieds toutes fraîches et brillantes la foule des fleurs des champs.

» Ainsi au moment où, dit-on, la poésie ne trouve plus que des oreilles distraites, où la politique envahit nos salons, où les plus aimés de nos poëtes se taisent ou délaissent la pensée pour l'action, la lyre pour la tribune, n'est-ce pas un fait à remarquer que l'apparition de cet essaim chantant de jeunes filles surgi tout à coup des rangs populaires: Élisa Mercœur, qui, en s'élançant dans la carrière, heurta si tôt contre la tombe ; Élise Moreau, Louise Crombach, Antoinette Quarré, Marie Carpantier enfin, dont les premiers essais m'ont inspiré un intérêt que je voudrais faire partager au public. »

Ce ne sont pas là, je le répète, les seuls poëtes prolétaires dont nous ayons connaissance. Il en est un dont nous avons lu des vers qui ne rappellent pas, comme font peut-être ceux des auteurs que nous venons de citer, la lecture de modèles, des vers doués d'individualité, d'originalité intime et profonde. Si la profession qu'il exerce, celle d'*ouvrier en vidanges*, faisait reculer d'horreur certains oisifs, nous leur dirions que, dans l'enfer de Rabelais, la belle reine Cléopâtre est *laveuse de vaisselle*. La société actuelle ressemble un peu à cet enfer, puisqu'un homme comme M. Poncy (c'est le nom de cet ouvrier), capable d'écrire des vers que signeraient Victor Hugo et Lamartine, et qui ont le mérite de n'être pas une imitation de leur école, a été, par le hasard de sa naissance, livré à cette profession.

Lyon, la grande ville des ouvriers, a aussi ses poëtes, *canuts* et autres, que nous ferons peut-être connaître un jour.

Au surplus, comme on peut le croire, les prolétaires ne manient pas seulement le vers; ils écrivent fort bien de sages pensées en prose. Et, comme s'il venait à point pour nous être en aide et prouver notre assertion, voici un jeune ouvrier typographe et graveur qui nous remet, à l'instant même, une Notice sur l'infortuné Boyer. Cette Notice ne peut être mieux annoncée[1] qu'en compagnie des poëtes du peuple.

Novembre 1841.

1. Elle a été publiée dans la *Revue Indépendante*.

IX

LAMARTINE

UTOPISTE

On a cité, dans le premier numéro de la *Revue Indépendante*, de beaux vers faits par des ouvriers. Aujourd'hui, nous trouvons, en ouvrant au hasard le dernier recueil de poésies d'un illustre écrivain[1], la sanction des réflexions que nous avaient suggérées ces heureux essais de la muse populaire. C'est de M. de Lamartine que nous recevons cette sanction remarquable et précieuse, exprimée dans les plus beaux élans lyriques qui aient peut-être illustré cette plume féconde. Lorsque nous venons réclamer avec notre siècle, au nom de nos pères qui nous ont ouvert la lice, au nom de nos enfants qui veulent s'y élancer, l'égalité de développement pour les intelligences dans tous les rangs de la société, voici un grand maître de

---

1. *Recueillements poétiques*, par A. de Lamartine.

l'art, un aristocrate à divers titres, qui prophétise hardiment l'application et le résultat de nos croyances. Ces croyances sont donc les siennes. N'en doutez pas, ou plutôt lisez la pièce intitulée : *Utopie*.

Quel admirable instrument que M. de Lamartine ! Comme il répond, comme il chante, quand la main divine presse son clavier facile, et que le souffle de l'inspiration remplit ses tubes sonores ! Ce n'est point à la lyre antique que je voudrais le comparer. Il a moins de simplicité et plus d'étendue. C'est l'orgue chrétien, avec toutes ses ressources, sa puissance infinie, ses jeux divers, ses voix célestes, ses grands déchirements, toutes les fictions que ses vastes flancs recèlent. Mais cette grande musique, que nous écoutons dans l'extase, n'est-ce que la voix d'un instrument; et, pour nous débarrasser de la métaphore, cette superbe déclamation prophétique n'est-elle que le trop-plein d'une intelligence de poëte ?

Eh bien, que nous importe ? Et comment pourrions-nous interroger sévèrement le fond de cette âme où dorment de si magnifiques instincts, évoqués parfois et poussés dehors par cette volonté mystérieuse, invincible, que les chrétiens appelèrent *la grâce*, et que les poëtes appellent l'*inspiration* ? Il y a là un grand secret psychologique, et ce n'est point ici le lieu d'en sonder les abîmes.

Que M. de Lamartine se contredise lui-même, et qu'après avoir exhalé toute cette vérité qui le presse et le déborde aux heures de solitude et de recueillement, il rentre, à d'autres heures, dans le monde des conventions menteuses et des transactions mesquines; qu'il s'agite, noble et naïf impuissant, dans la petite politique du jour, où, faute d'unité dans sa propre nature, il prodigue de belles paroles qu'on écoute, qu'on admire, et qu'on oublie aussitôt ; qu'il s'amuse aux bagatelles de la tribune, au lieu de concentrer toute cette force qu'il semble porter en lui-même, et de faire de sa vie un monument homogène, hardi, logique, comme nous le voudrions, comme il ne le peut, hélas ! Dieu qui fait les grands hommes si incomplets sait seul pourquoi ! nous n'avons ni le droit ni le courage de le prendre à partie, et de lui dire : « O poëte que nous aimons tant, pourquoi songez-vous à vos plaisirs, tandis que vous avez *charge d'âmes*? Pourquoi laissez-vous aller la vôtre par mille fissures, vase d'élection qui ne scellez pas plus *les eaux de notre vie* qu'une coupe d'argile? Hélas ! que de temps perdu dans cette belle vie, à resserrer une popularité que vous croyez étendre, et qui fût venue vous chercher plus vite et plus triomphalement si vous eussiez moins songé à elle! »

A quoi servirait d'ailleurs cette plainte indiscrète ? Le poëte, du fond de sa solitude de Saint-Point, l'élève vers le ciel, et la chante lui-même, pour nous initier à ses regrets et à ses combats. Mais, redevenu homme du monde, orateur applaudi, protecteur bienveillant et courtisé, célébrité littéraire adulée, idole des femmes brillantes qui convoitent et qui *boivent* ses hommages, comment pourrait-il écouter les rudes voix qui lui diraient pour tout compliment : *Vous êtes dans la vérité*, et pour tout encouragement : *Persévérez*? Non, les poëtes de ce siècle, pas plus que les philosophes et les politiques de la sphère où s'agite M. de Lamartine, ne peuvent avoir une vie si austère et des satisfactions si sérieuses. Ce n'est pas toujours leur faute, nous en sommes convaincus ; c'est celle du milieu où ils respirent et de l'époque qu'ils traversent. Le plus loyal et le plus sincère de tous, c'est sans doute M. de Lamartine. Car son courage individuel ne l'abandonne pas ; et il rachète toutes ses fantaisies sans but et sans résultat par de soudaines et foudroyantes proclamations, soit en prose parlementaire, soit en vers pompeux où l'amour du beau et le sentiment du vrai se révèlent sans détour et sans réserve à la face de cette société mesquine et rusée qui croit l'avoir accaparé, et qui reçoit tout à coup de lui de grands coups de fouet et de foudre au travers du visage. C'est ce qui nous console de voir à ce grand poëte les goûts et les allures d'un grand seigneur. Si le barde souvent nous échappe, nous pouvons nous dire que ceux qui nous l'ont enlevé ne le garderont pas longtemps. Collègues politiques qui croyez l'enrôler sérieusement sous la petite bannière trouée de votre esprit de corps, il saura bien, un beau matin, vous remettre à votre place en s'écriant :

> Et tu veux qu'au milieu de ce travail d'un monde,
> Le siècle de six jours, sur sa tâche incliné,
> Se retourne pour voir quelle âme a bourdonné ?
> C'est l'erreur du ciron qui croit remplir l'espace.
> Non : pour tout contenir le temps n'a que sa place ;
> La gloire a beau s'enfler, dans les siècles suivants
> Les morts n'usurpent pas le soleil des vivants ;
> La même goutte d'eau ne remplit pas deux vases ;
> Le fleuve en s'écoulant nous laisse dans ses vases,
> Et la postérité ne suspend pas son cours
> Pour pêcher nos orgueils dans le vieux lit des jours.

Archicritiques, aristarques littéraires, qui pensez l'enivrer de vos flatteries, ou le faire saigner sous vos piqûres, il viendra pour persifler avec un enjouement bien philosophique :

> Quoi qu'en disent là-haut les scribes dans leurs sphères,
> L'avenir, mes amis, aura d'autres affaires :
> Il aura bien assez de sa tâche au soleil
> Sans venir remuer nos vers dans leur sommeil.
> . . . .
>
> Nous venger? l'avenir? lui? gros d'un univers?
> Lui, dans ses grandes mains peser nos petits vers?
> Lui, s'arrêter un jour dans sa course éternelle
> Pour revoir ce qu'une heure a broyé sous son aile?
> Pour exhumer du fond de l'insondable oubli
> La page où du lecteur le doigt a fait un pli
> Pour décider, au nom de la race future,
> Si l'hémistiche impie offensa la césure?
> Ou si d'un feuilleton les arrêts en lambeaux
> Ont fait tort d'une rime aux morts dans leurs tombeaux?

Enfin, si vous vous imaginez le tenir, prêtres et docteurs de la religion du passé, prenez garde que d'un coup de son aile le cygne du christianisme, devenu aigle de la prophétie nouvelle, ne vous renverse tout à plat. Ce sont les plus beaux et les plus forts mouvements lyriques du poëte, et il en est un qui mérite d'être lu tout au long c'est la pièce *à M. de Genoude sur son ordination.*

Après cette profession de foi, autrement large et aventureuse que celle du *Vicaire Savoyard*, ne croirait-on pas qu'au lieu de se remettre à écrire de petits vers sur l'album des duchesses, le grand lyrique va chanter cet autre prêtre qui, pour n'avoir pas voulu rentrer dans le passé, mais au contraire s'élancer dans l'avenir, dort aujourd'hui sous les verrous de Sainte-

Pélagie ? Mais non ! *une jeune Moldave* passera par la tête du poëte mobile et impressionnable, et nous aurons ses stances à la belle Moldave. Puis, quand ce gracieux et innocent caprice, qui ne s'arrête ni à *Angélica,* ni à *Augusta,* ni à l'imprudente *qui demande des cheveux,* sera épuisé, nous aurons le *Toast entre les Gallois et les Bretons,* hymne humanitaire magnifique, digne en plusieurs endroits de Byron lui-même, dont le sentiment relève de cette parole du Christ : *Le temps est proche où il n'y aura plus ni juifs ni gentils,* dont l'inspiration a traversé le saint-simonisme, Fourrier, les chartistes, voire les idées communistes de ces derniers temps, et que Jean-Jacques Rousseau, déjà si honteux d'avoir publié la *Polysynodie* de l'abbé de Saint-Pierre, n'eût certes pas osé transcrire du vers en prose. Mais, après la sublime *Utopie,* le poëte-prophète ne va-t-il pas écrire le nouveau *Contrat social* du xix⁰ siècle ? Le voilà qui jette la bride sur le cou du fier destrier, compagnon de ses courses romanesques, et qui le laisse errer sous les ombrages abandonnés de son domaine, jusqu'à la fin de la prochaine session ; le voilà qui descend dans l'arène des intérêts sociaux et dans la sphère de l'application ; il étudie les lois, il les discute, il les triture. Il pourrait nous en formuler l'esprit, grâce aux progrès accomplis dans l'humanité, mieux que l'illustre Montesquieu ne put le faire de son temps. Mais comment le ferait-il ? le temps lui manque entre le travail éternel de décomposition et de recomposition de cabinets, et les décrets de la police sociale sur les besoins et les appétits de la bourgeoisie industrielle. Le détail absorbera toute cette illustre et futile existence. Jamais, dans ce dédale de l'analyse et *du travail à courtes séances,* comme eût dit Fourrier, la synthèse de cette belle âme et de ce noble génie ne pourra se dégager des ténèbres où elle lutte contre la lumière. Oh! puissions-nous être en ceci de faux prophètes! Puisse-t-il entrer dans une nouvelle phase de développement moral, ce rare talent, qui déjà se confesse avec tant de grandeur et de simplicité d'avoir

(Pardonnez-lui, mon Dieu! tout homme ainsi commence!)

trop caressé en lui le sentiment du *moi!*

> Frère! Le temps n'est plus où j'écoutais mon âme
> Se plaindre et soupirer comme une faible femme
> Qui de sa propre voix soi-même s'attendrit.
> . . . .
> Ma personnalité remplissait la nature.

Puisse-t-il ne pas se borner à sentir, à comprendre, à exprimer, comme s'il s'agissait seulement d'aimer
vertu de la même manière dont certains artistes aiment l'art, *pour l'art!* Puisse-t-il presser un peu

> Le pas réglé du genre humain,

et se tenir à sa place entre ces deux natures qu'il décrit si bien :

> Il est dans les accès des fièvres politiques
> Deux natures sans paix de cœur antipathiques;
> Ceux-là dans le roulis, niant le mouvement,
> Pour végétation prenant la pourriture,
> A l'immobilité condamnant la nature,
> Et mesurant, haineux, à leur courte ceinture
> Son gigantesque accroissement!

> Ceux-ci voyant plus loin sur un pied qui se dresse,
> Buvant la vérité jusqu'à l'ardente ivresse,
> Mêlant au jour divin l'éclair des passions,
> Voudraient pouvoir ravir l'étincelle à la foudre,
> Et que le monde entier fût un monceau de poudre,
> Pour faire d'un seul coup tout éclater en poudre,
>   Lois, autels, trônes, nations!

Eh bien, M. de Lamartine a raison : ces deux natures existent et se combattent. Mais il se trompe en croyant que la troisième nature, la nature du juste et du sage, à laquelle il aspire, soit celle qui renie les deux autres et s'en détache pour rentrer dans le calme auguste et agréable de la résignation et de la patience. Non, grand poëte ! ce n'est pas là le type du juste aux jours où nous vivons, et nous ne voulons pas croire que ce soit le vôtre. C'est une philosophie du passé, plus ancienne et plus hors de cours que l'ascétisme chrétien, celle qui dit au *sage* :

> La résignation est la force du juste,
> La patience est sa vertu.

Non, non, cent fois non! le juste à présent ne peut pas être calme et résigné au fond de son cœur, comme s'il ne s'agissait que de se reposer ou de se sauver tout seul en dehors de l'humanité. Quand vous avez célébré l'*indivisible unité humaine,* vous avez bien compris la philosophie autrement que l'auteur de l'Imitation de J.-C., dont vous avez dit, je ne sais par quel caprice, dans votre Préface, qu'il possède plus de philosophie et de poésie à lui seul qu'Homère, Virgile, Cicéron, Chateaubriand, Goëthe, Byron, tous ensemble. Vous avez bien senti la douleur et l'indignation, quand vous avez dit :

> Alors, par la vertu, la pitié m'a fait homme;
> J'ai conçu la douleur du nom dont on la nomme,
> J'ai sué sa sueur, et j'ai saigné son sang.
> . . . .
>
> Alors j'ai bien compris par quel divin mystère
> Un seul cœur incarnait tous les maux de la terre,
> Et comment, d'une croix jusqu'à l'éternité,
> Du cri du Golgotha la tristesse infinie
> Avait pu contenir seul assez d'agonie
>   Pour exprimer l'humanité !
> . . . .
>
> Oui, j'ai trempé ma lèvre, homme, à toutes ces peines,
> Les gouttes de ton sang ont coulé de mes veines ;
> Mes mains ont essuyé sur mon front tous ces maux.
> La douleur s'est faite homme en moi pour cette foule ;
> Et comme un océan où toute larme coule,
>   Mon âme a bu toutes ces eaux !

Que vous dirais-je que vous n'ayez dit vous-même en mille endroits avec une magie d'expression, un élan d'enthousiasme et de conviction qui n'appartient qu'à vous ? Non, vous ne pensez pas que le stoïcien des anciens jours soit le juste milieu entre les destructeurs aveugles et les conservateurs stupides. Vous savez que ce *juste* ne doit pas être un *milieu*, mais un lien, un complément, un troisième terme qui féconde les deux autres, retenant l'un, pressant l'autre, les vivifiant tous deux, et que par conséquent l'homme politique ne doit pas passer tout seul dans sa gloire et dans sa majesté entre les partis, mais les prendre et les porter tous dans ses entrailles pour leur donner la vie en complétant la sienne, en la nourrissant, en la développant au contact de l'humanité. Vous l'avez dit, vous l'avez senti, vous le savez; donc je me tais.

Mais à ceux qui pensent que M. de Lamartine est un homme froid et personnel, capable de s'assimiler toutes les vérités et de se parer de toutes les grandeurs intellectuelles, sans éprouver aucune charité, aucun patriotisme, aucun zèle véritable, nous dirons : Vous vous trompez; vous ne le comprenez pas. Il comprend, donc il sent; il sent, donc il aime; il aime, donc il agit. Mais d'où viennent ces contradictions sans nombre, cet éclectisme sans issue et toute cette agitation sans résultat? D'un seul travers, inhérent peut-être à sa nature de poëte; d'une certaine frivolité naturelle, insurmontable, qui l'entraîne à la suite d'un billet doux, d'un papillon, d'un zéphyr, de moins encore, d'une distinction sociale ou d'un succès immédiat, tout au milieu de ses recueillements philosophiques et religieux, qu'il appelle modestement *poétiques*. Car il est modeste aussi, n'en doutez pas, et jamais plus que quand il vient de céder à l'impulsion souveraine de la vanité. Lisez sa Préface : c'est un chef-d'œuvre de grâce, de poésie, d'incohérence et de puérilité. Il n'y parle que de lui-même ; et c'est pour s'y placer toujours trop bas dans les choses où il est supérieur, trop haut dans celles où il ne l'est point. Oui, c'est un enfant que l'homme qui a écrit et signé une telle Préface ; mais un noble enfant, un enfant de génie; et je ne crois pas que ce soit un motif pour être sévère envers lui, d'autant plus que cet enfant a déjà, depuis que nous suivons sa course vague et capricieuse, fait des pas de géant, tout en ayant l'air de se jouer parmi les fleurs de la poésie. Il en fera encore; et déjà, malgré quelques strophes un peu érotiques sous un air béat, on peut dire avec joie et respect que l'enfant se fait homme.

L'attrait que nous éprouvions à nous occuper de lui nous a fait entrer dans cette longue divagation tout à fait malgré nous. Ce n'était point ici le lieu de faire toutes ces réflexions sur M. de Lamartine; nous voulions citer seulement ces vers communistes dont quelques-uns eussent peut-être envoyé leur auteur à Sainte-Pélagie, s'il les eût signés d'un autre nom. Nous voulions dire que le sentiment de la vie, de l'avenir, de la perfectibilité, de l'égalité est à cette heure dans toutes les nobles âmes, poëtes célèbres ou rimeurs prolétaires, et la parole de la vérité sur toutes les lèvres éloquentes, depuis M. de Lamartine jusqu'à Savinien Lapointe.

Décembre 1841.

X

DIALOGUES FAMILIERS

SUR LA

POÉSIE DES PROLÉTAIRES

I

J'entendis l'autre soir la conversation suivante entre M. A et M. Z., à l'occasion de deux ouvrages qu'ils trouvèrent sur ma table, et qui leur inspirèrent des réflexions fort différentes.

M. A., *prenant un volume.* — *Poésies de Magu, tisserand.* — Ah! celui-là doit faire de bien mauvaise toile! — *(Posant le volume, et en ouvrant un autre.)* Encore des vers! *Poésies de Beuzeville.* Qu'est-ce qu'il fait, celui-là? des sonnets ou des perruques?

M. Z. — Beuzeville est potier d'étain.

M. A. — Diantre! si son étain est bien battu, ses vers doivent être mal frappés.

M. Z. — Voulez-vous me permettre de vous en lire quelques-uns?

M. A. — De tout mon cœur.

M. Z. — Tenez ! La première pièce du volume ; un compliment de bonne année adressé à de jeunes enfants.

UN AN DE PLUS

Enfants, encore un an qui passe.
Eh bien, vous voilà tout joyeux ?
Un an de plus, enfants, à jeter dans l'espace,
Un an de moins à voir les cieux !

Et vous riez encore, et rien sur votre bouche
Ne semble révéler un sentiment chagrin !
Quoi ! cet anneau passé de la chaîne qui touche
Du soir de l'homme à son matin,
Il n'a donc pas froissé votre petite main ?
. . . .

Quoi ! rien ne vous émeut !... Allons, j'ai tort peut-être,
Moi qui veux, malgré vous, ainsi vous affliger,
Oui !... Pourquoi vous faire connaître
Des maux contre lesquels rien ne peut protéger ?
Et puis une année, à votre âge,
Il semble que cela ne doit jamais finir ;
C'est presque le passé, c'est tout un avenir,
Nous... nous savons que son passage
Laisse le souvenir de bien des jours perdus ;
Un peu d'espoir de moins, quelques chagrins de plus.
Nous... nous n'attendons point avec un œil d'envie,
L'heure où tombe une feuille à l'arbre de la vie.

Cette chute, pour vous, a pourtant des appas,
Et vous applaudissez, quand son heure est venue ;

Car si votre avenir jour à jour diminue,
Nul ne vous le dit, n'est-ce pas ?

Quand le temps vous présente une nouvelle année,
Il la pare de fleurs, la charge de cadeaux ;
Il fait exprès pour vous une heureuse journée,
Où vous pouvez saisir mille plaisirs nouveaux,
Qu'il porte suspendus au tranchant de sa faux.
Prenez ; l'heure pour vous sera trop tôt venue,
Où vous ne toucherez que la faux toute nue...

Ici, M. A. interrompit M. Z.

M. A. — Assez, mon ami ; je vois ce que c'est. De très-beaux vers, en vérité ; et je ne sais pas lequel de nos poëtes en vogue en ferait de meilleurs, le sujet donné. Mais cela me met en doute encore plus sur la bonne fabrication des ustensiles qui sortent de la main d'un tel lyrique.

M. Z. — Ne vous en mettez point en peine. Beuzeville est un bon ouvrier ; et, pour vous convaincre du laborieux emploi de ses journées d'artisan, lisez sa pièce intitulée : *Huit heures du soir*. Je sais que vous n'aimez pas les longues lectures : mais jetez-y les yeux ; ce sera bientôt fait.

M. A., *après avoir parcouru les pages indiquées par M. Z.* — Il est certain que cette peinture est touchante. Ce retour de l'atelier au foyer domestique, ce père qui embrasse sa femme et ses enfants, pour oublier en un instant sa journée de fatigue ; cette apostrophe aux jeunes ouvriers :

Pauvres fleurs qui, chaque journée,
Restent douze heures sans soleil !

cette prière du soir, cette bénédiction de la vieille

mère, cette effusion avec l'ami, ouvrier et poëte aussi : tout cela est plein de grâce, de mélancolie, d'amour et de piété. Vous voyez que je ne porte pas de préventions dans mon jugement, et que je sympathise de tout mon cœur avec les belles idées associées aux beaux sentiments.

M. Z. — Mais ne vous semble-t-il pas que, lorsqu'on sait goûter si noblement et si saintement une heure de repos par jour, c'est qu'on y porte le témoignage d'une journée consciencieusement remplie par le travail ? Un homme qui sent si vivement les douceurs de la famille, en pourrait-il méconnaître les devoirs ? Et supposez-vous que l'ouvrier qui ferait de bons vers et de mauvaise besogne trouverait assez d'ouvrage pour gagner son pain, celui de ses enfants, de sa mère, de sa femme ?

M. A. — Allons, je vous passe celui-là ; il m'a pris par le cœur, et je ne me défends plus. J'ai beau feuilleter son recueil, je n'y vois pas un hémistiche qui trahisse la moindre piqûre de vanité, cette bête venimeuse qui mord si avant dans le ventre des littérateurs de ce temps-ci (de quelque classe qu'ils soient), qu'elle les rend quasi fous, et presque toujours impertinents.

M. Z. — Je prends acte de vos dernières paroles.

M. A. — Quel piége me tendez-vous ? N'importe, je ne me rétracte pas, j'aime les hommes modestes, et j'ai bien de la peine à admirer les plus belles œuvres de ceux qui ne le sont pas.

M. Z. — Je me garderai bien de vous contredire. Voulez-vous que nous cherchions dans les poésies du tisserand si nous n'y trouverons pas quelques traces de cette vanité que nous ne rencontrerons pas dans le Potier d'étain?

M. A. — Ne cherchons pas, croyez-moi, nous trouverions.

M. Z. — Au contraire, cherchons. Il serait bien beau de rencontrer dans de la poésie d'ouvrier autant de goût à cet égard qu'il y en a dans La Fontaine et dans Béranger.

M. A. — Pourquoi dites-vous de la *poésie d'ouvrier?* Je ne puis souffrir cette locution ; elle sent son charlatanisme humanitaire et son outrecuidance démocratique. Il n'y a pas de *poésie d'ouvriers*, il y a de la poésie de poètes. Je n'en connais point d'autre, quant à moi. Pourquoi voulez-vous, vous autres *égalitaires*, monter la tête à ces bonnes gens, en leur faisant accroire qu'ils créent une poésie? Rien n'est moins fondé que cette prétention. Ils prennent l'art poétique au point où leurs devanciers et leurs contemporains, les versificateurs des classes éclairées, l'ont amené pour tout le monde; et comme il n'y a jamais eu autant d'écrivains sur la surface de cette pauvre terre qu'on en voit, hélas! aujourd'hui, de proche en proche la fureur de rimer se propage, et pénètre jusqu'au fond des ateliers et des échoppes. C'est un mouvement d'activité pour l'esprit humain qui ne connaît plus de bornes, et qu'il faut bien subir. Que les ouvriers s'amusent à faire des vers ou de la prose à leurs heures de délassements, cela vaut mieux que d'aller au cabaret, d'y manger son salaire, et de dire comme Sganarelle à sa femme qui se plaint d'avoir des enfants sur les bras; *Mets-les à terre*. Mais je trouve plaisant que ces honnêtes gens s'imaginent avoir découvert le Parnasso, parce qu'ils ont lu et compris les règles de la versification.

M. Z. — N'y en a-t-il pas quelques-uns parmi les *compagnons* surtout, qui ne connaissent point les règles, qui savent à peine la langue, et chez qui l'instinct poétique se révèle par des éclairs de sentiment et d'enthousiasme?

M. A. — Oui, et à vous dire le vrai, j'aime mieux ces chansons populaires, avec leurs incorrections, leurs mauvaises rimes, leurs plaisantes césures, mais aussi avec leur naïveté antique, leur cordialité touchante, et leur sainte bonne foi, que tous ces grands alexandrins imités de Victor Hugo ou de Lamartine, qui nous inondent déjà dans les journaux du peuple et dans ces recueils modestement intitulés *Poésie sociale*...

M. Z. — Pardonnez-moi de vous interrompre. Il y aurait beaucoup à dire sur le titre que vous raillez. Je ne prétends pas (et je pense que le publicateur généreux des *Poésies sociales* ne le prétend pas non plus) que son recueil de poésies démocratiques soit un traité de réforme sociale. Mais ces poésies bonnes ou mauvaises (vous-même en avez admiré plusieurs, je m'en souviens), peuvent bien prendre leur qualification de la pensée qui domine leur ensemble, et qui affecte le plus profondément l'esprit des écrivains prolétaires. — Vous ne prétendez pas, vous ne voudriez pas prétendre que ces réformes si urgentes, si nécessaires aient occupé beaucoup le cœur ou le cerveau des *hommes d'État* qui nous dirigent, puisque jusqu'ici ils n'ont trouvé de solution au problème *social* et à la crise *sociale* (ce mot vous impatiente, mais il faut bien appeler les choses par leur nom), que dans le sabre des gardes municipaux et le bâton des assommeurs de la brigade de sûreté. D'ailleurs, les hommes d'État ne font point de poésie, chacun le sait. Vous ne me direz pas non plus qu'excepté M. de Lamartine qui vient d'en faire de magnifiques, et Béranger qui en a fait d'immortelles, les lyriques de nos jours [1] se soient beaucoup préoccupés de faire des poésies où la société humaine joue un rôle ; nous chercherions vainement chez eux autre chose que l'individualisme le plus solennel et le plus antihumain, sous des formes souvent admirables, mais rarement sympathiques, jamais utiles.

M. A. — Ils viendront à s'oublier un peu quand le mouvement *social* (puisque *social* il y a) sera mieux marqué. Ce sont des gens dont la montre retarde ; tandis qu'ils se regardaient au miroir, ils ont oublié de la remonter. Mais continuez.

M. Z. — Je vous disais que puisque les poëtes des classes aisées ne s'inspirent pas des maux et des besoins de la société, soit qu'ils les méconnaissent, soit qu'ils les oublient, les poëtes prolétaires ont bien le droit de s'en inspirer, eux qui les sentent si profondément, et qui pourraient dire avec le prophète : *De profundis clamavi ad te, Domine.* Ils se plaignent donc, ils s'effrayent, ils se désespèrent. « Eh quoi ! vous disent-ils, cette misère, cette angoisse, cet avilissement, ne finiront donc pas ? » Il en est même qui menacent et qui osent dire (les insolents !) : « Vous nous condamnez à tous les maux, à tous les opprobres ;

---

1. Il faut en excepter M. Auguste Barbier, qui a fait dans Lazare une pièce intitulée : *la Lyre d'airai* véritable chef-d'œuvre comme art et comme senti

vous avilissez nos femmes et nos filles; vous abandonnez les enfants dont vous les rendez mères; et vous riez à toutes nos plaintes, à toutes nos indignations? Mais ne méritez-vous donc pas que la vengeance céleste vous atteigne, et que quelque père outragé vienne vous demander compte de vos crimes? » Oui, je sais qu'il y a des imprécations de cette force dans les *Poésies sociales*, et je n'en vois pas trop l'immoralité, je l'avoue à ma honte, bien que je n'approuve en aucun cas la loi du sang et la peine du talion. Mais depuis quand donc la poésie a-t-elle perdu le droit de forcer un peu l'expression des sentiments énergiques? Depuis quand la sûreté publique exige-t-elle qu'on mette un traité de résignation dans la bouche d'un pauvre dont un riche avait rendu la fille infanticide? Ne dites donc pas que ces cris et ces plaintes contre le désordre social auquel votre *ordre* conservateur nous livre, sont une atteinte à la touchante union qui régnerait entre les classes de la société, si celles qui souffrent voulaient bien se taire. C'est le gouvernement qui provoque chaque jour, à toute heure, par ses mesures de police, par les réquisitoires de ses accusateurs publics, avocats généraux et journalistes, les différentes classes de la société à une lutte barbare, c'est lui qui est coupable du délit d'*excitation* à la haine, et non ces poëtes d'atelier qui, certes, font moins de bruit et de mal que les actes de violence émanés du pouvoir.

M. A. — Mon cher ami, si vous vous emportez, je ne discute plus. Nous voici loin du sujet qui nous occupait d'abord.

M. Z. — Je crois que nous y sommes en plein, au contraire. Vous ne voulez pas qu'on publie de la *poésie d'ouvriers* sous le titre de *Poésies sociales;* vous ne voulez même pas qu'on dise que les ouvriers font de la *poésie d'ouvriers.* Eh bien, je réponds en bloc à vos deux reproches. Il n'y a que les ouvriers pour s'occuper des maux de la société, dont ils sont, en tant qu'ouvriers et en tant qu'hommes, les plus nombreuses et les plus infortunées victimes. En tant que poëtes, ils ont le droit de s'en inspirer, et d'appeler leurs poésies *poésies d'ouvriers,* ce qui signifie poésies d'hommes qui souffrent et qui réclament; *poésies sociales,* ce qui signifie poésies d'hommes qui veulent une société et à qui on refuse une existence sociale. *Sociale* est l'adjectif; ouvrier est la signature.

M. A. — Moi, je répète et je soutiens que vous êtes tout à fait sorti de la question. Avec votre manie de discussion passionnée, vous m'avez adressé indirectement des reproches et des injures que ma proposition ne provoquait pas et n'eût pas dû m'attirer. Je ne niais pas le droit que l'éditeur d'un choix de romances espagnoles aurait d'intituler son recueil : *Poésies espagnoles;* mais je disais que s'il nous donnait, au lieu de traductions de textes authentiques, des imitations faites à plaisir par quelques littérateurs de ses amis, ce publicateur se moquerait de nous. Voilà quelle était ma pensée, et je ne sortais pas du point de vue littéraire. Je persiste donc à dire qu'il n'y a pas de *poésies d'ouvriers* dans le sens *artistique* de cette expression. Les ouvriers naïfs, *les compagnons* illettrés qui font des chansons populaires sont peut-être aussi nés poëtes; mais leurs vers incorrects ne sont pas des vers. Et quant à ceux qui connaissent, comme Beuzeville, comme Savinien Lapointe, dont vous m'avez parlé dernièrement, les secrets de l'art poétique, ce sont des ouvriers-poëtes, et non des *poëtes-ouvriers*. Ouvrier ne peut pas être pris comme un adjectif servant à qualifier une certaine poésie différente de celle qui se fait dans toutes les classes de la société. M'entendez-vous maintenant?

M. Z. — Votre objection a de la profondeur, et je m'y rends. Vous voudriez que la poésie de ces ouvriers eût un cachet particulier; qu'elle nous révélât des ressources ignorées jusqu'ici; que ses licences fussent des règles nouvelles, créées par un sentiment poétique nouveau; qu'enfin la vie du prolétaire, sa vie intellectuelle, morale et matérielle, se révélât sous ces différents aspects par une expression fidèle et sentie de ce que cette vie est en réalité.

M. A. — Vous commencez à me comprendre. Entendons-nous tout à fait. Je n'aime ni le néologisme, ni les vers sans rhythme, ou les incorrections grossières; je ne veux ni d'une ignorance épaisse, ni d'un caprice insensé dans la manière de traiter la langue, bien que, comme je vous le disais tout à l'heure, j'aime les chansons de *compagnons* avec leurs beautés et leurs défauts. Elles me plaisent, comme le bégaiement naïf et souvent énergique de l'enfance; mais je n'admire ceci qu'en passant, et veux que l'enfance devienne virilité. Je veux donc qu'à l'avenir tout Français sache le français le mieux qu'il pourra, et je sais bien qu'à cet égard-là les prolétaires sont en progrès sensible. Mais je veux que ces hommes, qui ont certainement, à beaucoup d'égards, un autre sentiment de la vie que moi, sentiment moins raffiné peut-être, mais plus mâle; moins étudié, moins raisonné, mais plus austère, plus large, et plus audacieux. Je veux, dis-je, qu'ils écrivent comme ils sentent; qu'ils ne se préoccupent pas de la manière de tel ou tel modèle classique ou romantique; qu'ils ne cherchent pas leurs épithètes dans les vocabulaires trop savants de nos beaux esprits; qu'ils soient moins rêveurs, moins contemplatifs; qu'ils ne se laissent pas aller au spleen littéraire, maladie de l'oisiveté, plaie des gens inutiles. La vie de l'ouvrier est une vie d'action, de force et de simplicité. Que sa parole soit donc forte, simple, et que son mouvement, au lieu de m'alanguir en rappelant tout ce que je connais, me ranime, me transporte, m'attendrisse, et me communique cette vigueur qui n'appartient qu'aux races jeunes en civilisation. Qu'il se plaigne, je le veux bien; mais qu'il tourne cette plainte d'une certaine manière qui attire mes yeux et mon cœur vers lui. Si l'homme du peuple se présente à la barre d'une Convention nationale pour demander du pain, qu'on l'écoute, de quelque façon qu'il s'exprime. Mais s'il se présente en chantant, je veux que son chant soit autre chose qu'un orgue de Barbarie, répétant sans âme et sans expression les fragments d'une belle musique pillée à quelque opéra nouveau; car je ne suis pas forcé d'admirer la forme mauvaise donnée à une belle pensée, et, qui pis est, à la pensée d'autrui. Enfin, pour ne pas sortir des métaphores, je veux que le prolétaire ait un habit propre, commode, et même bien coupé; mais s'il s'arrange en *lion* de Tortoni, et qu'il vienne me parler de réforme sociale avec une chevelure ridiculement étalée et une rose sous la barbe, rien ne pourra m'empêcher de dire qu'il sacrifie le genre de beauté qui lui était propre à une beauté d'emprunt qui ne lui sied pas du tout. Je veux voir l'homme à travers son œuvre, afin de croire d'abord à l'existence de cet homme, et puis afin de comprendre sa peine, sa passion et sa volonté ; afin de le plaindre, de l'aimer et de l'aider si je puis. Qu'il soit donc vrai, qu'il soit donc lui-même ; qu'il ne me parle pas trop des anges et des madones du moyen âge, auxquels il ne croit pas plus que moi, ni des forêts et des lacs romantiques, qu'il n'a jamais vus. Qu'il me parle de son atelier, de son établi, de sa tâche, de son salaire, de son enfant, du pot de fleurs qui jaunit sur sa fenêtre. J'aime mieux tout cela que les sylphides et les houris, dont sa mémoire est farcie et la mienne rebattue. Qu'il me montre, enfin, cet homme que Diogène chercha en vain, et qu'il ne trouverait pas davantage aujourd'hui.

M. Z. — Votre théorie est sans réplique : mais l'application est encore difficile. Vous qui me reprochez toujours de vouloir marcher trop vite, vous courez au-devant des conquêtes de l'esprit humain. Vous, un peu trop patient, selon moi, à l'égard de certaines améliorations plus pressantes, vous voilà bien exigeant avec ce pauvre peuple qui commence à peine à parler la langue de son pays, et de qui vous réclamez bien vite une sagesse, une science, une supériorité de caractère, de jugement et de goût, que vous chercheriez en vain dans les masses bourgeoises, et même dans le monde artiste. Vous demandez la simplicité, l'austérité, la foi, la grande parole, le cœur évangélique avec la forme biblique ; rien que cela ! Le naturel, surtout, le naturel ! Où le trouverez-vous donc dans ce temps-ci ? Vous voulez voir l'homme à travers son œuvre. Ouvrez les poésies de tous ces jeunes littérateurs du monde élégant. Ne croirez-vous pas voir dans celui-ci un Othello ; dans celui-là, un amant espagnol de Calderon ; dans un troisième, un sombre et féroce pacha? Quelquefois tous ces personnages, et une douzaine d'autres, s'entassent dans l'expression et le costume d'un seul homme, qui pourtant n'a rien de commun avec ces passions échevelées, cette domination farouche, ces intrigues espagnoles, et ce monde fantastique où tout se montre et se pavane, excepté un homme réel et une vie possible? En vérité, ce serait un grand miracle que le prolétaire sans lettres eût trouvé ce qu'une énorme consommation de littérature de tous les pays, de tous les temps, n'a pu donner à un seul d'entre vos poëtes lettrés, une individualité de talent!

M. A. — En ce cas, puisque vous avouez que les vices et les ridicules de la littérature prolétaire sont les mêmes que ceux de la littérature *aisée*, avouez donc aussi que vous avez tort de vous émerveiller des progrès de vos prolétaires, et de les vanter comme vous faites. Car il faut que je vous dise tout ce que j'ai sur le cœur. Vous nous les gâtez affreusement, tous nos braves ouvriers. Vous leur donnez les moyens de se faire connaître, et vous les encouragez à affronter le public ! C'est bien ! je ne suis pas, je ne veux pas être de ceux qui leur disent : « Faites des vers, mais ne les publiez pas. » De quel droit leur interdirais-je de courir les aventures, les épreuves et les périls de la vie littéraire? Ne trouverais-je pas fort mauvais qu'on me fermât la carrière, quand même il me serait prouvé que je n'y ai aucune chance de succès ? L'amour-propre du poëte est insensé ; je veux qu'on respecte cette folie, et qu'on laisse l'artiste interroger le public à son aise, fût-ce pour en recevoir les étrivières. — Eh ! que diraient les

hommes qui écrivent de pareilles sentences, si, les retournant contre eux, on leur demandait de quel droit ils se posent en juges, et quelles preuves de sagesse et de raison ils ont faites devant nous, pour se permettre d'imprimer leur opinion? Non, non; plus généreux et plus libéral, je leur dirais: Écrivez, messieurs, écrivez tant qu'il vous plaira, tant que vous y trouverez plaisir et profit. Vous serez assez avertis, si les lecteurs vous manquent, et si les libraires vous repoussent. Que si vous vous posez en arbitres et en juges de la lice littéraire, vous pourrez bien, après avoir exclu ceux qui n'en savaient pas si long que vous, trouver des juges plus habiles ou plus sévères qui vous mettront à la porte; et Dieu nous garde de vous voir perdre la liberté d'être sifflés, liberté sainte, à laquelle nous aspirons tous. Rappelez-vous que la fureur de juger est aussi ardente que celle de plaider, témoin Perrin Dandin, de respectable mémoire; et que le jour où vous interdirez les procès, vous perdrez votre magistrature, à laquelle vous ne tenez pas moins que les mauvais écrivains à leur liberté d'écrire. »
Je dis donc (pardon de cette longue digression, mon cher monsieur) que vous faites bien d'encourager les essais littéraires de *messieurs* les ouvriers; mais vous avez tort de leur donner plus d'éloges qu'ils n'en méritent, de ne pas les juger froidement et sainement, quand vous arrivez à l'appréciation de leurs œuvres, de ne pas faire enfin sur leur compte de la vraie et brave critique. C'est les traiter en enfants qu'on veut gâter, et c'est caresser leur amour-propre que de trier, comme vous faites, leurs meilleures pièces pour les accabler d'éloges, passant sous silence leurs défauts, et n'ayant pas un conseil, pas un avertisse-

ment, pas le moindre blâme pour leurs erreurs morales ou littéraires. Il en résulte que tous se croient de grands hommes après avoir fait trois strophes ; qu'ils rêvent une vie brillante ; qu'ils recherchent la société des gens de lettres; qu'ils négligent leur travail, se croyant à la veille de faire fortune, ne sachant pas que la poésie ne nourrit personne, à moins qu'on ait la frugalité et la célébrité de Béranger, et que si l'on gagne quelques sommes d'argent à publier des livres, c'est à la condition de négliger ses affaires et de mener une certaine vie qui absorbe bien au delà de ce qu'on recueille. Voilà donc le mal que vous leur faites, et je ne trouve pas qu'on ait tort de vous le reprocher. Vous développez en eux un orgueil puéril ; vous leur ôtez leur noble caractère d'austérité ; vous en faites, en un mot, des gens comme nous ; et s'il arrive par hasard et par exception, qu'ils y gagnent quelque bien-être, je trouve qu'ils y laissent quelque chose de plus précieux, la grandeur et l'originalité de leur être.

M. Z. — Mon ami, toutes vos objections sont fondées en principe, bien que je nie un peu qu'elles soient méritées en fait. Je crois qu'en causant ici, pressé de formuler de très-bonnes idées qui vous sont venues, vous avez fait comme on fait dans la plupart des discussions. Vous avez supposé à votre adversaire tous les torts que vous vous sentiez en veine de combattre, et que vous aviez en vous la puissance de condamner. Pressentant les inconvénients et le danger qu'il y a d'inoculer la littérature au peuple, vous n'avez pas trop voulu savoir si ces malheureux symptômes s'étaient manifestés peu ou beaucoup, s'ils dataient d'hier ou de demain, si les anecdotes que l'on rapporte naïvement dans la presse conservatrice pour prouver que les ouvriers poëtes perdent le sens par suite des éloges et de la publicité qu'on leur donne ne pourraient pas être facilement mises en regard de beaucoup d'exemples contraires; manière de raisonner très-puérile, et indigne qu'on s'y arrête. Aussi n'avez-vous appuyé votre accusation sur aucun fait de ce genre; vous avez trop de goût pour cela; et vous seriez, vous, sceptique et spirituel railleur, tout prêt à répondre à ceux qui les rapportent qu'en vertu du même raisonnement qui détournerait le peuple du travail littéraire, sous prétexte que la folie et la sottise sont au bout, on devrait aussi engager les classes moyennes (foyer de lumière et de sagesse qui doit, nous dit-on, conserver *pendant longtemps* encore le droit d'initier les classes ouvrières à toute espèce d'éducation) à manier un peu la varlope et le marteau, pour détourner la sottise et la folie qui sont au bout d'un bon nombre d'essais littéraires.

M. A. — Je vous interromps pour confirmer que c'est là ma pensée. Je ne comprends pas que l'on commence par dire au peuple : « Ne songez pas à la gloire des lettres; c'est elle qui nous rend malheureux, insensés, ridicules, qui nous place sans cesse entre le délire et le génie » (je demande quel est le juste milieu entre ces deux extrêmes); et qu'après ce beau raisonnement on arrive à conclure que nous sommes la classe sage, la classe savante, la classe grave et juste, qui doit conserver l'empire de l'intelligence et la direction de la société. Je tenais à ne pas endosser un pareil raisonnement. Poursuivez. J'écoute votre défense, qui jusqu'ici n'est qu'une revanche d'accusation, ce semble.

M. Z. — Non, mon ami ; ou du moins ce sera une accusation po'tant sur des péchés véniels. D'abord je vous défends de toute participation à cette théorie, dont je veux vous dire en passant le fin mot.....

M. A. — Ce n'est pas la peine. Je m'en vais vous le dire moi-même. « Nous nous soucions fort peu de la littérature qui se fabrique dans les classes moyennes, et de ces classes moyennes elles-mêmes, pour lesquelles nous n'avons pas plus de sympathie que nous n'avons de charité pour les classes pauvres. Mais nous sommes une poignée d'hommes de tête qui avons assis notre bien-être et notre réputation sur un certain *statu quo* social et politique. Or, il ne nous convient pas que les choses se dérangent. Nous avons péroré et déclamé pour le peuple autrefois ; et c'est parce que nous avons fait la cour aux passions du moment, que nous regardons comme impossible qu'on s'intéresse au peuple sans un motif d'ambition ou sans vanité. Nous avons reconnu qu'il n'y avait pas la plus petite chose à gagner avec lui, et nous l'avons *lâché,* pour être quelque chose à un autre point de vue et à un autre échelon social. Maintenant nous nous trouvons fort bien assis où nous sommes, et toute l'œuvre de notre vie sera d'empêcher que personne se lève, à moins que ce ne soit nous pour monter, et les autres pour descendre. Pour arriver à notre but, comme nous avons du style, et du savoir-faire, et du savoir-dire, Dieu merci ! nous nous ferons en apparence tout ce qu'il faudra être pour ne pas trop blesser ceux d'en bas et pour complaire à ceux d'en haut. Nous dirons aux uns que nous les portons dans notre cœur, que nous les poussons au progrès, que nous ne rêvons jour et nuit que leur émancipation, et que, s'ils nous en laissent le temps, nous finirons par accoucher de quelque magnifique solution du problème qui les trouble et les agite. A ceux d'en haut : Soyez tranquilles, nos talents sont une digue qui arrête le flot populaire. Nous saurons bien reculer la crise, car nous viendrons à bout de faire croire que nous y travaillons; et, en attendant, récompensez-nous, car la vie se passe, et après nous la fin du monde. Et à nous-mêmes nous disons : Parfumons toujours nos discours d'assez belles phrases sur le progrès pour que nous puissions voguer sur ces petites planches de salut si le naufrage nous surprend avant que nous périssions de vieillesse, ce trépas qu'Arlequin eut la profonde sagesse de choisir entre tous les genres de mort qu'on lui proposait, et que nous nous souhaitons, au nom du Père, du Fils, etc., car nous sommes chrétiens aussi dans l'occasion, quand cela peut servir à nos argumentations, sans offenser ceux qui ne croient à rien.

M. Z. — Mon cher A., vous dites tant de méchancetés, que j'ai presque envie de défendre nos adversaires. Je conviens que leurs invectives provoqueraient des accusations du même goût; mais je ne m'en chargerai pas, certain que je suis qu'il y a chez ces hommes plus d'ignorance que de malice, plus de frivolité que de perfidie. Laissons-les tranquilles, je vous en prie, et revenons à notre propos. Vous avez blâmé des fautes qui n'ont pas été commises, que je sache. La publication que M. Olinde Rodrigue a faite de ces *Poésies sociales*, qui ne sont pas toutes banales, et qui devaient, à coup sûr, lui attirer de la part de quelques esprits forts des critiques amères, est un acte de courage dont ces esprits forts ne seraient certainement pas capables envers leurs meilleurs amis. Quelques citations dans un journal qui n'a pas encore entamé une critique approfondie de cette matière, ne peuvent pas s'appeler jusqu'ici un système d'adulations envers les écrivains prolétaires. Je bornerai là la justification de ceux qui s'intéressent au progrès intellectuel du peuple, sans crainte des sarcasmes et des réquisitions de la presse conservatrice. Je ramènerai la discussion à son point de vue théorique, et vous donnerai gain de cause, en vous disant que certainement on peut, sans crainte de décourager le jeune talent, et on doit, par la sollicitude qu'on lui porte, arriver à une critique sérieuse de ses productions. Cela arrivera, je n'en doute pas, à mesure que les publications prolétaires prendront de l'importance et du développement. Et cela arrivera aussi en dépit des conseils paternels émanés de certaines capacités que le peuple reconnaîtra quand elles auront trouvé quelque vérité utile au grand nombre, et non pas à une petite minorité d'élus. Le peuple, nous persistons à le croire, aura l'initiative, en ce sens que ses plaintes et ses réclamations forceront enfin les sages et les habiles à s'occuper de lui *aujourd'hui*, et à ne plus répondre : *à demain les affaires sérieuses !* Le peuple aura l'initiative, en ce sens qu'il saura bien démontrer que son bonheur, son instruction et sa moralité sont absolument nécessaires au bonheur, à l'instruction et à la moralité des classes dites supérieures. Mieux le peuple formulera ses réclamations, mieux la bourgeoisie arrivera à la notion du devoir religieux, social et humain. Ces notions, elle ne les a pas encore, malgré toute sa force et toute la science des docteurs qui parlent en son nom. Et cette bourgeoisie le sent bien;

car elle est plus sage, plus sincère et plus démocrate que ne voudraient le faire croire au peuple les scribes qui prétendent la représenter, et dont elle commence à rougir.

M. A. — Vous commencez à vous émouvoir, vous ! Croyez-moi, riez de toutes les sottes prétentions, quelque part que vous les rencontriez. Ayez le courage de donner sur les doigts de vos ouvriers-poëtes quand ils le mériteront; ce sera un service à leur rendre.

M. Z. — Fort bien. Je suis sûr que les gens qui partagent mon sentiment le feront avec toute la sincérité désirable; car ce serait faire injure à la raison populaire que de ne pas oser lui dire ce qu'on pense. Mais, à vous dire vrai, jusqu'ici je ne vois pas que la nécessité de cette critique se soit bien manifestée. La presse conservatrice a fait plus de bruit et donné plus d'éclat au sujet de la querelle que ne l'avait encore fait la presse progressive. Ne dirait-on pas, à l'entendre, qu'on ne trouvera plus ni tailleurs, ni bottiers pour habiller ces messieurs, parce que tous les ouvriers sont déjà absorbés par les Muses ? Ne dirait-on pas que chaque jour de nouveaux suicides vont épouvanter la société et décimer la classe prolétaire, parce que la Gloire n'aura pas assez de couronnes pour ses exigences ? On ne s'inquiète ni du vin, ni de la débauche, seules distractions que l'on veuille bien permettre à ses douleurs. On ne se demande pas si, tandis que Boyer, âme religieuse, mais faible, succombait sous le poids de la réflexion, les vices que l'ordre social tolère ou encourage ne conduisaient pas chaque jour des centaines d'hommes à un suicide plus lent, plus obscur et plus affreux. On accuse, on raille, on condamne, on annonce d'affreuses calamités, on croit la société menacée par une nouvelle invasion des Barbares, parce que quelques artisans ont ouvert des livres en sortant de l'atelier, et formulé quelques essais poétiques plus ou moins heureux ! En vérité, M. Olinde Rodrigue ne s'attendait pas, j'en suis sûr, à être l'Attila de cette croisade farouche contre la civilisation, et la modeste Marie Carpentier, en s'entretenant avec les anges gardiens de son chevet, ne se croyait point un Scythe enrôlé sous les bannières de la destruction. Toute cette terreur est bien ridicule, convenez-en ; mais elle est pourtant bonne à quelque chose, et nous devons rendre grâce à ceux qui l'ont si naïvement manifestée.

M. A. — Certainement, dans votre sens, elle doit prouver beaucoup. Ces tentatives du peuple ne sont pas si ridicules et si plates qu'on veut bien le dire, puisqu'elles sèment l'alarme à ce point ; et toute ma crainte, à moi, c'est que les écrivains prolétaires n'en tirent plus de vanité que de vos éloges. C'est pourquoi je vous engage à rabattre cette vanité le plus que vous pourrez.

M. Z. — Je ne l'ai pas encore vue lever la tête ; c'est pourquoi je ne vois pas la nécessité de dire à des enfants qu'on aime : Taisez-vous, vous ne parlez pas encore assez bien, lorsqu'ils commencent à parler couramment. L'important, c'est qu'ils apprennent à parler, n'est-ce pas ? Laissez-les donc s'y habituer par un peu d'exercice. Comme ce sont des enfants très-intelligents que les nombreux enfants de la France, peut-être, quand ils seront en âge d'écouter de la critique, auront-ils cessé de mériter celle que nous leur adresserions maintenant. Attendez seulement quelques années. Ce ne sont plus les morts qui courent vite, ce sont les vivants. Peut-être bien qu'alors il faudra des hommes plus forts que nous tous, conservateurs et autres, pour répondre aux problèmes que nous présenteront ces enfants d'aujourd'hui. Je sais un de ces enfants qui n'écrivait pas l'orthographe l'an passé, et qui cette année écrit et parle aussi correctement qu'un académicien, sans avoir pour cela répudié son titre et sa profession d'ouvrier.

M. A. — Vous allez tomber dans le raisonnement anecdotique que vous reprochiez tout à l'heure à vos accusateurs.

M. Z. — C'est que nous voici à bout de notre discours, si je ne me trompe, et qu'il nous faut bien revenir à des exemples. C'est par là que nous avons commencé, et nous tenons encore ce volume de vers d'un tisserand que nous allions parcourir, et que nous n'avons pas ouvert.

M. A. — Voyons-le donc. Puisqu'on m'a forcé de lire, dans les articles de la presse conservatrice, des citations prises à dessein dans ce qu'il y avait de plus défectueux parmi les poésies d'ouvriers (vous voyez, je vous passe votre mot par anticipation!), je serai bien aise de voir par mes yeux si, dans ces productions, le mauvais l'emporte.

M. Z. — Laissez-moi, puisque vous n'aimez pas à perdre de temps, vous rendre compte en trois mots de la destinée de cet homme, le plus naïf et le plus individuel que j'aie encore rencontré dans l'ordre d'écrivains et de poëtes qui nous occupe.

M. A. — Voyons! Est-ce un ouvrier devenu poëte, ou un poëte qui s'est fait ouvrier?

M. Z. — C'est un pauvre paysan qui a reçu pendant

trois hivers seulement, dans une école de village, l'instruction primaire, alors plus incomplète de beaucoup que celle qu'on reçoit aujourd'hui. Pendant l'été, Magu ramassait les pierres et arrachait les chardons dans les champs. Il apprit l'état de tisserand, lut la Fontaine et s'en pénétra. Atteint d'une ophthalmie très-intense, et menacé de perdre la vue, il lutta très-longtemps contre ses souffrances, sans négliger ni ses livres, ni son métier. Mais il allait devenir aveugle et succomber à la misère, lorsque la publication de ses poésies, qui ont eu beaucoup de succès et plusieurs éditions, ainsi qu'une petite pension sur les fonds applicables aux secours et encouragements littéraires, lui ont permis de ne vendre ni ses métiers, ni sa chaumière, et de se faire traiter par Sichel, qui lui a, je crois, conservé la vue. Voilà toute son histoire. Maintenant, lisez la préface :

> J'étais bien jeune encore, quand ma rustique lyre
> Pour la première fois soupira mon délire ;
> Ma voix mal assurée essaya quelques sons,
> Mais l'amour seul connut mes rustiques chansons ;
> Car je chantais alors comme on chante au village,
> Et j'en avais les mœurs, ainsi que le langage.
> Quelques livres, tombés dans mes mains par hasard,
> Sont venus m'éclairer, et je soupçonnai l'art.
> Ce fut toi le premier, ô naïf la Fontaine,
> Qui réglas les accords de ma lyre incertaine ;
> Longtemps mon seul ami, tu m'étais suffisant ;
> Tu sus former mon goût, m'instruire en m'amusant.
> Poëte ingénieux, formé par la nature,
> N'as-tu pas de nos cœurs dévoilé l'imposture,
> Sans blesser notre orgueil, attaqué nos travers ?
> Je n'oublierai jamais tes leçons ni tes vers.
> J'appris en te lisant, homme simple et sublime,
> A cadencer des mots pour y joindre une rime.

J'obéissais alors à mon puissant vainqueur,
Je chantais mon amour, il débordait mon cœur,
L'amour me rendait fier, il élevait mon âme;
Il me semblait qu'en vers je peindrais mieux ma flamme.
Ma belle me comprit, avec peine pourtant;
Je sus l'intéresser, aussi je l'aimais tant !
Elle distinguait bien un œillet d'une rose,
Mais ne démêlait point les vers d'avec la prose,
Lecteur n'en riez pas; on ignore au hameau
L'art qu'enseignait Horace, et qu'on lit dans Boileau.
Elle ne connaissait que son dé, ses aiguilles.
Mais cela dura peu, *l'esprit vient vite aux filles.*
Bientôt elle daigna me donner des avis,
Elle m'en donne encor; parfois ils sont suivis.

Une fois marié, ma lyre suspendue
Resta pour quelque temps muette et détendue,
Un travail obstiné dévorait tout mon temps.
Un enfant, sans manquer, m'arrivait tous les ans,
On sait qu'à l'indigent cette aubaine est commune :
Il ne s'en plaint jamais, bien loin : c'est sa fortune;
Économe, assidu, borné dans ses besoins,
C'est de tous les revers celui qu'il craint le moins.
Sa famille s'accroît, il n'en est pas plus triste,
Il veille un peu plus tard, et le bon Dieu l'assiste.

C'est mon histoire à moi; mais pendant les hivers
Ma muse auprès du feu soupirait quelques vers;
Beaucoup se sont perdus, j'ignorais que ma lyre
Modulait des accords qu'un jour on voudrait lire.
Ils ne sont pas le fruit du travail, du savoir;
Obscurs délassements de mes heures du soir,
Je les ai rassemblés pour en former ce livre,
Et ce n'est qu'en tremblant qu'au public je le livre.

M. A. — A la bonne heure, ceci est simple, et parfois d'une élégance qui rachète les incorrections. La naïveté m'en plaît. Un caractère aimant et enjoué s'y révèle. Voyons, faut-il continuer?

M. Z. — Si vous jugez à l'aune, je vous annonce que vous trouverez peut-être en longueur plus de pièces faibles dans ce recueil que de choses remarquables. Mais si vous mesurez d'après la qualité, vous trouverez que certains traits, même dans les pièces faibles, rachètent de beaucoup les défauts. Lisez cette lettre sur une pie :

> Madame, voyez ma pie,
> Je crois qu'elle a la pépie ;
> Vous feriez une œuvre pie
> Si vous pouviez la guérir.
> Malgré sa triste figure,
> Je l'aime, je vous assure, etc.

Et le chant funèbre sur la mort de cette même pie, qui commence ainsi :

> Madame, plaignez-moi. — Quelle affreuse journée !
> Ma pie... elle n'est plus, la pauvre infortunée.
> . . . .
> . . . .
> Tout prouve qu'ici-bas, plaisir, bonheur, repos,
> Rien n'est sûr, si ce n'est la mort et les impôts.

Puis le récit de la mort du pauvre oiseau :

> Voyez-vous ce baquet par terre,
> Gouffre béant comme un cratère ;
> Margot veut sauter sur le bord ;
> La patte glisse à la pauvrette...
> Nul ne peut éviter son sort !

Et la description de la pie morte, avec cette observation fine et bien rendue :

> Ses yeux se sont fermés, sa prunelle est tendue
> D'un triste voile blanc!
> . . . .
> Morte, je te revois les deux ailes trempées,
> Et le bec entr'ouvert, et les pattes crispées.
> Quel logogriphe que la mort!
> . . . .
> O ma pie, ô ma pauvre pie!
> Tu réchappes de la pépie,
> Et tu tombes dans le paré.

(C'est la colle pour préparer le fil.)

> C'était bien la peine de naître,
> Pour vivre un mois, puis disparaître
> De ce globe si mal géré.

Puis vient l'apothéose de Margot, il espère,

Qui sait du Créateur les mystères sans nombre!

que l'âme de sa pie ira se percher sur un nuage, et brillera le soir

> Dans sa céleste cage.
> Je t'y souhaite, tant je t'aime,
> D'excellent fromage à la crème,
> De beaux arbres pour te percher,
> Une éternité de jeunesse,
> Un beau mâle de ton espèce,
> Point d'enfants pour vous dénicher.

M. A. — Tout cela est d'un enfant, mais d'un enfant bien fin, bien artiste et bien bon.

M. Z. — Ne lisez pas les vers qui suivent : *A Broussais,* ni ceux *Contre la peine de mort,* ni plusieurs autres pièces dont les titres vous montrent que cet enfant s'est préoccupé de choses sérieuses, et que son âme est celle d'un homme. Mais son talent ne lui obéit que dans le genre familier, mêlé d'une sensibilité qui ressemble à celle des bons moments de Sterne ; quelquefois cette sensibilité est plus profonde. Lisez cette pièce :

Comme le cœur me bat quand j'approche du lieu
Où cent fois par un temps superbe,
Quand j'étais tout petit, je me roulais sur l'herbe !
Maman venait me joindre, et disait : Prions Dieu.

J'avais quatre ans alors, je commençais à vivre ;
Un papillon passait, après lui de courir ;
Et si je l'attrapais, de plaisir j'étais ivre ;
Je pleurais, dans ma main s'il venait à mourir.

C'est le temps du bonheur que celui de l'enfance ;
Une pomme, un baiser, avec le chien bondir,
Tomber vingt fois par jour, mettre une mère en transe,
Rire quand une bosse au front vient s'arrondir.

Affronter les frimas toujours les pieds humides,
Dans un fossé fangeux laisser ses deux sabots,
Braver mille dangers, toux, et fièvres putrides ;
Pour dénicher un nid mettre tout en lambeaux.

Je ne l'oublierai pas, la chaumière enfumée,
Où, las, tout haletant, je revenais le soir,
Et puis sur les genoux d'une mère alarmée,
Je m'endormais content, en lui disant bonsoir.

Mais bien jeune au tombeau ma mère est descendue,
Et son dernier adieu n'ai pu le recevoir !
Il ne me reste rien, ma chaumière est vendue,
Et sur son seuil de bois, je n'irai plus m'asseoir.

T.

Lisez les vers *A une abeille ;* ils sont d'une grande simplicité, et ne manquent pas de charme. Mais il y a plus de poésie encore dans les strophes que je vais vous lire moi-même :

> Cours, devant moi, ma petite navette,
> Passe, passe rapidement,
> C'est toi qui nourris le poëte ;
> Aussi t'aime-t-il tendrement.
>
> Confiant dans maintes promesses,
> Eh quoi ! j'ai pu te négliger...
> Va, je te rendrai mes caresses,
> Tu ne me verras plus changer.
>
> Il le faut, je suspends ma lyre
> A la barre de mon métier ;
> La raison succède au délire,
> Je reviens à toi tout entier.
>
> Quel plaisir l'étude nous donne !
> Que ne puis-je suivre mes goûts !
> Mes livres, je vous abandonne ;
> Le temps fuit trop vite avec vous.
>
> Assis sur la tendre verdure,
> Quand revient la belle saison,
> J'aimerais chanter la nature...
> Mais puis-je quitter ma prison ?
>
> La nature... livre sublime !
> Le sage y puise le bonheur,
> L'âme s'y retrempe et s'anime,
> En s'élevant vers son auteur :
>
> A l'astre qui fait tout renaître,
> Il faut que je renonce encor ;

Jamais à ma triste fenêtre
N'arrivent ses beaux rayons d'or.

Dans ce réduit tranquille et sombre,
Dans cet humide et froid caveau,
Je me résigne comme une ombre
Qui ne peut quitter son tombeau.

Qui m'y soutient? c'est l'espérance,
C'est Dieu, je crois en sa bonté ;
Tout fier de mon indépendance,
J'y retrouve encor la gaieté.

Non, je ne maudis pas la vie,
Il peut venir des temps meilleurs.
. . . .
. . . .

Je me soumets à mon étoile,
Après l'orage le beau temps.
Ces vers que j'écris sur ma toile,
M'ont délassé quelques instants.

Mais vite, reprenons courage,
L'heure s'enfuit d'un vol léger ;
Allons j'ai promis d'être sage,
Aux vers il ne faut plus songer.

Cours devant moi, ma petite navette
Passe, passe rapidement ;
C'est toi qui nourris le poëte,
Aussi, t'aime-t-il tendrement.

Il y a une réponse fort enjouée à une pièce de versification, mystérieusement déposée un matin sur la cheminée de Magu par un autre ouvrier poëte. Dans cette pièce, qui n'est remarquable que par d'assez jolies métaphores sur la trame de la vie et sur les fleurs que Magu sème à la fois sur ses indiennes et dans ses vers, il est dit que Magu est digne de s'appeler Magus, parce qu'il est un sage véritable, et que la science poëtique peut évoquer les êtres surnaturels, tout comme la baguette magique. Magu répond avec une douce moquerie :

> Je m'appelle Magus; je suis grand, je suis sage,
>   Je suis un être surhumain.
> A mes rares vertus chacun doit rendre hommage,
> Un S me manquait, je le prends, je suis mage !
> . . . .
> Et ne me jugez pas par cette sale étoffe
>   Qui compose mes vêtements;
> Je suis magicien, savant et philosophe,
>   Et je commande aux éléments! etc.

Une autre fois, au docteur D* qui lui demandait en vers de mouler sa tête, il répond, en autant de vers, et en se servant des mêmes rimes :

> De Gall, ainsi que vous, je suis un partisan;
> Je vous la livrerai, ma tête d'artisan,
> Que bien gratuitement on trouve prophétique;
> Je veux bien vous passer l'organe poétique;
> D'où *découlent ces vers, ces chants harmonieux.*
> Je suis, à vous entendre, un être merveilleux;
> Tout surgit sans effort de mon ample cervelle...
> Ce portrait trop flatté, docteur, n'est pas fidèle.
> Vivant inaperçu, sans nom, sans avenir,
> Heureux si je survis dans votre souvenir.
> Mes vers... ils passeront comme la nef rapide,
> Qui bientôt disparaît sur l'élément perfide.

Une autre réponse de quatre-vingts vers, faits selon le même procédé de rime à l'éloge d'un professeur du collége de Meaux, offre l'exemple de la même facilité ingénieuse et de la même modestie. Dans cette pièce, comme dans plusieurs autres, Magu raconte les combats de son âme, partagée entre le besoin de s'instruire et celui de gagner sa vie, son effroi devant la cécité qui menace son existence et celle de sa famille. Puis toujours la résignation, une résignation enjouée et pleine d'espérance et de tendresse, vient couronner sa plainte douce et profonde.

Parcourons ensemble le *Rêve du poëte tisserand :*

Je rêvais cette nuit dernière,
(Les poëtes rêvent toujours)
Que, possesseur d'une chaumière,
Je pouvais y finir mes jours.
Quoiqu'elle ne fût pas bien grande,
Y tenait tout mon mobilier,
C'est tout autant que j'en demande;
Mais n'allez pas me réveiller.

Auprès était une fontaine,
Qu'ombrageaient des saules bien verts;
Comme l'eau de cet Hippocrène,
Bientôt vous coulerez mes vers,
Et déjà je choisis la place
Où mon luth viendra s'essayer;
De la France je suis l'Horace;
Mais n'allez pas me réveiller.

Au jardin (cela va sans dire,
Point de chaumière sans jardin)
J'entre, quel parfum j'y respire !
Partout la rose et le jasmin.
Pas de jets d'eau, ni de statues;
La nuit ça pourrait m'effrayer;
J'y vois des oignons, des laitues;
Mais n'allez pas me réveiller.

Lisez enfin cette chanson, presque digne de Béranger, dont les encouragements n'ont pas manqué au poëte tisserand, *son cher confrère*, ainsi qu'il l'appelle [1] :

> J'ai lu que Dieu créa la terre
> Pour les hommes qu'il fit égaux ;
> C'était bien agir en bon père,
> Si pour tous il eût fait des lots.
> J'arrive, mais on me repousse,
> Ma part est prise, enfin je vois
> Que je n'en aurai pas un pouce ;
> Le bon Dieu s'est moqué de moi.
>
> Quand les beaux-arts et l'industrie
> Semblent prendre un nouvel essor,
> Tout concourt à rendre la vie
> Plus douce ; mais il faut de l'or.
> Pour moi qui n'ai que ma navette,
> Je n'en touche du bout du doigt ;
> Je m'en passe, mais je répète :
> Le bon Dieu s'est moqué de moi.
>
> Sans ambition, sans envie,
> Pauvre, je me trouvais heureux ;
> Mais Dieu m'envoie une ophtalmie,
> Qui m'a presque détruit les yeux ;
> A sa suite, dame Misère
> Entre chez nous, quel désarroi !...
> C'en est trop, je ne puis me taire ;
> Le bon Dieu s'est moqué de moi.

---

1. « J'ai trouvé en vous le poëte artisan, tel qu'il me semble devoir être : occupé de rendre ses sentiments intimes avec la couleur des objets dont il est entouré, sans ambition de langage et d'idées, ne puisant qu'à sa propre source, et n'empruntant qu'à son cœur, et non aux livres, des peintures pleines d'une sensibilité vraie et d'une philosophie pratique. » (*Extrait d'une lettre de Béranger à Magu.*)

Seigneur, quel caprice est le vôtre !
Deviez-vous me traiter si mal ?
Quoi ! tout d'un côté, rien de l'autre ;
Le partage est trop inégal.
A moi le travail et la peine,
Au voisin, l'or, un bon emploi ;
Je m'épuise, lui se promène :
Le bon Dieu s'est moqué de moi.

Un peu forte est la pénitence,
Et trop longue au moins de moitié ;
Une voix me dit : « Patience, »
C'était celle de l'amitié.
Fille du ciel, par toi j'éprouve
Qu'à grand tort je manquais de foi ;
Mon petit lot, je le retrouve ;
Dieu ne s'est pas moqué de moi.

M. A. — Je me déclare très-satisfait de votre tisserand ; et, tout en reconnaissant qu'il y a du vrai génie poétique dans la tête de cet homme qui se plaint de manquer d'instruction,

. . . . A l'égal des sauvages,
Qui n'ont jamais quitté leurs incultes rivages,]

je sens qu'il y a chez lui de la loyauté, de la modestie, de l'affection, de la force, toutes les qualités qui attirent le cœur vers les hommes de bien. Allons, je vous passe encore Magu. Je ne trouve pas qu'on ait à lui adresser aucune des critiques qui pleuvent aujourd'hui sur les poëtes ouvriers, et que je serai désormais plus circonspect à répéter. Les éloges n'ont point enivré ce brave homme, pas même ceux du plus grand maître en son genre ; et j'admire qu'il n'ait pas quitté son métier, tant que ses yeux lui ont permis de se soutenir par le travail. Car ce dégoût que la vanité inspire aux prolétaires écrivains, et que vous leur donnez par trop d'indulgence, est le reproche le mieux fondé que je vous aie adressé ce soir; et il ne me semble pas, mon cher Z., que vous y ayez répondu.

M. Z. — Mon ami, je vous avoue que j'ai éludé la question en vous disant que personne, à ma connaissance, n'a jamais donné à aucun de ces écrivains prolétaires le conseil d'abandonner le travail qui le faisait vivre fort mal et fort tristement (quoiqu'on nous fasse d'étranges pastorales sur l'aisance et la joie que procure en ce temps-ci le travail des bras), pour un travail littéraire qui ne le ferait peut-être pas vivre du tout. Mais ceci n'était, je vous le répète, qu'une manière d'éluder l'attaque, parce que j'aurais, en l'acceptant, beaucoup trop à vous dire. Il faudrait prendre les choses d'un peu loin, pour ne pas vous effaroucher; et, si vous voulez, nous réserverons cette question principale pour notre prochaine causerie.

M. A. — Vous piquez ma curiosité, et je crois que vous reculez parce que vous avez quelque énormité à me dire.

M. Z. — C'est bien possible; et puisque vous êtes en train d'accepter beaucoup de témérités de ma part aujourd'hui, je vous prouve que je ne recule pas, en vous déclarant qu'au premier jour où nous nous reverrons, je vous soutiendrai, d'abord, que *ce n'est ni un tort, ni un mal que les prolétaires se sentent le courage de chercher la vie intellectuelle au prix des plus grandes souffrances et des plus grands désastres*, et que, si je n'y ai pour ma part encouragé aucun de ceux que j'ai rencontrés, c'est par un sentiment de sollicitude trop craintive, par un manque d'enthousiasme et de foi, que j'ai été retenu. S'il y a là de quoi se justifier auprès de nos accusateurs, il n'y a peut-être pas de quoi se vanter devant Dieu, qui voit plus loin que nous. Car il est dans ses desseins suprêmes que l'homme nouveau cherche à se dégager de son linceul, ou plutôt de ses langes. Il faudra qu'il en sorte à tout prix, qu'il se lève comme Lazare, qu'il marche et qu'il parle; car il a bien assez attendu, bien assez gémi et assez rêvé dans cette nuit du tombeau où l'on prétend le retenir scellé sous la pierre. Ensuite, je vous soutiendrai que *la régénération de l'intelligence est virtuellement dans le peuple,* et que les efforts encore très-incomplets de cette intelligence pour se manifester sont le signal d'une vie nouvelle que l'on peut prophétiser à coup sûr; vie nouvelle qui n'éclora pas dans les classes moyennes, parce qu'elles ont accompli leur tâche et qu'elles touchent à la fin de leur mission. Il est donc certain que le génie du peuple s'éveille, tandis que celui des classes aisées va s'éteignant chaque jour. La vie du cœur étant finie chez ces dernières (en tant qu'elles résistent à la loi de fraternité), cette vie de l'intelligence qu'elles prétendent conserver isolée de celle du sentiment n'est que la vie d'un cadavre embaumé et paré pour la tombe. La vie de sensation, longtemps étouffée ou comprimée dans le peuple par la loi de la résignation chrétienne, s'est éveillée. Le peuple veut de l'aisance, du bien-être, une sorte de luxe, des satisfactions d'amour-propre. Eh de quel droit ceux qui disputèrent si avidement ces avantages à la noblesse durant plusieurs siècles viendraient-ils empêcher le peuple d'y aspirer à son tour? Avec la vie de sensation, la vie de sentiment s'est éveillée aussi dans cette race qui pousse comme une forêt vierge. Et quelle admirable puissance commence à prendre cette vie du cœur ! Il sera bien facile de vous le démontrer. Enfin de la manifestation de ces deux vies dans le peuple doit naître la vie de l'intelligence. Et ces facultés toutes jeunes accompliront leur destinée puissante, ainsi qu'il est écrit au livre éternel, qui garde toujours dans ses archives, sous le limon et sous la cendre de la décomposition transitoire, le germe et l'étincelle de l'éternelle recomposition. Ainsi, quand nous nous reverrons, je vous soutiendrai ces deux propositions abominables, qui font jeter les hauts cris à nos conservateurs, 1° que la rénovation de l'être humain est prête à s'opérer, et que c'est par le peuple qu'elle s'opérera dans toutes les classes de la société devenues *unité sociale;* 2° que c'est le devoir du peuple d'y travailler, et le devoir de toutes les autres classes de l'y pousser, fut-ce au prix d'une infinité de douleurs et de quelques suicides de plus.

C'est bien ainsi, au surplus, que l'entend instinctivement notre poëte Magu, lorsque, s'adressant au dernier rejeton de la race royale, il s'écrie avec une naïve et droite conviction :

> Petit ange, je te salue ;
> Digne rejeton d'un bon roi,
> Que Dieu bénisse ta venue,
> Et qu'il veille toujours sur toi !
>
> Qu'il t'accorde bonté, sagesse,
> Oh ! ce sont là de beaux présents !
> Et qu'il préserve ta jeunesse
> Des mensonges des courtisans !
>
> Oui, tu prendras notre défense,
> Petit-fils d'un roi-citoyen,

> Te rappelant qu'en ton enfance,
> Tu suças du lait plébéien.
>
> Savoure, cher enfant, ce lait avec délice,
> Si sa source est obscure, est-il moins bienfaisant?
> Le peuple est honoré du choix de ta nourrice;
> Comme ma femme, elle est femme d'un tisserand.
>
> Près de mon petit-fils, qui vient aussi de naître,
> J'ai composé ces vers, en formant le désir
> Qu'il puisse un jour te voir, t'aimer et te connaître,
> Sous le même drapeau te défendre et mourir!

Vous voyez que mon cher poëte n'est pas un révolutionnaire, et qu'il croit à l'avenir de la royauté dans la simplicité de son cœur. Je ne l'en blâme pas, puisqu'il pense que le lait plébéien peut être pour un prince au berceau comme l'influence magique de la fée, qui, d'un coup de baguette, assure les plus heureuses destinées et accomplit les plus brillants prodiges. L'histoire dit que Sa Majesté a fait remercier le poëte tisserand. La munificence royale a-t-elle servi de protection à Magu pour obtenir du ministère la rente de 200 francs dont il jouit si légitimement? Je l'ignore.

— Mais dans tous les cas, reprit en souriant M. A., qui se levait pour s'en aller, ni la royauté, ni le ministère n'ont trouvé que ce fût donner un encouragement dangereux et un exemple immoral que de secourir, entre tous ceux qui meurent de faim et qu'on ne peut pas aider, un pauvre diable, parce qu'il a plus de génie que ses confrères. Est-ce qu'on ne va point par hasard accuser la royauté d'être lasse des froideurs de la classe moyenne, et de flatter la vanité du peuple, pour se faire un public moins sévère?

Janvier 1842.

II

On nous apporta dernièrement une nouvelle et magnifique édition des Poésies de maître Adam Billaut, que M. Ferdinand Wagnien, avocat, vient de collationner avec soin, et d'offrir au public comme un monument élevé à la gloire de son compatriote, *le Virgile au rabot*, comme on appelait jadis l'illustre menuisier de Nevers.

M. A. et M. Z., s'étant rencontrés chez nous, reprirent à ce propos leur ancienne discussion sur l'avènement des Prolétaires à la poésie, en commençant par admirer ensemble ce beau volume, imprimé à Nevers même avec élégance, recomplété par les soins vigilants de sympathiques admirateurs, rendu à sa véritable orthographe ancienne, purgé des altérations qui s'étaient glissées dans les éditions précédentes, et enrichi des portraits intéressants et authentiques de maître Adam, du grand Condé, de Christine de Suède, des princesses de Gonzague, etc. On y a joint une vue du vaste château des ducs de Nevers, où le poëte artisan porta si souvent ses stances et ses sonnets, tantôt pour obtenir un habit neuf, tantôt pour moins encore, une paire de souliers en remplacement de ses sabots ! et enfin la vue de la maisonnette plus que modeste où le vieux Adam acheva tranquillement ses jours dans une philosophique pauvreté. (Cette maison est telle qu'il l'a laissée. Une madonnette encadrée de festons de vigne en fait tout l'ornement.) Une notice fort bien faite, par M. Ferdinand Denis, ouvre le volume; et une jolie Épître en vers adressée à la mémoire de maître Adam par Rouget, le tailleur poëte de Nevers, le termine et en complète l'illustration.

— Il me semble, dit M. A. à son adversaire et ami M. Z., que maître Adam, célèbre il y a deux cents ans, dérange un peu votre théorie d'une éruption merveilleuse du génie poétique chez les ouvriers d'aujourd'hui. Moi qui chéris le vieux proverbe : « Il n'y a rien de nouveau sous le soleil, » je tiens peut-être ici une preuve de mon sentiment. Je dis peut-être, parce que j'ignore absolument, je vous le confesse, si la réputation de maître Adam n'est point usurpée. Je ne connais de lui qu'une chanson médiocre, encore n'est-elle pas authentique [1].

M. Z. — Croyez-vous que mon intention ait jamais été de vous prouver que le génie n'était pas le partage du peuple avant le temps où nous vivons? Ne sais-je pas aussi bien que vous, aussi bien que tout le monde, quels furent l'obscure origine et les humbles commencements de tous nos grands artistes du temps passé? Les artistes à Rome, même les artistes grecs, n'étaient que des artisans. Dans le moyen-âge, avant l'époque de la renaissance, même prodige du bon Dieu ! Les grands sculpteurs, dont les chefs-d'œuvre

---

[1]. C'est l'ode bachique : *Aussitôt que la lumière.* On l'a arrangée, c'est-à-dire dérangée, pour l'ajuster sur un air connu. Dans l'original, cette ode, réellement belle de couleur et de mouvement, est composée de stances de deux mesures différentes. Dans la nouvelle édition de Nevers, on l'a mise en regard de la fausse version, ainsi que d'une traduction fort piquante en patois du Morvand.

vivent et dont les noms sont presque inconnus, n'étaient que de simples *ymagiers*, auxquels on fournissait le marbre, la pierre, et les outils. Dans le quatorzième siècle, les peintres, sculpteurs, et architectes se formèrent en corporation de métiers, et pendant deux ou trois cents ans, en Italie et en Espagne, ils furent obligés de paraître en corps aux cérémonies, comme les orfèvres et tous les corps de métiers manuels. Les peintres espagnols luttaient, jusque dans le dix-septième siècle, pour échapper à cette condition d'artisans.

M. A. — Ainsi vous n'avez point oublié que Giotto, l'émancipateur de l'art, fut un pâtre, ni que Fra Angelico fut un pauvre moine ?

M. Z. — Je n'ai oublié ni Masaccio (le petit Thomas), enfant *sans nom*; ni Léonard de Vinci, bâtard d'un notaire de village; ni Andrea del Sarto, le fils du tailleur; ni Corrège, le fils du paysan; ni Giorgione, *le petit George*; ni Tintoret, le fils du teinturier; ni Titien, élevé par charité chez le père des Zuccatis; ni Dominiquin, fils d'un cordonnier.

M. A. — Et Murillo, et Velásquez, et Ribera ?

M. Z. — Tous gens de rien, je le sais; et Alonzo Cano, fils d'un menuisier. Je sais aussi que Poussin, Claude Gelée, Lesueur, Lebrun, Puget, Jean Cousin, Germain Pilon, et Philibert de Lorme, naquirent tous dans le peuple, dans la rue, ou sous le chaume; à telles enseignes que Jean Goujon fut employé à Rome comme ouvrier par le cardinal d'Amboise, à raison de six sous par jour.

M. A. — Les preuves vous écrasent : Albert Dürer, Hans Holbein, Lucas de Leyde, etc. ! Et Quintin Messis, maréchal-ferrant à Anvers ; et la plupart des peintres hollandais, qui exerçaient, avec leur art, un métier manuel, tailleurs, taverniers, etc.

M. Z. — Et dans l'art divin, dans la musique, les exemples m'écraseraient également, si j'osais dire que le génie est éclos d'hier dans le peuple. Palestrina, Haendel, Gluck, Mozart, Haydn, Beethoven, et cent autres, seraient là pour me crier : Et nous aussi, *enfants de rien*, nous avons travaillé dans les champs comme nos pères, ou chanté dans les rues comme le grand Rossini.

M. A. — Eh bien donc?

M. Z. — Eh bien donc, le peuple est et fut toujours artiste. Mais il n'a pas encore été littérateur, en ce sens que son génie poétique, aidé de l'art littéraire, ne s'était pas encore formulé d'une manière précise et tranchée. Voilà qu'il commence à le faire, et que nous approchons d'une crise puissante, où des idées neuves seront chantées, développées et poétisées par des esprits nouveaux, par des imaginations, des consciences, et des génies prolétaires.

M. A. — Je ne veux pas contrarier votre croyance, quant à l'avenir, bien que je ne la partage pas; mais quant au passé, êtes-vous bien sûr de ce que vous dites? N'y a-t-il pas eu d'écrivains sortis du peuple dans les siècles passés?

M. Z. — Vous êtes beaucoup plus érudit que moi sur ce chapitre. Cherchez vous-même. Voyez si jusqu'au dix-septième siècle les historiens et les poëtes de quelque valeur ne sont pas sortis de la noblesse ou du haut clergé? Voyez ensuite les écrivains du *grand siècle* appartenir encore pour la plupart à la magistrature ou à la noblesse, à la robe, à l'épée, ou à la haute bourgeoisie, jusqu'à l'avènement de la classe moyenne dans les lettres à la seconde moitié du dix-neuvième siècle.

M. A. — Cette remarque ne m'avait pas encore frappé, quoiqu'elle soit bien facile à faire. En effet, Montaigne, Ronsard, Malherbe, Descartes, Balzac, la Fontaine, Corneille, Molière, Bossuet, Fénelon, Boileau, Racine, Montesquieu, Buffon, Voltaire, appartenaient tous, par la naissance, soit à la noblesse, soit à la riche bourgeoisie. Jean-Jacques est réellement le premier penseur ou écrivain sorti du peuple.

M. Z. — Et combien n'a-t-il pas eu de peine à en sortir !

M. A. — Mais c'est précisément là ce que j'allais vous objecter. On conçoit que le peuple, étant de tout temps en possession des métiers, produise des artistes remarquables dans les arts qui ont ces métiers pour support. Il y a plus; lui seul peut fournir, sauf de bien rares exceptions, des génies dans des professions inséparables d'un métier; car lui seul exerce ces métiers. C'est son lot, il est dur; mais les arts proprement dits deviennent, par compensation, son privilége. Vous demandez au peuple des maisons; une fois en train, il vous fait des palais et des temples. Il est comme la nature; il ne lui coûte pas plus, étant forcé de manier le ciseau ou la truelle, de faire du grand et du beau que du mesquin et du laid. Mais il n'en est pas ainsi de la littérature, qui exige du loisir, de la réflexion, et qui n'a pour support aucun métier matériel. Pendant que le peuple est occupé de ses métiers, comment voulez-vous qu'il se livre à cet art difficile qui n'a pour expression que la parole ou l'écriture?

M. Z. — L'avenir donnera peut-être aux serfs de l'industrie un peu de ce loisir nécessaire, afin qu'après avoir produit tant de grands peintres, de grands statuaires, de grands architectes, de grands musiciens, le peuple produise encore tout ce qu'il peut enfanter dans un autre genre. Convenez que l'histoire nous présente déjà une induction à cet égard. Rousseau, comme vous le remarquiez vous-même, est sorti du peuple. L'enfantement si pénible de Rousseau, n'est-ce pas l'enfantement de la démocratie? Avant lui, qui dans le peuple s'occupait de politique, ou du moins qui des enfants du peuple a écrit avant lui sur ces matières? Mais, depuis lui, combien s'en sont occupés et s'en occupent tous les jours!

M. A. — Il est certain que jadis, pour écrire sur l'histoire ou sur la politique, il fallait appartenir aux classes nobles qui seules avaient part aux affaires publiques. Aussi toutes nos chroniques françaises, à partir du treizième siècle, ont-elles été écrites par des nobles; c'est Ville-Hardouin, c'est Joinville, c'est Enguerrand de Monstrelet, Froissard, Philippe de Commines, Pierre de l'Étoile, Blaise de Montluc, Duplessis-Mornay, Sully, Tavannes, de Thou, Michel de l'Hospital, Étienne Pasquier. Le sire de Brantôme représente aussi la noblesse cultivant la partie galante de ses annales. La haute bourgeoisie ne commence à s'occuper d'histoire et de politique qu'avec Mézerai, au milieu du dix-septième siècle. Mais la noblesse conserve encore, même au dix-huitième siècle, une certaine supériorité de vues et de génie sur ce point, qui se manifeste par des hommes tels que Montesquieu, le duc de Saint-Simon, Boulainvilliers, et même les deux Mirabeau, le père et le fils.

M. Z. — Oui, mais là je vous arrête. De ces deux Mirabeau, l'un est le disciple du grand économiste

Quesnay, et ne fait que répéter ses leçons ; l'autre est le disciple de Rousseau. Ainsi la noblesse a fini par se mettre à l'école de deux prolétaires ; car Quesnay, lui aussi, était le fils d'un ouvrier. Mais la poésie n'offre-t-elle pas, dites-moi, quelque chose d'analogue ?

M. A. — Quant à la poésie française, j'avoue qu'à l'exception d'Ollivier Rosselin, le bourgeois du quinzième siècle, auteur des *vaux de Vire*, et de Villon, mendiant et voleur, deux fois condamné à être pendu, à ce que dit l'histoire, ce sont les nobles qui ont d'abord cultivé les lettres, puis les bourgeois. Au quinzième et au seizième siècle, le clergé donna trois hommes, initiateurs à des titres divers. Jean de Meung, l'auteur du roman de *la Rose*, Amyot, le translateur des œuvres de Plutarque et de *Daphnis et Chloé*, et le grand Rabelais, le philosophe. Puis comme s'il avait rougi de tous trois, ce clergé n'en produisit pas d'autres, du moins pour longtemps. Mais les nobles, qui avaient commencé aussi à s'occuper de poésie, continuèrent à fournir des poëtes. Il y a même de remarquable que ce furent les princes qui donnèrent le signal : Charles d'Orléans et Thibaut de Champagne au treizième siècle, Charles d'Anjou au quatorzième, le roi René au quinzième, François 1er et Charles IX au seizième, cultivèrent la poésie ; combien de princesses alors faisaient des vers et écrivaient des livres ! On a des œuvres de Jeanne d'Albret, de Marguerite d'Autriche, de Marguerite de Navare, de Marguerite de Valois, de Marie Stuart. La poésie prétendait se loger dans les cours.

Jean Marot, le père de Clément, prenait la qualité de secrétaire et poëte de la magnanime reine Anne de Bretagne. On citerait difficilement un poëte ou un écrivain un peu connu du seizième siècle, ou du commencement du dix-septième, qui ne tint pas à la noblesse. Mathurin Régnier, le satirique fait seul exception ; mais l'histoire littéraire a bien soin de remarquer que le père de Régnier était qualifié *honorable homme*, titre qui dans ce temps ne se donnait qu'aux plus notables bourgeois. Les autres poëtes avaient tous des blasons. Les deux de Raïf, du Bartas, d'Aubigné, Michel d'Amboise, le seigneur de Pibrac, les deux du Bellay, et le grand Ronsard, et le sire de Malherbe, sans compter Racan, Segrais, d'Urfé, mademoiselle Deshouillières, mademoiselle de Scudéry, madame de Lafayette, et tant d'autres encore. Les prédécesseurs de Corneille, Jodelle et Garnier, étaient aussi de familles nobles. Mais avec Corneille, Molière, et la Fontaine, commence l'ère poétique de la bourgeoisie. Le duel littéraire de Richelieu et de Corneille, à l'occasion du *Cid*, fixe magnifiquement le commencement de cette ère. Ce duel a un sens qu'on n'a pas compris ; on s'étonne de Richelieu auteur, et on admire qu'un si puissant ministre fût jaloux de Corneille. On ne voit pas que Richelieu, c'est la noblesse tout entière en possession jusque là de la littérature, et qui voit son sceptre lui échapper. J'avoue qu'à partir de cette époque la bourgeoisie a remplacé la noblesse dans la culture des lettres. Quant à vous accorder que cette classe moyenne, si riche d'idées et si pleine d'action et d'influence pour faire la Révolution française, est aujourd'hui vide et creuse ; qu'elle ne produit plus rien de neuf, et qu'elle est réduite à remâcher, avec force sophismes, les idées qui l'ont faite ce qu'elle est...

M. Z. Je sais que vous n'êtes pas récalcitrant à cet égard-là ; mais je ne vous demande pas encore d'acquiescer à ma conclusion générale. Il me suffit que vous m'accordiez, quant à présent, que maître Adam Billaut façonnant, comme dit Voltaire, des couplets aussi lestement qu'un escabeau, était un fait exceptionnel dans son temps ; et vous m'avouerez tout à l'heure, quand vous aurez feuilleté son œuvre, qu'il n'a point eu, malgré sa grande intelligence, et ses éclairs de colère et de fierté, la révélation de son rôle de poëte prolétaire, comme nos poëtes prolétaires doivent et peuvent l'avoir ajourd'hui.

M. A. — Ma foi, tout en vous écoutant, j'ai déjà feuilleté ; et je vous jure qu'à en juger par les dédicaces et les flatteries sans nombre aux grands et aux princes qui me sautent aux yeux, je ne vois rien là-dedans qui m'inspire admiration ou sympathie. C'est une collection de flatteries plates et un cours de mendicité adulatoire. Les chansons et les épigrammes ne manquent pas de verve, et le tour est hardi, heureux souvent ; mais ce n'est pas autre chose, comme l'a dit Voltaire, que de la poésie de cabaret, comme le reste est de la poésie d'antichambre.

M. Z. — Admettons un instant que Voltaire soit infaillible ; je sais vos préférences, je devrais dire votre idolâtrie pour lui. Admettons, dis-je, qu'il ait bien jugé maître Adam, en affirmant que ce n'était qu'un poëte de cabaret, trouvant une rime heureuse par hasard, comme il a dit, avec plus d'irrévérence encore, de Shakespeare, que ce n'était qu'un sauvage ivre, et de Pétrarque qu'un chansonnier inférieur à Quinault. Avouez, dans ce cas, qu'un artisan poëte était, il y a deux cents ans, une rare merveille, un prodige *non pareil*, comme on parlait alors, une exception inouïe.

M. A. — Vous voulez me faire dire que Voltaire s'est trompé. Je ne le dirai pas ; j'aime mieux avoir tort vis-à-vis de vous. Je ne suis donc pas battu sur tous les points, et le jugement de mon maître n'est pas renversé.

M. Z. Il m'en coûte de vous arracher cette dernière consolation ; mais il le faut. Permettez-moi de vous dire quelques mots sur Voltaire. Je les dirai sans aigreur ; écoutez-les sans passion. Je vous ai confessé cent fois mon ardente préférence pour Rousseau ; mais je reconnais en vieillissant que dans ma jeunesse l'enthousiasme de la partialité me rendit souvent injuste envers son tout-puissant rival. Je ne crois plus à la froide méchanceté de Voltaire, je crois même à la grandeur de son âme et à la générosité de son caractère. Je me rappelle avec attendrissement le trait que rapporte le prince de Ligne pour en avoir été témoin [1].

---

[1]. Sur Voltaire et sur Rousseau, le prince de Ligne a écrit quatre ou cinq pages ravissantes, qui, sans nous révéler de grandes particularités, nous font mieux voir et comprendre ces *deux immortels* que toutes les controverses aveugles et amères de leur époque. Le prince de Ligne, général autrichien, courtisan et seigneur russe, mais véritable Français d'esprit et de caractère, est un des plus charmants écrivains du XVIIIe et du XIXe siècles, aux confins desquels il se trouve placé. Il participe du premier pour la vivacité et le brillant, du second pour la rêverie, le talent descriptif, et une sorte de haute loyauté philosophique qui domine et efface toutes les petitesses de sa misérable grandeur. On sent qu'il ferme ce siècle divers et fécond, et que, sans le comprendre bien sérieusement, il a l'instinct de droiture et de sensibilité que nous devons avoir pour le bien juger nous-mêmes. A le suivre dans sa correspondance avec les rois et les empereurs, on peut, au premier abord, penser de lui, comme de maître Adam, qu'il n'est qu'un lâche adulateur. I

Voltaire était un jour en train de déclamer contre Jean-Jacques, prétendant qu'on devrait le chasser de Genève, de Lausanne, et de toute la terre : — Ah ! mon Dieu, s'écrie quelqu'un, soit par erreur de sa vue, soit pour éprouver Voltaire, voilà justement M. Rousseau qui entre dans votre cour. — Ah ! le malheureux ! s'écrie Voltaire avec impétuosité : ils l'auront encore chassé de Lausanne ! Où est-il ? qu'il entre ! Mes bras, mon cœur, et ma maison lui sont ouverts ! — Tel était le grand Voltaire, faible, rancuneux, plein d'injustices, de vanités, et de précipitation ; il n'était ni dur, ni vindicatif, ni orgueilleux. Le fond de son cœur était généreux et humain, comme le fond de son intelligence était ferme et lumineux.

écrit à Catherine II, pendant notre grande révolution, qu'il faudrait établir *un cordon sanitaire autour de la France*, et mille autres hérésies. Mais ce que M. Z. dit plus loin à M. A., qu'il faut juger une vie à distance par l'ensemble et non par le détail, il faut l'appliquer au prince de Ligne. Ses actions, on devrait dire ses occupations (car l'action n'est ni libre ni volontaire dans certaines phases de la société), furent ce qu'elles pouvaient être. Mais une bonté sans égale et une équité supérieure se retrouvent dans cet écrivain frivole, sérieux lorsqu'il est seul avec sa conscience et son instinct. Ses *Pensées* sont un monument de quelques pages dont la philosophie s'inspire des plus pures lumières de l'âme. Une de ces pages, sur la *Justice des jugements*, est plus grande que tout Montesquieu. Mais il se passera bien du temps avant que ce que je dis là ne semble pas un impertinent paradoxe, je le sais de reste. Toujours est-il que sa manière de lire dans les yeux de Rousseau et dans le cœur de Voltaire, aussi brièvement dite que rapidement conçue, est une peinture noble autant que saisissante et vraie. Je pense que madame de Staël ne se trompait pas dans l'admiration et l'affection qu'elle lui portait.

M. A. — Qui en doute ? vous êtes bien bon d'en convenir !

M. Z. — Je tenais à vous faire voir que je ne suis pas de ceux qui le nient ; et ceci me conduit à vous dire que les jugements précipités de Voltaire en littérature ne sont pas sans appel aux yeux de la postérité, puisque cet homme de génie cassait lui-même les arrêts de sa haine, comme ceux de sa critique, dans de brûlants retours sur lui-même. Vous savez bien, vous son Séide, avec quelle adorable naïveté, pleine d'un dépit comique et d'une bonne foi grondeuse, il se sentait parfois contraint de se rétracter. Rappelez-vous son obstination à condamner la Fontaine comme un plat auteur, bon tout au plus pour les vieilles femmes et les petits enfants ; et son emportement un jour que, tenant le livre dans sa main, il voulait examiner les fables une à une, et démontrer qu'il n'y en avait pas une qui fût supportable. Après en avoir lu une douzaine sans en pouvoir trouver les défauts, il jeta le volume par terre avec fureur en s'écriant : Ce n'est qu'un *ramas* de chefs-d'œuvre ! Savez-vous que ce mot de Voltaire prouve tout ce que je veux vous prouver ? C'est qu'avec un goût sûr et une vive intelligence du beau et du vrai, il jugeait à la légère, et s'abandonnait à des préventions qu'il eût rétractées, si, pour chacun des hommes et chacune des choses ainsi condamnés, on eût pu lui faire retrouver un de ces moments d'attention, de bonne foi, ou de sincérité, qui lui firent jeter par terre le *ramas de chefs-d'œuvre* et ouvrir ses bras et son cœur pour y recevoir *l'abominable* M. Rousseau, *chassé à juste droit de toute la terre ?*

M. A. — Je vois où vous voulez en venir. Vous

pensez qu'une seconde ou une troisième lecture de Shakespeare, de Pétrarque, et même de votre maître Adam, eût éclairé Voltaire, et l'eût fait repentir de ses impétueuses préventions. Je n'en ai jamais douté quant à Shakespeare, je n'en peux guère douter non plus quant à Pétrarque; mais quant à votre menuisier, fabricant de tables et de concetti, j'oserai croire, jusqu'à plus ample informé, que Voltaire eût confirmé son premier jugement.

M. Z. — Il est possible que Voltaire l'eût fait. Il ne lui suffisait pas toujours de revenir à la bonne foi et à l'examen sérieux pour être compétent. Voltaire, quoiqu'il fît d'excellentes et de charmantes poésies, n'était pas poëte dans la haute acception du mot. Son imagination était tournée vers la raillerie, son enthousiasme vers la lutte polémique. Pour être un poëte, il faut une extrême naïveté de cœur, qui n'était pas le fond de l'âme de Voltaire, et qui eût été fort contraire à la puissance de son œuvre critique sur le siècle. Il faisait de beaux vers et d'admirables satires, des drames habilement conçus, écrits avec élégance; mais le feu sacré de Shakespeare, mais la passion de Pétrarque, il ne pouvait les ravir au ciel qui ne l'avait pas destiné à comprendre et à agir hors d'une certaine limite de sentiment. Esprit analytique par excellence, il pouvait revenir sur ses erreurs d'analyse, et la Fontaine devait subir victorieusement une analyse approfondie. Shakespeare, avec le mauvais goût de son temps et la rudesse de son pays, son emphase de bonne foi, tantôt ridicule, et tantôt saisissante; Shakespeare, boursouflé, cynique et sublime, ne se fût peut-être pas révélé en entier à Voltaire, quand même Voltaire l'aurait voulu. Ici pourtant je me sers de votre *peut-être*, pour ne pas manquer au respect que je porte au monarque de la littérature du dix-huitième siècle.

M. A. — Vous voilà dans une argumentation dubitative qui ne conclut pas.

M. Z. — Nous pouvons cependant conclure de deux manières, dont je vous laisse le choix : ou que Voltaire n'a pas pris toujours le temps de connaître ce qu'il condamne, ou que Voltaire ne pouvait pas connaître et devait condamner certains génies dont le vol s'écartait de la sphère du sien.

M. A. — Voyons vos preuves quant à maître Adam Billaut. Je doute qu'il vaille la peine de vous avoir pour avocat contre un juge tel que Voltaire ; mais puisque cela vous tient à cœur, je veux entendre votre plaidoyer.

M. Z. — Oui, cela me tient à cœur, comme tout ce qui se rattache à la cause du peuple ; et soyez sûr qu'une telle cause mériterait un autre avocat que moi. Je défendrai le caractère de maître Adam en même temps que son talent ; car ces deux choses sont étroitement liées, et vous avez judicieusement prononcé, en feuilletant son recueil à la hâte (toujours à la manière de votre grand patron), qu'un vil adulateur ne pouvait pas être un grand poëte. Vous auriez grandement raison, si maître Adam eût été constamment adonné à la flatterie ; et je vous accorde que ses nombreux hommages aux princes et aux princesses qui le protégeaient, quoique semés de traits heureux, n'ont pas toujours une valeur bien réelle. Ce fut à eux cependant que le pauvre homme dut le grand bruit qu'il fit en France ; et on ne put assez s'émerveiller, à la cour et à la ville, qu'un rude manœuvre eût trouvé l'art de tourner un compliment mieux qu'un bel esprit de profession. Il y avait du moins dans sa manière de les louer quelque chose d'original, une emphase comique qui semble parfois voisine de la moquerie, et qu'un *rustique* comme lui pouvait seul faire accepter. Il invoquait, en l'honneur de ses héros et de ses *demi-dieux* du dix-septième siècle, un *Jupin*, un *Neptun*, et un Phœbus qu'il n'avait pas trop l'air de prendre plus au sérieux que les grands auxquels il s'amusait à les comparer. Il faisait le bonhomme (comme fait souvent Magu), et on sentait en lui, à chaque mot, le puissant goguenard, le Voltairien anticipé, le contemporain du grand Bayle; si bien qu'on l'écoutait avec étonnement, se demandant si c'était la simplicité de sa condition et l'ignorance des bonnes manières, ou bien la verve satirique et hardie d'un esprit supérieur, qui le faisait parler si bassement et si familièrement à la fois. Aussi, après s'en être amusé un instant, et lui avoir fait les plus belles promesses, l'oubliait-on, peut-être par défaut de sympathie, peut-être à dessein et par une sorte de rancune qu'on n'avouait pas. Il est certain que de toutes les pensions et priviléges qui lui furent accordés, peu furent réalisés; et que, protégé par les plus hautes puissances de l'État, il lutta constamment contre la misère. Voici une Épître au cardinal de Richelieu qui prouve et le peu d'exactitude qu'on mettait à lui payer la pension promise, et l'insistance narquoise du poëte à la réclamer :

> Grand prince, je suis de retour
> Dans les pompes de vostre cour,
> Pour me plaindre à vostre éminence
> Que, par faute de souvenance,

Votre lustubron m'a laissé [1].
Comme si j'étais trépassé :
C'est-à-dire pour mieux entendre
Que je n'ay pas eu peine à prendre
Le bien dont vos menus plaisirs
Ont favorisé mes désirs.
Certes, je trouve fort estrange
Que tel qui veut passer pour ange
Chés les nimphes du double mont,
Passe chés moi pour un démon.
Bien que mon discours soit champestre,
Que mon âme ait trouvé son estre
Dans un climat presque inconnu,
Où Phœbus n'est jamais venu ;
Qu'elle parle en terme barbare,
Et qu'elle n'ayt rien fait de rare,
Le faut-il pour tant avouer
Qu'elle a l'honneur de vous louer,
Et que la vertu qui n'aspire
Qu'à rendre bien-tost notre empire
L'étonnement de l'univers
Fit quelque estime de mes vers,
Quand d'une bonté plus qu'extrême
La vostre dit à l'heure même
Que l'on me rendist satisfait,
Ce que pourtant on n'a pas fait.
. . . .
Une estrange nécessité
M'oblige sans cesse à me plaindre,
Et de tout dire sans rien craindre :
Nécessité n'a point de loy.
Beaucoup de moins pauvres que moy
Ont cherché dessous une corde
Ce qu'un désespoir nous accorde.
Voilà l'hyver dont la rigueur
Force la plus masle vigueur,

[1]. Maître Adam avait adopté ce nom bizarre pour désigner les payeurs désobligeants qui se refusaient à acquitter les pensions dont on le gratifiait. On le retrouve fréquemment dans ses épigrammes épistolaires, et à propos de différents individus auxquels le même reproche s'adresse.

> Et que le plus hardy courage
> Tremble à l'aspect de son orage;
> Cependant je suis accablé,
> Sans bois, sans vendange, sans blé,
> Plus pauvre que vous n'êtes riche,
> Tous mes habillements en friche,
> Un des pieds chaussé, l'autre nû,
> A Paris sans estre connu, etc.
> . . . .
> Je porte un manteau sur l'épaule
> Fait du temps d'Amadis de Gaule,
> Si fort débisfé que l'on croit
> Qu'il me nuit autant que le froid,
> Montrant à quiconque l'aborde
> Plus de mille toises de corde,
> De qui l'horreur fait retirer
> Le filou qui le veut tirer.
> Enfin, dans ce sensible outrage,
> Je suis désespéré, j'enrage
> De voir que pour me secourir
> Je ne peux vivre ny mourir.

Le fier mendiant termine son Épître en disant qu'il avait bien dessein de *dépeindre une histoire*.

> Où la propre main de la gloire
> Eût rendu vos faits adorés (les exploits de Richelieu)
> Avecque des vers tout dorés.

Mais qu'il ne le fera point.

> Veu que pour ces faits précieux
> Je n'ai point d'or que dans les yeux;

Voulant dire, d'une façon populaire, que la faim lui rend les yeux jaunes, et disant assez clairement :

Point d'argent, point de Suisse, autrement « point d'argent, point de compliments. »

Cette façon d'envisager les dons qu'il implore et qu'il reçoit (quand ils viennent !) explique assez le personnage rampant et insolent que notre menuisier fait auprès des grands seigneurs. Dans sa pensée, qui est bien nette à cet égard, et qui est bien formulée dans une Épître que nous verrons tout à l'heure, les poëtes sont les dispensateurs de la gloire; ce sont leurs vers qui éternisent la splendeur des hauts faits. Quiconque veut se voir buriné de leur main dans le grand livre de mémoire doit les nourrir et les vêtir. Il doit dédommager surtout le pauvre manœuvre du temps qu'il eût consacré à l'exercice de son métier, et qu'il a sacrifié à raboter des louanges. C'est entre le poëte qui chante et le héros qui paie un échange légitime, et celui des deux qui y manquera verra l'autre déchargé de ses obligations. Le poëte ouvrier entend donc l'art des vers comme celui de la menuiserie. Il livre des stances, des sonnets et des madrigaux à ses pratiques, comme il leur livrerait des meubles commandés par eux, et frabriqués de sa main. Si la pratique lui fait banqueroute, il retire sa marchandise, et flagelle celui qu'il avait encensé. Voilà ce qui m'a fait vous dire, en commençant la discussion, que maître Adam n'a pas eu la révélation de sa mission de poëte, en tant qu'homme de progrès et d'avenir, destiné à chanter la cause du peuple et la dignité de l'homme, comme nos ouvriers poëtes le sentent et le font aujourd'hui. Il a tiré de son *innéité* prodigieuse dans l'art d'écrire un métier assimilable en tout à son métier manuel, et comme il eût fait de la musique ou de la peinture, s'il en eût reçu le don.

Enfin, il a fait de l'art ; il a été en poésie artiste et artisan, ce qui était réputé la même chose alors, comme nous l'avons remarqué à propos des grands maîtres en peinture, en sculpture, etc., dont nous nous plaisions tout à l'heure à nous rappeler les noms. Il n'a pas dit comme nos Prolétaires inspirés d'aujourd'hui : « Le ciel m'a fait poëte : mais c'est pour vous faire entendre le cri de la misère du peuple, pour vous révéler ses droits, ses forces, ses besoins, et ses espérances, pour flétrir vos vices, maudire votre égoïsme, et présager votre chute, pour vous émouvoir de pitié, vous faire rougir de honte, ou pâlir de crainte. » Non, maître Adam n'a pas eu cette pensée, et il ne pouvait pas l'avoir.

M. A. — Il eût pu l'avoir si son âme et son génie eussent été d'une trempe plus haute. C'est parce qu'il ne l'a pas eue, et qu'il a fait de la poésie mercenaire, que je ne peux pas l'estimer un grand poëte, malgré la bonne vieille facture de ses vers et la rudesse enjouée de son cachet.

M. Z. — Vous m'accordez déjà quelque chose, et j'aime votre sévérité, qui part d'un noble sentiment sur le noble métier de poëte. Mais permettez-moi de vous dire que ce n'est pas l'homme qui a manqué à l'idée, mais l'idée à l'homme. L'idée d'égalité n'était pas éclose dans le monde ; ou, du moins, elle ne s'y était pas développée jusqu'à la notion pratique où elle tente d'arriver aujourd'hui avec d'incroyables efforts, après de formidables tentatives et d'effrayants désastres, et la suite des essais de réforme antérieurs à Luther, que la force et la ruse avaient étouffés et dénaturés, la réforme luthérienne, faisant fausse route, tournait, comme le catholicisme, les rêves du pauvre et de l'opprimé vers les félicités du paradis, et consacrait l'inégalité sur la terre; si bien que huguenot, ou catholique, l'homme du peuple ne pouvait plus espérer qu'un dédommagement dans l'autre vie, après avoir lutté humblement et patiemment contre ses maux dans celle-ci. Plus l'homme était fier, plus il songeait au rétablissement de l'égalité dans le ciel; mais il ne songeait pas à la conquérir ici-bas, et il aspirait à la mort pour rentrer nu dans la tombe, et reparaître nu à côté des monarques au jugement de Dieu. Telle fut la pensée dominante de maître Adam. C'était la plus populaire, la plus courageuse, la plus révolutionnaire qu'il pût avoir; et, à la manière dont il la sentit et l'exprima, on peut-être assuré que, s'il eût chanté dans un siècle plus avancé, il en eût exprimé et chanté de même l'idée la plus avancée, la plus courageuse et la plus révolutionnaire. L'enthousiasme sauvage avec lequel, dans ses revers et ses humiliations, il se reportait vers cette loi divine de l'égalité devant Dieu, est bien facile à prouver. Il ne faut pour cela que le lire. Vous le trouverez, à chaque page, cet enthousiasme jetant, comme un éclair, son reflet incorruptible sur ces chants d'adulation et de mendicité dont la première apparence vous révolte. Mais voyez-la dans la colère, cette pensée; comme elle est menaçante, comme elle est rude et fière, comme elle est peuple enfin! Voici les fragments d'une Épître *à un ami*, toujours à propos de cette malencontreuse pension du Cardinal qu'on ne lui payait pas :

> Daphnis, je suis fort estonné
> Pourquoy tu m'as abandonné;
> Moy qui n'aspire qu'à la gloire
> De vivre dedans ta mémoire.

Voicy pour la troisième fois
Que de mes lettres tu reçois,
Et la troisième fois de mesme
Que par un mespris plus qu'extresme
Tu ne m'as pas tant seulement
Accordé ce contentement
De me mander si ma quittance
Fournirait assés d'éloquence
Pour me faire rendre en ce lieu
La pension de Richelieu.
. . . .
. . . .

Cependant je reconnois bien
Que ce que tu dis n'estoit rien,
Qu'un peu de flamme et de fumée
Esteinte aussi tost qu'allumée;
Ou, pour telle faire plus court,
Un peu d'eau bénite de cour.
. . . .
. . . .

Peut-estre me respondras-tu
Que ta plume a trop de vertu,
Que ton éloquence est trop belle
Pour un raboteur d'escabelle;
Dès là je te tiens au collet,
Puis que je sçay que ton valet
N'a pas l'esprit si plein d'audace
Qu'il n'escrivit bien en ta place.
. . . .

Je m'y trouve fort résolu
Parce que le ciel l'a voulu.
Quand il a fait une ordonnance
Ny le Roy, ny Son Eminence,
Qui sont bien au-dessus de moy,
N'én sçauraient éviter la loy.
Ils peuvent tout dessus la terre,
Leur colère vaut un tonnerre;
Mais certes, quand il faut aller
D'où l'on ne sçaurait appeler,
Les grands ont beau faire et beau dire,

Toutes les forces d'un empire
N'ont pas le pouvoir d'empescher
Le coup qui nous vient dépescher.
C'est ce qui m'afflige et m'estonne,
Que cependant qu'une couronne
Les fait appeler en ces lieux
Les vives images des dieux,
Ils font si peu de récompense
A ceux qui chantent leur puissance,
Sans qui leur esclat le plus beau,
Suivant leur corps dans le tombeau,
Ne laisseroit à la mémoire
Aucune marque de leur gloire.
Que si le ciel m'eust ordonné
Un empire quand je fus né
Je n'aurais jamais esté chiche.
Parce qu'un prince est toujours riche.
De quelque violent effort
Que les puisse agiter le sort,
Ils n'ont jamais l'âme asservie.
Que par la perte de la vie.
Les princes ne peuvent donner
Que ce qui leur doit retourner.
Ils sont maistres de la fortune
En donnant, ils semblent Neptune,
Qui fait les fleuves de la mer,
Mais qui les revoit abismer
Après quelque légère course
Dans leur inépuisable source.
. . . .
. . . .
Bref pour mieux le faire comprendre
Il faut tout donner pour tout prendre,
Mais certes il s'en trouve peu
Qui soient embrasés de ce feu.
Aussi ce qui me reconforte
C'est que si jamais, à la porte
Par laquelle il nous faut passer
Quand nous venons de trépasser,
Je rencontre par adventure

Un de ces mignons de nature
Qui prennent tout sans donner rien,
Ma foy, je m'en mocquerai bien.
Si jamais je suis en la barque
Avec un avare monarque,
Tandis que le vieillard Caron
Nous passera sur l'Achéron,
Je luy feray bien reconnaitre
Qu'il n'aura plus le nom de maistre ;
Ne pouvant alors m'abstenir,
Pour me venger et le punir,
De luy remettre en la mémoire
La décadence de sa gloire.
Là, sans crainte de la grandeur
Et de sa royale splendeur
Dont il chérissoit tant l'usage,
Je luy rendray ce beau langage ;
Prince misérable et confus
Qui n'es plus de ce que tu fus
Qu'une triste et malheureuse oumbre
Qui va multiplier un nombre
Où tel qui ne t'osoit parler,
Lorsque tu fesois tout trembler
Sous ton orgueilleuse puissance,
Méprisera ta connaissance,
Toy qui jadis, chez les mortels,
Prenois l'encens et les autels
Qu'on doit aux Déïtés supresmes,
Et qui, tout ceint de diadesmes
Tenois un pouvoir en tes mains
Qui fesoit trembler les humains ;
Dedans cette chute fatale
Qui dans ce bateau nous esgale,
Ne sens-tu pas que tu reçois
La mort une seconde fois,
Par le ressouvenir funeste
D'en avoir tant laissé de reste,
Et n'avoir plus pour tout support
Qu'un denier pour passer le port ?
Lorsque tu goutois en la vie

Ce qui rend une âme assouvie,
Pourquoy ne considerois-tu,
Ces ministres de la vertu,
Ces escrivains de qui les plumes
Te pouvoient dresser des volumes,
Ou, malgré le tems et son cours,
Ta gloire auroit vescu toujours ?
Peut-estre avois-tu la pensée
Que, depuis que l'âme est passée
Dedans l'empire du trépas,
La mémoire ne la suit pas.
Et que, dans ces ombreuses plaines
Qui sont les plaisirs ou les peines,
L'esprit en ce fatal revers
Ne songe plus à l'univers....
Mais à propos de la mémoire
Il me semble que je veuille boire
Dedans le noir fleuve d'oubly
Où je suis presqu'ensevely....
Cher ami Daphnis, je te prie,
Pardonne à cette rêverie, etc.

M. A. — Je comprends maintenant que le cardinal, à qui le solliciteur écrivait :

Certes je trouve fort estrange
Que tel qui veut passer pour ange
Chés les nymphes du double mont
Passe chés moi pour un démon,

ne fût pas très-soucieux de la misère de son protégé, non plus que le Daphnis qui se voyait reprocher de ne savoir pas mieux écrire que son valet. Cette manière de demander l'aumône, le sarcasme à la bouche et le bâton à la main, est d'un homme plus fougueux que sage.

M. Z. — Dites plus orgueilleux que rampant. Examinez, vous dis-je, et vous le verrez, même sans être animé par le dépit, mettre toujours le poëte au-dessus du prince et du guerrier. Dans des stances de remerciement à un marquis, il lui dit :

> Tous ces grands conquérants dont l'histoire est armée,
> Pour qui Bellonne a fait tant d'exploits belliqueux,
> Alcide, Achille, Hector, et cent mille comme eux,
> Auraient eu d'un bouvier la mesme destinée,
> Si la Muse eût laissé leur mémoire avec eux.
> . . . .
> Peu les grands aujourd'hui sont dignes de ton sort :

le bonheur d'être chanté par un poëte ;

> Un avare désir, qui les ronge et les mord,
> Ne leur délaisse rien, quand leur *charogne* est morte,
> Que de vers animés par les soins de la Mort.

Ce qu'il y a de remarquable, c'est qu'auprès des femmes, oublié ou non, maître Adam reste toujours courtois et tendre. Il n'a que des louanges galantes et des paragons poétiques pour ses douces protectrices les princesses de Gonzague, dont l'une fut reine de Pologne. On voit qu'il les aime, non-seulement d'amitié, mais d'amour, et qu'il leur pardonne leur oubli, comme à des enfants chéris. Il n'a point de morgue avec elles, et ne les menace pas de cette faux sinistre de la mort qu'il fait flamboyer à tout propos sur des fronts plus mâles et plus ombrageux. On sent qu'il aime la jeunesse et la beauté, comme un poëte et comme un père, et qu'il aurait en horreur l'idée de la destruction de ces *beaux œuvres de la nature*.

Mais je ne vous ai point montré des plus beaux vers

de maître Adam, de ceux qui le placent au rang que ses contemporains lui ont assigné avec acclamations. J'étais occupé à justifier auprès de vous son caractère personnel ; et je vous l'ai montré superbe et quasi hargneux, tout en faisant de son talent un commerce vénal suivant nos idées, légitime suivant les siennes et celles de son temps.

M. A. — Accordé ! J'ai lu les dédicaces et les préfaces du grand Corneille. Hélas ! Après celle de Cinna, j'étais tenté de m'écrier : Holà ! Je sais que les hommes de lettres ne pouvaient exister ni se faire connaître sans protection. On avait besoin d'un prince ou d'un roi comme on a besoin aujourd'hui d'un éditeur, et le menuisier de Nevers pouvait bien n'être pas plus hautain que le père de la tragédie française.

M. Z. — Il l'était davantage, écoutez : les vers que je vais vous dire, il y a longtemps que je les sais par cœur, car ils sont dignes de ce temps de Corneille devant lequel nous restons prosternés. J'ai vu avec plaisir que, dans sa Notice sur Adam Billaut, M. Ferdinand Denis les avait cités les premiers. Ce sont des stances adressées à un personnage qui sollicitait notre menuisier de quitter son pays et son état, pour venir se fixer auprès de la cour, où il travaillerait à sa fortune. Mais le poëte était désabusé des promesses de l'ambition :

> Pourvu qu'en rabotant ma diligence apporte
> De quoy faire rouler la course d'un vivant,
> Je serai plus content à vivre de la sorte,
> Que si j'avais gagné tous les biens du Levant.
> S'élève qui voudra sur l'inconstante roue,
> Dont la déesse aveugle en nous trompant se joue ;

Je ne m'intrigue point dans son funeste accueil.
Elle couvre de miel une pilule amère,
Et, sous l'ombre d'un port nous cachant un écueil,
Elle devient marastre aussitôt qu'elle est mère.

Je ne recherche point cet illustre avantage
De ceux qui tous les jours sont dans les differends
A disputer l'honneur d'un fameux parentage,
Comme si les humains n'étoient pas tous parens.
Qu'on sçache que je suis d'une tige champestre,
Que mes prédécesseurs menoient leurs brebis paistre;
Que la rusticité fit naistre mes ayeux;
Mais que j'ay ce bonheur, en ce siècle où nous sommes,
Que, bien que je sois bas au langage des hommes,
Je parle quand je veux le langage des Dieux.

La suite de mes ans est presque terminée;
Et quand mes premiers ans reprendroient leurs appas,
La course d'un mortel se voit sitost bornée,
Qu'il m'est indifférent d'être ou de n'être pas.
. . . .
Tel grand va s'estonnant de voir que je rabote,
A qui je répondrai, pour le désabuser
En son aveuglement, que son âme radote
De posséder des biens dont il ne sçait user;
Qu'un partage inégal des biens de la nature
Ne nous fait pas jouyr d'une mesme adventure;
Mais que ma pauvreté peut vaincre son orgueil,
Pour si peu de secours que la fortune m'offre,
Puisque, pour ses trésors en pensant faire un coffre,
Peut-estre que du bois j'en feray un cercueil.

Le destin qui préside aux grandeurs les plus fermes
N'a pas si bien soudé sa conduite et ses faits,
Que le tems n'ait prescrit des bornes et des termes
Aux fastes les plus grands que sa faveur a faits.
Ce prince dont l'empire eut le ciel pour limite,
Qui trouvait à ses yeux la terre trop petite

> Pour s'eslever au trône et construire une loy,
> Son dernier successeur se voit si misérable [1]
> Que, pour vaincre le cours d'une faim déplorable,
> Il s'aida d'un rabot aussi bien comme moy.
>
> Les révolutions font des choses étranges,
> Et, par un saint discours, digne d'estonnement,
> L'ange le plus parfait qui fût parmy les anges,
> M'a-t-il pas fait horreur dedans son changement ?
> Va, ne me parle plus des pompes de la terre :
> Le brillant des splendeurs est un esclat de verre,
> Un ardent qui nous trompe aussitôt qu'on y court.
> Ce n'est pas qu'en passant je ne te remercie;
> Mais pourtant tu sçauras que le bruit de ma scie
> Me plait mieux, mille fois, que le bruit de la cour.

M. A. — Je ne croyais point que maître Adam eût parlé un langage aussi élevé; je n'avais remarqué en passant que de jolis vers clair-semés, empreints de grâce et de bonhomie :

> N'estimait la verve autre chose
> Que le gay bouton d'une rose
> Qui dans l'âme s'épanouit;

et ceux-ci encore, qui me rappellent ceux de votre tisserand Magu :

> Je ne trouve rien de si doux
> Que la demeure de chez nous.

M. Z. — En voici qui sont encore plus proches parents par le sentiment naïf et populaire. C'est maître Adam qui parle :

---

1. Le fils de Persée, dernier successeur d'Alexandre-le-Grand, devint menuisier à Rome. Voyez Plutarque.

L'avenir des enfants, le soucy du ménage,
La crainte de jeuner sur la fin de mon âge,
Ont tant d'autorité sur ma condition,
Que mon âme n'a plus aucune ambition
Qu'à borner seulement mes désirs de l'envie
De vivre en menuisier, le reste de ma vie.
Suivant du rossignol l'image et les leçons,
L'abord de mes petits a finy mes chansons.
. . . .
Je n'aime à voir le sang qu'en la couleur des roses;
Et le chant d'un vieux coq à la pointe du jour
Me plaist mille fois mieux que le bruit d'un tambour.
Le souffle d'un zéphir, le frais d'une fontaine,
L'émail dont la nature enrichit une plaine,
Le silence troublé par le bruit d'un ruisseau,
Un rocher qui répond au babil d'un oiseau, etc.

Accordez-moi donc, mon cher A., ou que notre grand Voltaire n'a pas lu avec assez d'attention, ou bien qu'il n'a pas su faire, dans son esprit malin et brusque, la synthèse de la vie intellectuelle d'un pauvre poëte du dix-septième siècle. Il est bien facile de condamner un innocent les pièces en main : phrase par phrase, page par page, rien ne supporte la critique rapide et l'interprétation cruelle. Mais l'ensemble d'une œuvre, comme l'ensemble d'une vie, a un sens tout autre, et sur lequel il faut porter un regard plus étendu et plus profond. Permettez-moi de vous chercher à la fin de ce volume un sonnet dont j'ai souvenance, et qui n'est de rien moins que du grand Corneille, lequel se connaissait, je pense, en poésie encore mieux que M. de Voltaire. C'est un assez bon passe-port pour maître Adam auprès de la postérité :

Le Dieu de Pythagore et sa Métempsychose,
Jetant l'âme d'Orphée en un poëte françois,

« Par quel crime, dit-elle, ay-je offensé vos loix.
» Digne du triste sort que leur rigueur m'impose?

» Les vers font bruit en France ; on les loue, on en cause;
» Les miens, en un moment, auront toutes les voix :
» Mais j'y verray mon homme à toute heure aux abois,
» Si pour gaigner du pain il ne sçait autre chose. »

« Nous sçaurons, dirent-ils, le pourvoir d'un mestier :
» Il sera fameux poëte et fameux menuisier,
» Afin qu'un peu de bien suive beaucoup d'estime. »

A ce nouveau party, l'âme les prit au mot ;
Et, s'asseurant bien plus au rabot qu'à la rime,
Elle entra dans le corps de maître Adam Billot.

Ceci ne justifie-t-il pas bien la manière dont maître Adam envisageait son métier de poëte, le plus mauvais des métiers, au dire de Corneille lui-même? Ce n'était donc pour eux qu'un métier ; et, malgré une plus haute manière de l'envisager, c'en est un encore aujourd'hui. On a mieux constitué la propriété des produits du génie, et nos ouvriers poëtes y trouvent un petit allégement à leur misère. Mais, croyez-moi, nos descendants s'étonneront (et peut-être avant que deux siècles soient écoulés), de ce trafic que nous faisons aujourd'hui de l'inspiration et de la réflexion. La vénalité des plumes du dix-septième siècle ne les scandalisera pas beaucoup plus que ce que nous sommes forcés de faire à l'égard du public; et s'ils ne font pas un effort pour se représenter notre constitution sociale, ils se demanderont comment, avec des sentiments élevés et des intentions pures, nous avons fait de notre intellect un fonds de commerce, une manufacture de denrées mercantiles. Ceci nous mènera un peu loin, si vous voulez bien examiner la question avec moi, et répondra au reproche que l'on adresse aux ouvriers de négliger leur profession pour se faire littérateurs, d'un peu plus haut qu'on ne peut répondre à cet injuste reproche en demeurant dans l'étroit horizon des choses présentes.

Septembre 1842.

XI

PRÉFACE DU *CHANTIER*

PAR

PONCY

Nous avons jadis soutenu une thèse sur la poésie des prolétaires; jadis, c'est-à-dire il y a un an ou dix-huit mois. Au train dont vont les idées en France, c'est déjà si loin de nous, que je crains fort que personne ne s'en souvienne.

En ce temps-là, quelques prolétaires inspirés, dont les noms ont grandi depuis, Magu le tisserand, Beuzeville le potier d'étain, Savinien Lapointe, cordonnier, enfin dix ou douze poëtes-ouvriers remarquables, venaient de surgir tout à coup pour partager la gloire déjà acquise à Reboul, le boulanger de Nîmes, et à Jasmin, le célèbre coiffeur gascon. Nous ne rappellerons pas ici Lebreton, Ponty, Durand, Vinçard, Roly, Magen, mademoiselle Carpentier, et plusieurs autres, dont nous nous réservons de parler peut-être ailleurs avec l'attention qu'ils méritent. Ce fut une véritable explosion du génie poétique de la France prolétaire ; et ces natures d'exception, dont maître Adam avait été le chef et le père en d'autres temps, devinrent si nombreuses, que force fut de s'écrier : « Le Parnasse est envahi ! les illettrés en ont forcé la porte ; et cet audacieux peuple, qui ne songeait naguère qu'à raser châteaux et bastilles, vient maintenant bâtir des temples aux Muses sur le sol fécondé de son sang et de ses sueurs. »

Que le peuple fût poëte, nul n'en doutait de bonne foi ; tous les grands artistes étaient sortis de son sein ; et, pour être grand artiste, il faut bien avoir de la grande poésie dans l'âme. Peintres et sculpteurs, musiciens et virtuoses, avaient été produits par centaines, et dans tous les siècles, par cette race puissante, foyer inépuisable de génie, de force et de jeunesse morale. Mais les professions manuelles, conduisant naturellement au développement du génie spécial dont ces professions sont le point de départ, le peuple n'avait guère produit que des *artistes*, mot presque synonyme autrefois de celui d'artisan. Le domaine de la littérature, le roman, la versification, l'histoire, étaient restés aux mains des classes nobles, riches, érudites. Le peuple avait ses chants et ses légendes, empreints souvent d'une génie poétique incontestable, mais enveloppés de formes si barbares, que le bel esprit des hautes classes s'en détournait avec mépris, et ne daignait pas y voir l'étincelle jaillissant du caillou. La forme épurée, la connaissance exquise de la langue, l'usage facile des règles de la versification, semblaient généralement inaccessibles à cette race qui ne savait pas lire, écrire encore moins.

Depuis la Révolution, l'instruction s'étant répandue davantage, les enfants du pauvre ont pu comprendre et goûter la poésie soumise à des règles sévères. Béranger fut le premier et le plus étonnant prodige de cette initiation rapide du peuple. A son tour, il fut initiateur ; et ses chants admirables, grâce à leur forme heureuse, concise et facile, passant dans toutes les bouches, éveillèrent tous les esprits, embrasèrent toutes les âmes. Les chants énergiques et sauvages des Compagnons s'adoucirent, les couplets obscènes des régiments firent place à des hymnes patriotiques ; la fille du peuple les porta de l'atelier à la mansarde ; toute la France sut Béranger par cœur ; et, si les classes lettrées ont apprécié plus catégoriquement les beautés de son œuvre, c'est toujours dans le peuple que la grandeur de son sentiment et le charme de sa forme lyrique ont éveillé le plus d'enthousiasme et d'émulation. C'est là qu'est le plus utile, le plus durable, le plus glorieux succès du grand *chansonnier* de la France révolutionnaire.

Mais faire des vers comme Béranger n'était pas donné à tous. Ce ne fut même, littéralement parlant, l'héritage d'aucun. On ne refait pas les œuvres individuelles du génie, mais chacun en profite pour féconder et développer sa propre individualité. Vinrent les poëtes de l'école moderne, avec leurs grandeurs et leurs défauts ; ils n'avaient pas travaillé pour le peuple, ils n'en furent pas compris d'abord. Tandis qu'une ode de Béranger, à peine échappée de son cerveau, avait volé de bouche en bouche, les grands vers romantiques, durs à chanter et difficiles à retenir, restèrent longtemps dans les régions de la bourgeoisie lettrée. Les quelques poëtes prolétaires remarquables qui surgirent de 1830 à 1840, Reboul, Hégésippe Moreau, s'inspirèrent d'eux-mêmes, de Béranger, encore, ou de M. de Lamartine, dont la forme lyrique avait, dans sa suavité, plus de chances que les autres innovations pour devenir populaire.

Et puis, tout d'un coup, dix, quinze, vingt et trente poëtes ouvriers se sont mis à écrire et à chanter sur tous les points de la France, et jusque dans les tristes rues de Paris. On s'étonna du premier et du second ; et puis il en vint tant qu'on ne les compta plus, et que certaines gens, ennemis, non du peuple, mais du changement, et par conséquent du progrès, par nature et par position, se bouchèrent les oreilles, en décrétant que *cela* devait faire de mauvais poëtes ou de mauvais ouvriers. Les journaux conservateurs dénigrèrent surtout certaine pléiade prolétaire que M. Olinde Rodrigue eut le courage de faire connaître, en publiant un volume de poésies d'ouvriers, sous le titre un peu ambitieux, mais juste au fond, de *Poésies sociales*.

Sans doute ces chants prolétaires n'étaient pas exempts de défauts ; l'inexpérience s'y faisait sentir ; une certaine rudesse d'expression, énergique stigmate de l'indignation populaire, y paraissait souvent, et révoltait à bon droit les nerfs délicats de l'élégante critique. Mais la bourgeoisie ne s'en émut pas autant que le lui conseillaient ses lettrés. Bon nombre de bourgeois avouèrent naïvement qu'ils n'eussent pas fait si bien ; et se rappelant les habitudes et le langage de leur enfance, cette classe, récemment émancipée, qui n'est pas toute corrompue, ne se joignit pas à la presse aristocratique pour conspuer les pauvres poëtes de l'échoppe et de l'atelier. Leur livre passa donc, sans faire grand bruit, à travers la cohue élégante des livres nouveaux ; et les in-octavo satinés de la quinzaine, qui virent le jour en cette compagnie, ne se fermèrent pas d'horreur au contact de ces muses un peu viriles, un peu *filles de Rébecca*. On n'osa pas trop les regarder en face, le beau monde n'en parla guère, et le peuple seul s'émut de cet événement littéraire.

Cependant l'esprit conservateur était si peu sûr de lui-même en cette circonstance, si peu fixé sur le rôle délicat et scabreux qu'il avait à jouer avec l'*invasion*, qu'on vit presque à la même époque la *Revue des Deux Mondes*, qui avait fort dénigré la phalange des poëtes prolétaires, publier un article fort bien fait et fort élogieux sur le poëte Jasmin. Plus tard, Jasmin fut admis à l'honneur de réciter ses vers devant la famille royale, et il en reçut de grands compliments et de petits cadeaux. D'un autre côté, Magu recevait du ministère une rente de deux cents francs, et le ministre de l'Instruction publique faisait parvenir une petite bibliothèque à Poncy le maçon. Sa Majesté Louis-Philippe daignait saluer Durand, le menuisier de Fontainebleau, lorsqu'elle passait devant sa boutique. Enfin on voulait bien donner du pain et des éloges aux poëtes plébéiens; mais on voulait que leur gloire ne prît pas son vol trop loin du clocher natal ; on ne voulait pas que la presse indépendante se mêlât de les signaler à la bienveillance d'un public plus étendu. On désirait surtout, on espérait peut-être, en leur distribuant quelques aumônes et quelques flatteries, qu'ils ne s'aviseraient pas de chanter la liberté et la fraternité. Ces bons poëtes naïfs et probes ne se mêlaient point de politique ; ils continuèrent à chanter le peuple, à demander pour lui, avec plus ou moins de vigueur et d'impatience, du pain et de l'instruction... C'est ce qu'ils venaient d'obtenir pour eux, c'est ce qu'ils ne pouvaient pas obtenir pour leurs frères.

Ceci est l'historique des petites émotions que souleva dans le monde littéraire et administratif l'apparition de ces poëtes-artisans ; débats éphémères qui furent oubliés avant d'avoir reçu une conclusion, ainsi que tous les événements quotidiens dont s'alimente et regorge la presse parisienne.

Heureusement la province est moins oublieuse et moins blasée que la capitale. Chaque ville, chaque département resta fidèle à l'humble ouvrier qui lui avait donné du plaisir et de la gloire. Rouen continua à être fière de son potier d'étain et de son calicotier ; le département de Seine-et-Marne, de son tisserand ; Nevers, de son tailleur ; Fontainebleau, de son menuisier ; Agen, de ses deux coiffeurs ; Nîmes de son boulanger ; Dijon, de sa couturière [1] ; Toulon, de son maçon, et ainsi des autres : car la liste en serait longue, et chaque année y ajoute de nouveaux noms. La province montre en ceci son bon sens et sa force morale. Tandis que Paris lui enlève tous ses autres produits intellectuels, ses penseurs et ses écrivains de la classe bourgeoise, ses acteurs, ses musiciens, ses sculpteurs et ses peintres, au moins ses poëtes de la classe laborieuse lui restent, et trouvent sur le sol natal leur succès et leur récompense. Ils y trouvent aussi leur inspiration ; et comme la province ne leur est point ingrate, ils ne sont pas ingrats envers elle : ils lui versent le charme de leur poésie, en même temps qu'ils lui offrent les services de leur industrie.

1. Marie Carpentier.

Doublement utiles, ils sont doublement aimés et récompensés. A Paris, où si peu d'élus se font jour parmi la foule, on n'entend que des plaintes et des malédictions planer sur ce chœur des poëtes méconnus que chaque année voit naître et mourir sur l'arène littéraire. Combien de noms sont proclamés chaque année, chaque mois, chaque semaine, dans les réclames et dans les annonces de la librairie ! combien aspirent vainement à cet inutile et dangereux honneur ! Autant de noms que l'oubli dévore en un jour, ou que l'obscurité engloutit à jamais.

Dans les provinces, il en est tout autrement : le poëte de la localité est l'objet d'un culte ; toutes les classes applaudissent à son triomphe, tous les voyageurs lui portent leur tribut, toutes les mémoires retiennent ses chants. Chaque citoyen est généreusement fier de la gloire du poëte son compatriote ; et comme tous ces poëtes sont des prolétaires, vu que dans les autres classes on méprise l'ovation locale, aimant mieux échouer à Paris que régner chez soi, il en résulte qu'aux hommes du peuple seuls appartient le noble rôle de régénérer la vie intellectuelle sur tous les points de la France. Ils y sont les gardiens du feu sacré, longtemps assoupi, qu'ils viennent enfin de réveiller. Gloire à ces bardes prolétaires ! honneur aux sympathies locales qui leur prodiguent cette gloire méritée !

Elle est donc très-grande, beaucoup plus grande qu'on ne le pense à Paris, cette mission des poëtes-ouvriers. Qu'ils ne s'en dégoûtent point, et qu'ils ne la croient jamais au-dessous de leur génie ! N'eussent-ils rien de mieux à faire que d'initier leurs compatriotes des classes pauvres à la beauté des formes du langage, ce serait encore un rôle très-élevé. Mais ils font plus, car ils sentent que le peuple a plus à faire. Le peuple est l'initiateur providentiel, fatal, nécessaire et prochain, aux principes d'égalité contre lesquels le vieux monde lutte encore. Lui seul est le dépositaire du feu sacré qui doit réchauffer et renouveler, par la conviction de l'enthousiasme, cette société malade et mourante d'*inégalité*. Le peuple est virtuellement, depuis la naissance des sociétés, le Messie promis aux nations. C'est lui qui accomplit et qui doit continuer l'œuvre du Christ, cette voix du ciel descendue dans le sein d'un prolétaire, ce Verbe divin qui sortit de l'atelier d'un pauvre charpentier pour éclairer le monde et prophétiser le royaume des cieux, c'est-à-dire le règne de la fraternité parmi les hommes. Ce n'était pas dans la poitrine ambitieuse d'un proconsul romain, ni dans le sein desséché d'un docteur juif, que cette pensée de Dieu pouvait s'incarner. Elle passa de l'âme du prolétaire Jésus dans l'âme des prolétaires de son école. De pauvres travailleurs la répandirent sur le monde, et leur génie fut inspiré d'en haut pour la féconder et l'expliquer. Ou l'avenir du monde est brisé et la race humaine finie, ou bien un avenir prochain nous réserve quelque miracle de ce genre. Les scribes et les pharisiens d'aujourd'hui n'ont pas plus l'inspiration divine que ne l'avaient ceux de l'antique Judée. Les administrateurs des provinces de France ne sont pas plus animés de l'esprit saint que les préteurs de l'empire romain ne l'étaient au temps de la révélation évangélique ; et comme Hérode, ils ne savent plus que se laver les mains de toutes les iniquités sociales dont ils ne peuvent contenir le débordement. Les docteurs de la loi n'ont plus à interpréter qu'une loi inique, à laquelle leurs sophismes ne peuvent rendre la vie. Les heureux de la terre, les privilégiés de l'inégalité, eussent-ils l'intention d'alléger la misère publique, qui les menace d'une guerre d'extermination, ne trouveront pas dans les suggestions de la peur l'inspiration divine, qui seule peut résoudre les problèmes réputés insolubles. La prudence, le remords ou la crainte, n'enfantent que des palliatifs ; et un moment vient, dans la vie des sociétés, où tous les palliatifs sont insuffisants, par conséquent impuissants. L'enthousiasme de la foi improvise seul les grands dénoûments de l'histoire ; et si le peuple n'a pas encore vu la lumière embraser ses masses compactes, du moins il aperçoit sur les sommités où montent ses pensées, et il voit par les yeux de ses poëtes et de ses philosophes (car il en a aussi), les lueurs qui pointent à l'horizon. Sans qu'il soit besoin de devancer la marche du temps pour lui attribuer un génie et des vertus encore impossibles à tous, le peuple a en lui les éléments naturels et vivaces qui conduisent aux grandes inspirations politiques, aux grandes révélations religieuses : c'est tout un dans l'avenir ! Il a le profond sentiment de sa dignité méconnue, l'amère souffrance de son orgueil blessé ; c'est l'indignation, et l'indignation fondée enfante la force héroïque. Il a les atroces douceurs de la misère, qui éveillent dans chaque être infortuné une pitié déchirante, une tendre sympathie pour les maux de tous ; c'est la commisération, et la commisération bien sentie conduit à la charité brûlante. Il a la liberté d'esprit (dangereuse pour les gouvernements), à laquelle le condamne l'absence de droits politiques ; et cette oisiveté politique engendre les rêves profonds, l'aspiration continuelle et dévorante d'un idéal de société, idéal qui ne satisfait en rien et qu'irrite amèrement au contraire l'œuvre égoïste et puérile de ses législateurs privilégiés, de ses prétendus représentants. Cette aspiration, c'est la méditation qui commence, c'est la révélation qui s'approche. Oui, le Christ va naître, oui, Jésus va tenir ses promesses, et revenir parmi nous ; et ces poëtes prolétaires, qui ne font que surgir, vont bientôt nous le prophétiser, comme Jean-Baptiste et d'autres, avant lui, avaient annoncé la venue du Sauveur. Ce Sauveur s'incarnera-t-il dans un homme ou dans plusieurs, ou dans tous spontanément ? S'appellera-t-il encore le Messie, ou s'appellera-t-il *million*, comme s'exprime le poëte Mickiewicz ? Peu importe ! ce n'est pas une question à résoudre aujourd'hui ; mais il est évident que l'esprit du peuple enfantera une grande religion sociale, laquelle ne peut pas sortir directement des classes qui ne souffrent pas, qui n'aspirent pas, qui ne réclament pas avec la même énergie.

Ce n'est pas à dire que ces classes opprimantes, malheureuses aussi par l'inégalité et les monstruosités qui en résultent, ne cherchent pas la pensée du salut, et n'aideront pas, dans un temps donné, à la réaliser. Mais maintenant elles ne sont pas sur la voie ; elles ne cherchent pas avec assez d'ardeur, elles n'ont point la lumière, elles ne peuvent pas l'avoir : elles ne souffrent pas assez pour cela. Elles ont des motifs personnels erronés de craindre d'une révolution plus de maux qu'elles n'en connaissent. Elles iront donc ainsi dans les ténèbres, cherchant mal, ne trouvant pas, recevant tout au plus, et peut-être à contre-cœur, la lumière du peuple, en acquiesçant pacifiquement, j'aime à le croire, mais sans enthousiasme et sans joie, aux nécessités de l'avenir. Telles sont les probabilités que déroule à nos yeux la logique des causes, et il n'est pas besoin de se faire de grandes illusions pour les apprécier et les signaler.

Et cependant, nous dit-on, il y a plus de talent et de savoir dans la bourgeoisie que dans le peuple. Elle est encore dépositaire des trésors de la science politique ; l'intelligence est chez elle à l'état de développement illimité, tandis que dans le peuple elle est encore enveloppée des langes de l'enfance. Que cette ignorance des classes pauvres soit ou non le résultat des lois d'inégalité et des systèmes personnels des gouvernements, il faut bien la reconnaître, nous crie-t-on, il faut bien en tenir compte; *longtemps encore*, ce sont les propres expressions de la presse conservatrice, la classe bourgeoise est destinée à initier au progrès les classes inférieures !

Telle est la prétention de la bourgoisie régnante; tel est, au reste, le langage d'une portion de la bourgeoisie démocratique, du parti qu'on appelle l'opposition. Et dans la bouche de ces derniers, le doute est sincère; il n'est point dicté, j'aime à le croire, par l'ambition hypocrite de régner un jour à la place de la bourgeoisie monarchique; il est inspiré par une impatience généreuse de l'avenir, par une douleur vraie des maux présents. Certains hommes du peuple, parmi les meilleurs et les plus intelligents, partagent aussi cette erreur, à la vue des préjugés et des vices qui règnent encore parmi leurs frères. Ils pleurent sur les égarements que le malheur produit, sur la dégradation attachée forcément à la misère. Ils ne peuvent encore toucher du doigt des progrès assez marqués, assez généraux dans le peuple, pour croire que l'heure de son émancipation soit prochaine : « Ils ont encore grand besoin de guides, disent-ils, ces enfants qui ne connaissent pas leur propre chemin. Il faut que d'autres yeux voient pour eux; ces aveugles se briseraient contre les écueils! » Ainsi, d'une part, les conservateurs s'arrogent fièrement le droit de conduire le peuple où ils veulent, fût-ce dans l'abime ; de l'autre, les démocrates sincères mais craintifs attribuent dans les destinées du peuple une importance exagérée au parti de l'opposition groupé selon les nécessités constitutionnelles, c'est-à-dire composé de bourgeois moins riches et plus humains que les autres.

Que ces derniers aient infiniment plus de cœur et d'intelligence que les privilégiés du monopole, nous n'en doutons aucunement ; que ce parti de l'opposition soit généralement composé d'hommes éclairés, courageux et sincères, nous aimons à le proclamer; qu'il y ait même de hautes lumières dans les régions heureuses de la société, de grandes âmes qui ont une vue prophétique de l'avenir, nous en sommes intimement persuadé; mais ces dernières individualités généreuses et puissantes sont des exceptions, et, comme on le dit proverbialement, servent à confirmer la règle. On peut dire de l'opposition bourgeoise en général qu'elle a encore une grande valeur morale pour le présent, puisqu'elle seule peut et veut quelque chose pour amener par les moyens constitutionnels l'émancipation du peuple, mais qu'elle n'a plus une grande valeur politique et sociale ; car le système constitutionnel est précisément bâti tout exprès, et le plus prudemment possible, pour lui ôter tous ses moyens d'action sur le gouvernement du pays, et presque tous ses moyens d'action sur le peuple. Aussi chaque jour amène-t-il une indifférence plus profonde et plus fâcheuse entre le peuple et cette opposition qui lui a promis plus qu'elle ne pouvait tenir. Mécontente des mécontentements qu'elle inspire, blessée et irritée de la méfiance qu'elle a rencontrée, elle-même commence à ne plus croire au peuple et à désespérer de son prochain avènement.

Sans railler l'insuffisance involontaire et douloureuse de ces hommes respectables, sans douter de leur dévouement, obscurci seulement en apparence par une funeste période de scepticisme et de découragement, la voix du peuple pourrait leur crier comme celle de Jésus sur le lac de Génézareth : « Pourquoi avez-vous douté de moi, ô hommes de peu de foi? En moi est la source cachée, mais large et frémissante, de l'enthousiasme que vous n'avez plus; en moi est la force calme et patiente dont vous ne pouvez pas sentir l'étreinte; en moi fermente l'avenir, auquel vous ne croyez pas. »

Allons, poëtes prolétaires, à l'œuvre ! répondez, accordez vos lyres ; car vous parlez encore de la lyre sans crainte de passer pour classiques, et vous avez bien raison. Chantez vos hymnes de vérité, dites vos paroles de conviction à ces amis dont le cœur vous appelle, à ces démocrates de la bourgeoisie qui pour la plupart sont nés parmi vous, et dont aucun ne peut chercher bien loin dans la nuit des temps l'heure où sa tige s'écarta de la souche populaire. Le même sang coule dans vos veines, les intérêts seuls vous divisent en apparence. Trouvez-la donc cette loi religieuse, sociale et politique qui réunira tous les intérêts en un seul, et qui mêlera de nouveau le sang de toutes les races dans une seule famille. Et si vous ne la trouvez pas aujourd'hui, cette loi sublime de l'avenir, si le secret de Dieu ne veut pas encore descendre de son sein dans le vôtre, ne cessez pas de l'annoncer ; car votre mission est prophétique, et quand tout, au-dessus de vous, semble vouloir desespérer de vous, ne désespérez pas de vous-mêmes. Il me semble que vous devez sentir déjà dans vos larges poitrines ce tressaillement mystérieux auquel les mères reconnaissent, au milieu de la joie et de la souffrance, la présence bien-aimée de l'enfant de leurs entrailles. Oui, le secret de Dieu, ce que dans notre langue prosaïque nous appelons aujourd'hui la solution du problème social, gronde sourdement dans vos seins oppressés. C'est vous qui l'enfanterez cette Sagesse divine qui sortira de vos fronts armée de toutes pièces comme l'antique Pallas ; c'est vous, ou les fils qui grandissent autour de vous, ou les frères que vos chants exaltent ; c'est vous tous, ce sont vos amis réunis à la veillée, ce sont vos filles et vos femmes qui rêvent, a tête penchée, en travaillant et en vous écoutant, qui feront descendre le Messie sur la terre ; non pas en fabriquant, chacun de son côté, quelque savante et ingénieuse mécanique sociale, mais en produisant à vous tous le grand moyen (la vertu, la foi) sans lequel toutes les théories sont creuses et tous les systèmes inapplicables. N'espérez pas que les hommes d'État, les publicistes, les économistes, les orateurs, trouvent dans leur système constitutionnel des modifications assez habiles pour vous donner la lumière et la force, comme Dieu, suivant les quiétistes, donne la grâce aux béats, même à ceux qui ne la cherchent ni ne la désirent. Il faut que vous demandiez à Dieu la vérité, et à vous-mêmes l'amour et la vertu nécessaires pour en suivre les inspirations. Quand vous en serez là, soyez sûrs que les réformes sociales s'accompliront pour ainsi dire d'elles-mêmes, que vos ennemis seront impuissants pour vous les refuser, qu'ils ne l'essaieront même pas ; tandis que vos amis, ces hommes de l'opposition, qui ne peuvent rien ou presque rien aujourd'hui, inspirés alors et enflammés par vous, trouveront facilement ces moyens politiques qui doivent vous faire asseoir tous ensemble au banquet de l'égalité.

Mais on dit que ce sera si long cette éclosion du germe divin dans vos âmes ! on dit que vous êtes si loin de savoir vous servir de la force sans en abuser ! on dit qu'il faudra tant de siècles avant que vous n'ayez plus besoin d'être conseillés et conduits par les classes aujourd'hui réputées supérieures ! Le croyez-vous ? moi je ne crois pas, et vous ne devez pas le croire. Il me semble que votre cœur bat dans ma poitrine, et je sens bien qu'il a des pulsations si fortes et si rapides, que l'aiguille des heures a peine à la suivre sur le cadran du siècle.

Non, non, le jour du Seigneur n'est pas si loin qu'on vous le dit, n'en croyez pas les apparences sinistres et passagères. L'âme voit dans l'avenir, les yeux n'y voient pas. Ne vous laissez glacer d'effroi ni par les vices d'en haut ni par ceux d'en bas. Le mal tend à disparaître de la terre, et il ne faut pas tant de travail qu'on se l'imagine pour le mettre en fuite. Un jour d'enthousiasme divin, un élan de charité fraternelle suffisent pour faire crouler l'œuvre des siècles maudits. L'Évangile se produisit dans l'ombre ; il marcha inaperçu dans la poussière des chemins. Il lui fallut, à la vérité, des siècles pour se produire au jour; mais vous savez bien que la loi des temps n'a pas une marche régulière. À certaines époques de la vie des nations, un siècle est parcouru dans une heure; et quand l'humanité a péniblement accompli son œuvre préparatoire, elle se précipite, et fait son étape en moins de temps qu'il ne lui en a fallu pour se lever et se mettre en marche.

Voyez, poëtes plébéiens, chantres prophétiques des villes et des campagnes, quel mystère s'est accompli en vous-mêmes depuis si peu de jours que l'inspiration s'est révélée à vous! Qui vous a faits ce que vous êtes, vous qui avez à peine appris à lire, et que rien ne destinait aux émotions de la pensée? Quel Dieu vous a soufflé le don de rendre vos sentiments et vos idées dans cette langue épurée que vos pères ne comprenaient pas, et que nul ne vous a enseignée? Quelques semaines, quelques mois tout au plus, sur les bancs d'une école élémentaire, ont suffi pour vous faire deviner cet art poétique, ces richesses du langage, ces combinaisons recherchées de la pensée, ces jeux de l'imagination qui constituent le talent d'écrire et que dans les classes lettrées on apprend si longuement, si péniblement. N'y a-t-il pas là une sorte de miracle que vous-mêmes ne sauriez pas nous expliquer? Cette subite préoccupation des choses les plus élevées, et ce don de les exprimer sous la forme la plus exquise, accordés simultanément à un nombre chaque jour croissant de prolétaires voués aux plus humbles professions manuelles, n'est-ce pas un des signes précurseurs de quelque grande révolution dans l'esprit humain? Non, ce n'est pas sans dessein que la Providence délie ainsi tout à coup les langues condamnées jusqu'ici à bégayer la poésie. Elle avait donné toujours cette faveur, comme la récompense des studieuses éducations, à des natures rêveuses, délicates, vouées à l'oisiveté du corps, aux patients labeurs de l'esprit. Il semblait que le poëte dût être une âme essentiellement contemplative, qu'il dût avoir au moins, à ses heures d'inspiration, une existence errante et solitaire, qu'il eût besoin de recueillement et de silence pour fixer les images délicates et fugitives de ses magiques tableaux. Et voilà que des hommes cloués à un travail abrutissant, des hommes de peine, comme on les appelle, de robustes ouvriers à la main de fer, à la voix tonnante, se mettent à rêver au bruit de l'enclume et du marteau, au cri de la scie et du métier, dans le tumulte du chantier ou dans l'air fétide de l'échoppe, des chants purs et suaves, des formes exquises, des sentiments sublimes! Oh! qu'ils durent en être étonnés, ceux qui ne comprennent pas la dignité de l'homme et les desseins de Dieu sur le peuple! et que nous devons en être reconnaissant, nous qui attendions avec impatience cette conséquence de la logique divine, cette manifestation prophétique de la virilité populaire! Nous ne savons rien encore des combinaisons politiques qui vont amener l'affranchissement des prolétaires; mais nous savons déjà quels droits divins le peuple saura bientôt faire valoir pour être affranchi. Et nous faisons mieux que de le savoir, nous le sentons. L'air autour de nous est embrasé de cette vérité, comme de l'approche d'un soleil nouveau; elle nous embrase nous-mêmes. Elle nous embraserait tous, si, parmi nous, quelques-uns n'étaient tombés en paralysie, si d'autres ne s'étaient couverts d'une cuirasse. Mais ceux qui se portent bien sentent ce feu d'une vie nouvelle circuler dans leurs veines.

Un des prodiges les plus frappants, parmi toutes ces prodigieuses *innéités* récemment signalées dans le peuple, c'est le génie poétique de Charles Poncy, ouvrier maçon de vingt-deux ans, qui manie à Toulon, en ce moment, avec une égale aisance, avec une égale ardeur, la truelle et la plume. Un premier volume de vers de ce jeune homme a déjà paru en 1842, précédé d'une notice et publié par les soins de M. Ortolan. Ce premier recueil annonçait des facultés éminentes; elles se sont rapidement développées avec une largeur, avec une énergie que les lecteurs apprécieront. L'année dernière, la *Revue indépendante* a publié une nouvelle pièce de vers de Poncy, adressée à Béranger, qui marquait, entre ses premiers essais et ceux que nous publions aujourd'hui, une phase de progrès bien remarquable. Béranger en jugea ainsi, et lui répondit la lettre touchante et noble que voici :

« Mon jeune confrère, combien je suis touché de l'honneur que me fait la belle ode que vous m'adressez! Votre recueil, que j'ai lu avec une scrupuleuse attention, contient d'excellents morceaux, et il n'y en a pas un qui n'ait causé ma surprise. Eh bien, je ne sais si votre nouvelle ode n'est pas supérieure à toutes ses aînées. C'est l'avis de plusieurs bons juges à qui je l'ai fait voir avec un sentiment d'orgueil, entre autres de notre vénérable Lamennais, qui, par Arago, a eu, un des premiers, la révélation de votre mérite poétique. Tous ont admiré le travail facile et élégant de votre versification chaude et colorée. Mais, vous le dirai-je?

déjà habitué à ce qu'il y a de remarquable, de surprenant même dans votre talent, éclos si loin de tous les centres littéraires, ce qui m'a ravi dans vos strophes, c'est l'expression des choses les plus familières de votre vie laborieuse, mêlée aux plus nobles et aux plus généreux sentiments, et tout cela sans recherche aucune, sans ambition de pensée ni de style.

» Ne croyez pas, mon jeune ami, que je veuille ici vous payer en éloges les éloges que vous me prodiguez, quoiqu'ils soient de ceux qui me touchent davantage. Non, je vous parle sincèrement, comme mon caractère doit vous en répondre ; seulement je me laisse peut-être un peu entraîner par l'espérance du bel avenir que j'entrevois pour vous, et auquel vous atteindrez sans doute si rien ne vient altérer votre heureux instinct, et si vous pouvez vous entourer d'amis sévères et éclairés.

» Je ne rime plus pour le public ; mais je rime encore pour moi des chants qu'il n'aura qu'à ma mort. Or, je viens d'adresser ma chanson aux ouvriers-poëtes, et vous jugez si j'ai dû penser à vous. Dans un des couplets, je les engage à rester fidèles à leurs outils. Se faire de la littérature un poste pour déserter son métier, c'est faire croire qu'on méprise la classe dans laquelle on est né, c'est ne plus vouloir être peuple ; et ce peuple, comment le relèvera-t-on si, dès qu'on s'en distingue par quelque rare talent, on se hâte de s'en séparer ? Si cela vous est possible, mon enfant, restez maçon, sans rien négliger pour devenir grand poëte. Sachez que toute ma vie j'ai regretté d'avoir été forcé par mes parents de quitter la profession d'imprimeur ; cet état eût assuré mon indépendance, et il faut être indépendant pour être poëte. En vous parlant ainsi, je me mets au nombre de ces amis que je vous recommande de rechercher. Je ne pense pas que cela vous fasse peine ; moi, je m'en fais honneur.

» A vous de tout cœur,

» BÉRANGER. »

Passy, 19 août 1842.

Nous joindrons à ce précieux certificat de Béranger les fragments d'une lettre que M. Arago adressait à la *Revue indépendante* en 1841, pour lui recommander es poésies de Poncy :

« Voici les vers dont je vous ai parlé ; je les reçus l'an dernier des mains de leur auteur, M. Poncy, jeune ouvrier maçon de Toulon. Si vous jugez que je ne m'abuse pas en fondant d'assez grandes espérances sur ces premiers essais, je pourrai vous communiquer d'autres pièces. M. Poncy, je m'empresse de vous en avertir, n'a jamais suivi les cours d'aucun collége, il a seulement fréquenté pendant quelques mois l'excellente école primaire de Toulon. Le catalogue de sa bibliothèque ne sera pas long : elle se compose de deux tragédies de Racine, des fables de la Fontaine, et du *Magasin pittoresque*.

» Dans quelque direction qu'on porte ses regards, on est frappé du mouvement intellectuel qui s'opère au sein de la classe ouvrière. Pour ne parler ici que de poésie, la France avait déjà remarqué les vers du boulanger de Nîmes, du perruquier d'Agen, du menuisier de Fontainebleau, du tisserand de Lisy-sur-

Ourcq, du calicotier de Rouen, du cordonnier de Paris, de la couturière de Dijon.

» Le jeune maçon de Toulon ne déparera pas, j'espère, cette intéressante pléiade.

» Ce sont là des signes précurseurs et infaillibles d'une émancipation politique prochaine, contre laquelle de prétendus hommes d'État roidiront vainement leurs petits bras. »

A la rapide analyse de cette vie de poëte tracée par M. Arago, nous ajouterons celle que M. Ortolan a donnée dans la préface du premier volume des *Marines* de Poncy ; elle n'est pas plus longue que l'autre. La vie de Poncy est une courte journée, mais elle est déjà bien remplie :

« Pauvre enfant, venu à de pauvres parents (en 1821). Jusqu'à neuf ans, la vie de la rue ou des champs ; ou bien gardé avec des enfants de son âge, en petit troupeau, au prix d'un franc par mois pour chaque tête.

» A neuf ans, la vie de travail qui commence ; manœuvre au service des maçons.

» Puis, au temps de la première communion, un *essai d'apparition* à l'école mutuelle, suivi d'un an et demi d'études chez les frères de la doctrine chrétienne ; plus tard, quelques mois à l'école communale supérieure. De là, revenu au plâtre pour toujours. »

Quelques mois à l'école primaire, les leçons des frères ignorantins, c'est peu ; et pourtant c'est mieux que rien. Dans un temps où les progrès eussent pu être si rapides, où la révolution de Juillet les avait si bien préparés, où le peuple en eût si bien profité, c'est peu, je le répète, pour l'éducation du pauvre que l'école primaire, trop chère d'ailleurs pour être suivie longtemps, et forcément remplacée bientôt par l'école ignorantine. Ainsi, attribuer principalement au bienfait des écoles primaires ce développement général de l'intelligence dans le peuple et ces exemples frappants de sa puissance morale, serait s'abuser étrangement. Le peuple a marché avec les moyens créés par le gouvernement et malgré l'insuffisance déplorable de ces moyens. Qu'eût-ce donc été si les moyens avaient été proportionnés aux aptitudes ? Le gouvernement se le demande peut-être avec effroi, nous nous le demandons avec tristesse : car les gouvernements doivent compte à Dieu du temps perdu pour l'éducation des peuples.

Mais ce n'est pas ici le cas de nous affliger. Il est des organisations prédestinées, si vigoureuses et si impressionnables, que tout leur est bon, tout les aide dans leur marche brûlante. Celle de Poncy est de ce nombre. D'ailleurs, une source d'instruction que le gouvernement n'a ni créée ni favorisée fut mise à sa portée. Le *Magasin pittoresque* fut son cours d'études, son école amusante, variée et quasi gratuite. Il y puisa la notion de la grandeur de l'univers et de ses merveilles, de l'histoire du monde et de ses enseignements ; et cette notion élémentaire, aidée de la seconde vue du génie, devint chez lui une véritable divination poétique. Qu'on parcoure ses vers, on y verra que ce jeune ouvrier, occupé tout le jour à construire ou à renverser des maisons, a parcouru le monde et les temps sur les ailes de son imagination, et qu'il en a senti les beautés et les horreurs en grand artiste, en vrai poëte. Il décrit les glaciers de la Suisse, les dolmens de la Bretagne, les rivages de la Grèce, les forêts vierges du Nouveau-Monde, les phénomènes des mers polaires, et le tout de main de maître. Dévoré du besoin de tout voir, il n'a rien vu que dans ses rêves ; son plus long voyage a été de Toulon à Marseille. Et c'est heureux pour lui peut-être, car la poésie descriptive, dans laquelle il brille, eût peut-être absorbé trop de ses facultés. Les enchantements de la vision, l'enivrement continuel de scènes variées de la nature, l'eussent détourné de la méditation, de l'aspiration religieuse, des joies et des douleurs de la famille, des profondes leçons de la misère et du travail, de la piété fraternelle, des lectures sérieuses qu'il commence à faire et à comprendre, de la vie de sentiment et de réflexion, en un mot : nous eussions eu seulement un poëte pittoresque, et nous avons un poëte complet. Il est bon que la vie se révèle au poëte sous tous ses aspects enchanteurs ou cruels ; il est nécessaire que le poëte soit homme avant tout.

En restant fidèle au genre descriptif, qui est une des faces les plus riches et les plus vigoureuses de son talent, Poncy a su faire planer sur tous ses tableaux une idée forte et une émotion profonde. Dans son premier recueil, qu'il appelle déjà les essais de sa jeunesse, on ne sentait pas toujours assez, sous ce miroir ardent et limpide de sa description, la vie intime et mâle du poëte. La pensée a grandi chez lui depuis ; et le talent, en s'épurant, en devenant un peu plus sobre, n'a rien perdu, n'a pas encore assez perdu peut-être de sa fougue et de sa prodigalité. Ses tableaux sont parfois encore un peu trop éblouissants ; et dans certaines pièces, écloses sans aucun doute sous le prisme éclatant de l'école romantique, il y a encore débauche de puissance, excès de couleurs et de détails. L'ensemble y perd, la synthèse en est moins saisissante ; et c'est grand dommage, car cette synthèse est toujours dans la pensée forte et sérieuse de Poncy. Nous lui conseillons donc encore plus d'efforts sur lui-même pour arriver à la sobriété. Mais nous serions bien surpris si une telle imagination avait déjà perdu, à vingt-deux ans, cette exubérance magnifique qui signale le début des maîtres. Pour que la maturité du talent ait assez d'ampleur, il faut que sa jeunesse en ait eu de trop. Heureux défaut que je souhaite à tous les jeunes poëtes, et que, dans leur intérêt, je ne leur conseillerais pas de railler !

Au reste, il y aurait pédantisme à s'arrêter plus longtemps sur ces critiques. Malgré tout notre désir d'être sévère envers ce noble enfant, comme on doit être envers tous ceux dont on a le droit d'attendre et d'exiger beaucoup, nous sommes réduit au silence par es ressources étonnantes de son talent naturel. Ainsi es poëtes qui le liront avec l'attention dont il est digne remarqueront cette facile puissance qui lui fait racheter souvent le défaut de proportion de son œuvre par un trait final d'une netteté et d'une concision heureuses. Dans la pièce intitulée *Aurore boréale*, étourdissante description d'une image toute matérielle, la dernière strophe résume en quelques vers, avec une élévation et une précision remarquables, la pensée jusque-là inaperçue et comme perdue dans la splendeur du spectacle. Si notre poëte a quelquefois, à son insu, la manière excessive de Victor Hugo, il a plus souvent encore la touche nette et juste de ce maître admirable et bizarre. Dans une autre pièce sur la fumée du tabac, élégante fantaisie aussi légère que le sujet, les deux derniers vers vous saisissent et vous forcent à ranger ce morceau parmi les meilleurs, au moment où vous alliez l'oublier pour en chercher un plus sérieux et plus ferme. Certaines pièces sont presque des chefs-d'œuvre, nous ne craignons pas de l'affirmer : le petit poëme intitulé *l'Ange et le Poëte*, les pièces intitulées *un Soir de fête*, *le Rossignol*, *Aux Maçons*, et plusieurs autres encore. Je ne crois pas, au reste, que, dans tout ce recueil, il y en ait une seule insignifiante, une seule où l'on ne trouve des beautés de premier ordre.

Maintenant, quel est le sens moral, quelle est l'importance philosophique de cette vie de poëte et d'ouvrier, de cette âme d'artiste et de citoyen ? Quelques amis austères de cette florissante jeunesse se sont demandé s'il convenait qu'un poëte prolétaire rendît un culte si passionné à la beauté de la forme, et touchât sans façon à tant de sujets étrangers à la vie obscure et recueillie d'un saint et d'un martyr : car c'est avec cette grandeur que ces hommes sérieux conçoivent et définissent la mission du poëte-ouvrier. Ils le veulent martyr dévoué et obstiné du travail et de la misère tant que leurs frères souffriront des mêmes maux ; ils le veulent rigide dans ses mœurs et religieux dans toutes ses pensées comme un apôtre de l'Évangile primitif. La loi est dure, mais qu'elle est belle ! Combien elle signale de force et d'enthousiasme dans ces esprits profonds et rudes ! Prophètes de la plèbe, ne vous plaignez pas du sort farouche que vos frères veulent vous imposer. Du haut de la société absurde qui vous condamne à d'éternels travaux et à d'éternelles souffrances, on vous a crié aussi : « Restez ouvriers ! ne tentez pas la fortune, » c'est-à-dire : « Donnez l'exemple d'une résignation qui fait nos affaires, sinon les vôtres. » Si vous vouliez répondre à ces conseillers hypocrites, la partie serait belle pour vous. Que n'auriez-vous pas à leur dire pour leur prouver le droit divin que vous avez au bonheur, à la liberté, à un doux repos sagement alterné avec un travail modéré, à la santé, enfin à la sécurité de l'existence, sans laquelle les joies de la famille sont empoisonnées, à une vieillesse honorée et tranquille, à des jouissances délicates même, quand votre âme délicate, votre âme de poëte et d'artiste, les appelle impérieusement ? Mais ce serait chose trop aisée que de jeter dans la poussière ces mensonges insultants et ces exhortations cyniques ; vous ne daignez pas le faire, parce que vous savez bien que Dieu et l'avenir s'en chargeront.

Répondre aux conseils rigides de vos frères est plus grave et plus difficile. Ils vous placent sur un piédestal, en vous interdisant d'en descendre. Ils vous défendent de respirer, d'aimer, de vivre hors de l'atmosphère desséchante où la société vous tient plongés. Ils vous blâment presque d'avoir des relations avec les classes aisées. Ils s'effraient des amitiés et des admirations que vous inspirez à des riches, à des gens heureux et libres. Ils craignent que le spectacle de leur bien-être ne vous tente, que leurs louanges ne vous enivrent, et que vous quittiez le travail et la famille, pour courir après leurs joies égoïstes, après leur liberté liberticide de celle du pauvre. Suivrez-vous cette loi pesante ? consommerez-vous ce suicide ? prononcerez-vous ces vœux fanatiques et sublimes ? Écoutez, jeunes précurseurs du nouvel Évangile : si vous ne sentez point en vous assez de force et de calme pour résister aux tentations du monde; si vous ne pouvez le traverser avec la dignité sérieuse qui vous convient; si ses coupables plaisirs vous entraînent; si, au lieu de lui porter vos vertus, vous en rapportez ses vices, vous êtes trois fois coupables, et vous dégradez l'honneur du peuple dans vos personnes, plus que ne font ces hommes grossiers de la dernière plèbe que l'ignorance livre à des vices moins raffinés et plus excusables. Vous avez la lumière, et ils ne l'ont pas. Au lieu de les plaindre et de les convertir par vos paroles et vos exemples, vous les abandonnez pour faire cause commune avec les bourreaux de leur dignité, avec les assassins de leurs âmes. En ce cas vous êtes criminels, et vous mériteriez que Dieu éteignît le flambeau de l'intelligence qu'il a mis dans vos mains. En ce cas vos frères ont raison de vous crier : Arrête et reviens ! En ce cas vous devez faire pénitence dans la misère et dans la retraite, dans le sac et dans la cendre.

Mais il n'en est pas ainsi, grâce au ciel ! Vous n'êtes pas assez faibles, assez lâches, vous, les enfants de la forte race, pour vous laisser entraîner par d'impurs délires, par d'infâmes sophismes. Le poëte prolétaire doit ennoblir tout ce qu'il approche, sanctifier tout ce qu'il touche; il a la vue des choses célestes, comment n'aurait-il pas le discernement des choses terrestres ? Il doit avoir l'horreur naturelle du laid, par conséquent du vice. Autrement, serait-il poëte ? chanterait-il la vertu, la beauté et l'amour ? Répondez donc à vos sévères amis, à vos frères pieux, que vous continuerez à être sévères pour vous-mêmes et pieux comme doit l'être la race appelée à régénérer le monde. Prouvez-leur, en restant fidèles à la probité, à la famille, au travail honorable qui se présentera, et fermes dans la foi que vous devez faire triompher, que votre vertu est invulnérable. Si vous êtes recherchés par de nobles amitiés et qu'elles ne vous détournent pas de vos devoirs, quel que soit le rang de ces nouveaux amis, montrez-leur la figure respectable et l'âme pure d'un homme du peuple accomplissant sa grande mission sans morgue et sans faiblesse. Est-ce que la noblesse, est-ce que la bourgeoisie n'ont pas de grands enseignements à recevoir de vous? Est-ce qu'il n'y a pas là aussi quelques âmes pures, prêtes à profiter du spectacle touchant de vos vertus? Il y en a sans doute, et vous ne devez pas détourner d'elles votre large front, dont elles viennent peut-être interroger pieusement le mystère.

Mais écartez sans crainte et sans pitié de vos chastes demeures l'oisiveté insolente et la flatterie dangereuse. Ne laissez pas dévorer votre temps précieux par de vaines satisfactions d'amour-propre; dominez tous les éléments de bien et de mal que votre renommée attire autour de vous, et faites un noble usage de cette gloire qui n'enivre que de sots enfants.

Eh! qu'est-il besoin de vous tracer votre route? ne la connaissez-vous pas mieux que moi? Ne savez-vous pas ce que vous pouvez admettre et retrancher dans ces avantages auxquels la volonté de Dieu vous donne des droits légitimes? Ne savez-vous pas que, dans vos rapports avec les classes riches, vous devez fraterniser en tant qu'hommes et citoyens, sans jamais pactiser ni transiger avec leurs principes, quand ces principes ne cherchent pas sincèrement à se rapprocher des vôtres? Vous agissez et vous pensez ainsi; nous le voyons bien aux inspirations de vos muses. Vous, jeune maçon, qui, en prenant aux classes lettrées ce qu'elles ont, et plus qu'elles n'ont, dans leur langage et dans leurs idées de choisi et d'élevé, continuez pourtant à chanter l'avenir, le progrès, le peuple, la fraternité, l'amour, la pureté des cieux, la beauté de la nature, la poésie et la noblesse du travail ; vous qui trouvez dans les fatigues et les dangers de votre métier d'artisan, dans l'amour de votre jeune femme, et dans la charité fraternelle de vos compagnons de travail et de pauvreté, vos plus belles, vos plus saintes inspirations, vous n'êtes pas corrompu, vous ne pouvez pas vous corrompre. Portez donc toujours bien haut cette tête que Dieu a bénie, et gardez toujours aussi pur ce cœur qu'il a choisi pour un des sanctuaires de ses futurs oracles. Vos frères, les nobles puritains de la vertu plébéienne, ne vous accuseront pas ; ils vous pardonneront de soigner avec amour la forme heureuse dans laquelle vous manifestez votre vie intime et brûlante. Ils seront d'autant plus fiers de vous, que vous serez plus fier de votre mission, et que vous la ferez respecter davantage.

Février 1844.

XII

PRÉFACE DES POÉSIES DE MAGU

Le plus naïf et le plus aimable de ces poëtes nouvellement éclos au sein du peuple, dont nous avons déjà plus d'une fois signalé l'avènement, c'est le bonhomme Magu. Artisan rustique né au village, sachant à peine lire, il précéda de beaucoup d'années Beuzeville et Lebreton, Poncy, Savinien Lapointe et même, je crois, Durand, qui est de plusieurs années plus jeune que lui. Magu, tout jeune garçon, amoureux de sa cousine, qui est aujourd'hui la mère Magu aux quatorze enfants, rimait avant que l'on songeât à la nombreuse postérité que notre époque vient de donner à maître Adam, le menuisier nivernais. Il s'inspirait de la Fontaine ; il avait deviné Béranger ; et, sans atteindre ni l'un ni l'autre, il ne restait en arrière de personne dans la sphère de ses idées et dans la nature de son talent. Moins habile à manier la langue nouvelle que Poncy et Lapointe, brillants produits de l'école romantique, il chantait dans la vieille bonne langue française, dont il a conservé le tour naïf et clair, l'heureuse concision et la grâce enjouée. On a reproché quelquefois avec raison à nos jeunes poëtes prolétaires de manquer de cette originalité qu'on devait attendre de la race nouvellement initiée aux mystères de la poésie. On exigeait de ceux-là, à la vérité, plus que le progrès des idées ne pouvait leur inspirer encore. On voulait des miracles, un langage à la fois énergique et grandiose, des formes toutes nouvelles, un élément inconnu jusqu'ici, apporté d'emblée par eux dans la poésie dès le premier essai. Trop sévères envers eux, on ne se contentait pas de leur voir peindre et manifester leur vie populaire dans un langage extraordinairement pur, élevé et savant par rapport à leur éducation; on les accusait de se traîner dans la route tracée par les poëtes des autres classes, d'imiter leur manière, de se servir des mêmes formes. Ce reproche n'était ni généreux ni juste, bien qu'à certains égards il fût assez fondé. Il faudrait plus d'espace que nous n'en avons ici pour développer notre sentiment sur cette question, et pour prouver que, si le peuple n'a pu produire encore un génie entièrement neuf, ce n'est point qu'il manque virtuellement de la puissance de le produire. Nous prouverions que le milieu social où il vit lui refuse cette inspiration que n'ont pas encore eue et que n'auront pas de sitôt non plus les poëtes du monde des riches. Mais ce n'est pas ici le lieu de soulever de si chaudes questions : elles seraient hors de place. Magu est un esprit calme, qui se venge de l'inégalité sociale par une malice si charmante, que nul ne peut s'en offenser, et qui se résigne à son sort avec une patience, une modestie et une douceur pleines de grâces touchantes et fines. Nous aurions donc mauvaise grâce nous-même à secouer sur son chemin paisible la poussière et les cailloux, et à donner pour frontispice à son œuvre une discussion où sa personnalité humble et souriante serait comme défigurée par nos tristes pensées et nos pénibles réflexions.

Cela serait d'autant plus hors de saison que personne n'a pu adresser à Magu les reproches dont nous voudrions excuser comme il convient ses confrères, les nobles poëtes ouvriers. Tout le monde a remarqué, au contraire, que Magu était, dans ses vers comme dans sa vie, un véritable ouvrier; qu'il ne faisait aucun effort pour parler la langue des hommes savants et que celle des muses naïves lui arrivait toute naturelle, tout appropriée à sa condition, à ses habitudes, à son mode d'existence. La poésie s'est révélée à lui sous la véritable forme qu'elle devait prendre au village, au foyer rustique, au métier du tisserand. Cette muse aimable ne s'est point trop parée, et, comme il est homme de grand sens et de tact parfait, il l'a trouvée belle dans sa simplicité; il l'a reconnue pour sa véritable lumière; il l'a accueillie et fêtée d'un cœur hospitalier et reconnaissant. Aussi ne l'a-t-elle pas égaré, et lui a-t-elle dicté des chants si purs et si vrais, que le plus simple paysan de son hameau peut les comprendre aussi bien que les lettrés de la ville. La mère Magu, cette digne femme qui, lorsqu'elle n'était que la cousine et la fiancée du poëte,

..... Distinguait bien un œillet d'une rose,
Mais ne demêlait point les vers d'avec la prose,

est aujourd'hui un fort bon juge que son mari aime à

consulter. C'est un grand mérite et un grand art que d'obéir à ce genre d'inspiration qui porte avec soi le don d'initier toutes les intelligences aux grâces bienfaisantes de la poésie.

La vie de Magu a été racontée dans diverses notices biographiques qui ont orné les précédentes éditions de ses œuvres. On peut la résumer en peu de mots. Pendant trois hivers, cet enfant du pauvre reçut au village de Tancrou (canton de Lizy), l'instruction primaire, beaucoup plus humble alors qu'aujourd'hui. L'été il travaillait à ôter des champs les cailloux et les chardons. Dès l'âge de vingt ans, atteint d'une ophthalmie cruelle et devenu peu à peu presque aveugle, il n'en continua pas moins son état de tisserand et sa lecture favorite de la Fontaine dans ses intervalles de santé. Il aima tendrement sa compagne, il éleva une nombreuse famille, et supporta beaucoup de misère. Depuis quelques années seulement il est devenu célèbre sans savoir comment, et en s'étonnant beaucoup que ses pauvres rimes, comme il les appelait, eussent trouvé de nombreux admirateurs et conquis un public. Fêté et choyé dans plusieurs salons de Paris, visité dans sa maisonnette par de beaux esprits et de belles dames, il n'en fut pas plus fier. Plein de goût, de gaieté, de naturel et de droiture, le bonhomme frappa tout le monde par l'entrain spirituel de sa conversation, et par le charme de ses lettres affectueuses et remplies de la divination des véritables convenances. Il ne faut pas voir plus de dix minutes le tisserand de Lizy, pour être convaincu de la supériorité de son intelligence, non-seulement comme poëte, mais comme homme de vie pratique. Il n'a dépouillé ni les habits, ni les manières de l'artisan ; mais il sait donner tant de distinction à son naturel, qu'on s'imagine voir un de ces personnages qu'on n'avait rencontrés que dans les romans ou sur le théâtre, parlant à la fois comme un paysan et comme un homme du monde, et raisonnant presque toujours mieux que l'un et que l'autre.

Les lecteurs les plus récalcitrants à la poésie du peuple ont été presque tous désarmés par les vers de Magu, et peu de poëtes ont inspiré autant de bienveillance et de sympathie. C'est que ses vers respirent l'un et l'autre sentiment. Ils sont si coulants, si bonnement malins, si affectueux et si convaincants, qu'on est forcé de les aimer, et qu'on ne s'aperçoit pas de quelques défauts d'élégance ou de correction. Il y en a de si vraiment adorables qu'on est attendri et qu'on n'a pas le courage de rien critiquer.

4 janvier 1845.

XIII

HAMLET

O Hamlet, dis-nous le secret de ta douleur immense, et pourquoi nous nous sentons vibrer autour de toi, comme autant d'échos de ta plainte mystérieuse ? Est-ce seulement parce qu'on a assassiné ton père, et que tu ne te sens pas la force de le venger ? C'est là une destinée tragique, mais exceptionnelle et bizarre, qui se peint seulement à notre imagination et qui ne remuerait guère nos cœurs, s'il n'y avait pas en toi autre chose qu'un souvenir, une vision et un serment. Hamlet le danois [1], que nous importe à nous, hommes d'aujourd'hui, le crime d'une reine, le meurtre d'un roi, et la colère d'un prince dépossédé ? Nous avons vu bien d'autres drames de sang que ce drame imaginaire où ton prestige nous entraîne. Quel mystère de poignante sympathie le poëte qui t'a

1. This is I Hamlet the dane!...

donné l'être, a-t-il donc enfermé dans ton sein et comme attaché à ton nom?

Création sublime, n'est-ce donc pas que tu résumes en toi toutes les souffrances d'une âme pure jetée au milieu de la corruption et condamnée à lutter contre le mal qui l'étreint et la brise? Il n'y a pas d'autre fatalité dans ta vie, Hamlet, et ton délire n'a pas d'autre cause. Jeune, tendre et confiant, l'âme ouverte à l'amour et à l'amitié, la découverte du crime commis dans ta maison vient bouleverser toutes tes affections, toutes tes croyances. Tu pleurais un mort chéri, et tu t'étonnais de le pleurer seul. Un vague soupçon planait à peine sur ton esprit : tout à coup ce soupçon devient certitude ; une vision déchirante, un songe peut-être, t'a éclairé, et dès lors, frappé de vertige, tu sens ta raison ébranlée, et ta vie n'est plus qu'un accès de délire amer et sombre.

Car tu es fou, Hamlet, et tu ne mens pas quand tu dis :

His madness is poor Hamlet's ennemy.

On ne se joue pas impunément avec la folie, et, d'ailleurs, le choix de ton rôle de fou atteste que tu es dominé par la préoccupation, l'angoisse et la terreur de la démence. Tu ne feins pas à la manière de Brutus, car tu n'es pas l'austère Brutus. Amoureux et poëte, rêveur tendre et studieux écolier, tu n'as rien de cette nature implacable et patiente du conspirateur. Pauvre Hamlet, ton âme est trop fière et trop aimante pour supporter la douleur et couver la vengeance. Te voilà forcé de haïr les hommes, toi qui naquis pour les aimer, et dès ce premier choc te voilà

brisé sans retour. C'est l'horreur du crime, le mépris
du mensonge et l'effroi du mal, qui mettent tous les
éléments de ton être en guerre les uns contre les
autres. Oh! qui ne te plaindrait d'être ainsi détourné
de tes voies et lancé sur une pente fatale!

L'harmonie de tes facultés est bien amèrement
troublée, ô victime de l'iniquité! Aux heures où tu
philosophes sur la vie et sur la mort, sur le mystère
de la tombe et la peur de l'inconnu, tu sembles avoir
retrouvé toutes les lumières de ton intelligence : mais
c'est à ces heures-là même que nous devinons
mieux ton désastre, ce désastre moral dont tu ne peux
plus mesurer l'étendue, et qui se voile en vain sous
de brillantes et solennelles paroles. Plus que jamais
divisé contre toi-même, peut-on dire que, dans ces
moments de rêverie où ton âme quitte la terre, tu
t'appartiennes réellement? Non, car alors le souvenir
de tes maux et de tes excès est comme effacé de ta
mémoire affaiblie, et la moitié de ton âme est para-
lysée. Lorsque tu te demandes ce que c'est qu'*être ou
n'être pas, mourir ou dormir... ou rêver!...* tu ne
vois pas Ophélia agenouillée près de toi ; et lorsque
tu songes au destin d'Alexandre et au néant de la
gloire, en soulevant le crâne d'Yorick, tu ne te souviens pas du meurtre que tu as commis, et de ton
amante que tu as rendue folle. Tu n'as même pas
songé à t'enquérir de son sort ; tu ne te doutes pas
que c'est sa fosse que tu regardes creuser. Il est donc
des heures où ton pauvre cœur est mort, et alors ton
intelligence se perd dans des abstractions où tu n'as
pas la notion distincte de ton propre malheur. Est-ce
un état de raison que celui où le cerveau fonctionne
dans l'oubli absolu des déchirements du cœur?

L'homme n'est-il pas décomplété quand il ne peut plus penser et sentir que séparément et tour à tour ?

Qu'on ne nous dise donc plus que tu n'es pas fou, car tu serais odieux, et nous sentons si bien au contraire que tu ne t'appartiens plus, que la violence et la cruauté nous font plus souffrir que toi-même.

Le noble Hamlet brise la frêle Ophélia en brisant l'amour dans son propre sein, et il ne comprend pas qu'il la tue. Il ne la reconnaît que dans son linceul, et ses regrets disent sa surprise et son repentir. Le noble Hamlet brise l'orgueil impuni de sa mère, et son propre cœur se brise de remords et de pitié en accomplissant ce devoir effroyable. Le noble Hamlet raille et insulte Laërte, et bientôt il s'accuse et se repent devant lui, mais sans paraître se rendre compte du mal qu'il lui a fait, et en lui disant : « Le ciel m'est témoin que je vous ai toujours aimé. » Partout Hamlet est noble et bon, mais aussi partout Hamlet est hors de lui et gouverné par la démence, démence rêveuse et accablante quand il est seul ou avec Horatio, démence furieuse et méprisante quand il est en contact avec les sots et les méchants de ce monde.

La folle est toujours ou si repoussante, ou si navrante, que nous en détournons les yeux avec effroi. La pauvre Ophélia elle-même, si pure, si douce et si belle, n'a le don de nous intéresser qu'un instant, après que sa raison l'a abandonnée. Son délire est trop complet, bien qu'inoffensif. Ce n'est là qu'une douleur toute personnelle. D'où vient donc, ô triste Hamlet, que ta folie, à toi, nous attache et nous passionne du commencement à la fin ? C'est à cause que ta douleur est la nôtre à tous, et c'est cela qui la fait si humaine et si vraie. C'est ce dessèchement qui se fait en toi de toutes les sources de la vie, l'amour, la confiance, la franchise et la bonté. C'est ce déplorable adieu que tu es forcé de dire à la paix de ta conscience et aux instincts de ta tendresse. C'est cette nécessité de devenir ombrageux, hautain, violent, ironique, vindicatif et cruel. C'est cette fatalité qui arme contre ton semblable ta main loyale et brave. C'est cet amour même du vrai et du juste qui te condamne à devenir stupide ou méchant; et, ne pouvant être ni l'un ni l'autre, tu te sens devenir fou:

> *They fool me to the top of my bent;*
> *They compell me to play the fool till I can endure to do it no longer.*

Hélas! cette amertume de ta vie, ce désespoir tour à tour furieux et morne se résument en un cri intérieur dont le retentissement se fait en nous tous, et qui peut se traduire ainsi : « Mon Dieu, pourquoi des méchants parmi nous? Mon Dieu, mon Dieu, pourquoi le mal dans ton œuvre? »

Oui, te voilà tout entier, Hamlet, dans ce cri de l'humanité révoltée contre elle-même. Voilà le secret de tes larmes, de tes fureurs et de tes épouvantes. Voilà le secret de notre pitié, de notre tendresse et de notre effroi pour ton mal. Lequel de nous oserait dire, quand il comtemple l'étendue de ce mal auquel la terre est livrée, qu'il sera plus fort, plus juste et plus patient que toi? Lequel de nous, quand il s'égare aux abstractions de la métaphysique, ou quand il s'abandonne aux entraînements de la réalité, aux jouissances de l'esprit, aux amusements de la jeunesse, aux espérances de l'amour, oserait s'assurer qu'il n'est pas un fou, un esprit débile et troublé en qui le souvenir de l'inévitable fatalité s'efface trop aisément, en qui le moi égoïste ou frivole étouffe le sentiment de la vérité et le culte de la sagesse? Soit que nous cherchions dans les livres la cause du malheur et de l'impuissance de l'homme, soit que nous demandions ce secret fatal à la rêverie, soit que nous tâchions de nous y soustraire par l'étourdissement du plaisir, nous sommes toujours des infirmes de corps et d'esprit, dominés par d'insondables mystères, épouvantés avec excès, oublieux avec ivresse, poltrons ou fanfarons, prompts à épuiser la coupe de nos joies, prompts à nous lasser de la recherche du vrai, et tristes surtout, toujours tristes!

Pleure, Hamlet, pleure! Il n'y a vraiment que des sujets de larmes ici-bas! Tremble aussi; car il n'est rien de si effrayant que notre destinée en ce monde. Tue et meurs, détruis et disparais : c'est le sort de l'homme. Depuis le berceau jusqu'à la tombe, depuis Adam jusqu'à toi, Hamlet, depuis tes jours jusqu'aux nôtres, la voix de la terre est un éternel sanglot qui se perd dans l'éternel silence des cieux.

Février 1845.

XIV

RÉCEPTION DE M. SAINTE-BEUVE

A L'ACADÉMIE FRANÇAISE

RÉPONSE DE M. VICTOR HUGO

En théorie, ce serait un acte grave, patriotique et quasi-religieux que la cérémonie dont nous avons été témoin : l'admission d'un nouveau membre à l'Académie française. Le corps vénérable représentant la doctrine publique, l'individu, modeste et brave, venant lui faire hommage de ses idées nouvelles, car toute véritable intelligence est novatrice.

En théorie, le corps constitué, gardien des doctrines, offrirait à la fois au récipiendaire le trépied de la libre inspiration personnelle, et l'autel où son union avec la foi publique serait jurée sincèrement. Et il n'y aurait rien d'impossible dans ce contraste, le novateur ayant d'avance réagi assez sur l'assemblée et sur le sentiment public pour qu'il pût noblement, et sans se parjurer, faire serment de maintenir la foi publique épurée et éclairée par la lumière de son inspiration individuelle.

En pratique, il y a bien, sous un certain rapport, quelque chose de cela dans la réconciliation apparente qui se proclame entre le corps et le nouveau membre; mais le lien qui se renoue entre eux embrasse si peu de chose que ce n'est guère la peine d'en parler.

C'est une réconciliation littéraire, et rien de plus. Qu'elle soit sincère, j'aime mieux le croire que d'en douter. Mais qu'elle soit très-importante pour la gloire du siècle et du pays, il m'est bien permis de ne pas le croire.

Qu'importe au pays, en effet, que les divergences d'opinion sur la forme littéraire cessent à un moment donné dans l'enceinte de l'Institut? Il y a tant de gens qui ne savent pas lire, qui n'ont pas de quoi manger, et qui, grâce à la *paix féconde* préconisée par le directeur de l'Académie, n'ont ni foi ni loi, en aucune chose, pas même en littérature! Ces pauvres gens, c'est le pays, quoi qu'on en dise, et je demande ce que la majorité des Français a recueilli d'instruction à la querelle des classiques et des romantiques, ce qu'elle va gagner en bonheur intellectuel et matériel à la réunion de ces deux fameuses écoles sous la coupole de l'Institut.

Camille Desmoulins et ses émules en ont plus appris à la majorité des Français que ne lui en apprendraient aujourd'hui quarante discours à propos de quarante fauteuils.

Est-ce à dire que l'Académie ne devrait parler que la langue du peuple, et à l'heure qu'il est, faire appel à de terribles nécessités? Non, ce n'est point là sa mission. Mais il y aurait bien d'autres points de contact entre cette illustre assemblée et ce qu'on appelle sans doute là la populace, si nous ne vivions pas dans un temps de scepticisme et d'indifférence philosophique, où le littérateur croit tout au plus à la littérature, tandis que le peuple ne peut croire, lui, qu'à la misère et au désespoir.

D'où vient donc cet abîme qui sépare l'ignorance de l'art, la gloire du néant intellectuel? Pourquoi ce sanctuaire dont le peuple ignore jusqu'à l'existence, lui, qui ne connaît les royautés que par le mal qu'elles lui font, et qui ne connaît pas l'Académie vu qu'elle ne lui fait pas de bien? Demandez au cocher de louage, voire à votre cocher si vous en avez un à vous, ce que c'est que cet édifice où il vous mène. C'est, vous dira-t-il, un endroit où il y a des livres. Il ne sait pas seulement s'il y a là des hommes.

Pourtant, nommez-lui quelques-uns de ces hommes, il les connaît; car ces hommes ont écrit des pièces qu'il a vu jouer, des livres qu'il a peut-être lus, des vers dont le refrain a frappé son oreille.

Ce ne sont pas les travaux individuels des lettrés qui sont étrangers et indifférents au peuple; c'est le sens, le but et l'effet de cette constitution de la *république des lettres*, qui sont pour lui des énigmes, et que vous ne pourrez jamais lui expliquer sans qu'il vous réponde, dans son rude bon sens : « A quoi cela nous sert-il? »

Et, en effet, à quoi cela est-il bon? Est-ce une récompense pour le talent? Toute récompense sociale devrait être utile à qui la donne autant qu'à celui qui la reçoit. Autrement, c'est une aumône, un hospice ouvert par la charité publique.

Et pourtant, ce ne sont pas des invalides qui se présentent, ce sont des hommes dont le talent fait l'honneur de la France. D'où vient que leur réunion ne produit rien de grave, et que, de la fusion de ces intelligences ne résultent que de stériles travaux sur la langue, laquelle va son train, se moque des dictionnaires et progresse ou se pervertit quand même, sûre de les entraîner un jour ou l'autre ?

C'est qu'apparemment il n'y a point d'idée mère qui relie chacun de ces talents à tous les autres. C'est que la littérature, considérée seulement comme la forme de la pensée ne peut pas être une étude qui passionne des hommes intelligents. C'est que la vie n'est pas dans cette institution. C'est que ses statuts même sont inféconds et se ressentent trop du passé. Une époque vivante et croyante saurait les rajeunir. Une foi politique et religieuse serait l'âme d'une assemblée d'hommes supérieurs. Elle y attirerait tous ceux qui le sont, elle en repousserait tous ceux qui ne le sont pas. Elle réagirait, par le sentiment et les idées, sur ces formes académiques, dont la qualification proverbiale est le synonyme d'inutile et de compassé. Elle rendrait les discussions sincères, animées, instructives, profitables, et ce serait là l'enseignement de tous les artistes, de tous les poëtes, de tous les écrivains, du public par contre-coup, c'est-à-dire du peuple, et le peuple apprendrait la langue française, du moment que la langue représenterait autre chose que le culte des mots.

En attendant, on peut s'écrier, à la lecture ou à l'audition de la plupart de ces beaux discours : *words, words, words!*

M. Sainte-Beuve a fait un tour de force en prononçant un discours plein de charme et d'intérêt. Il fallait entendre surtout sa manière naturelle, son ton de causerie, accentué sans déclamation et animé sans emphase, un laisser aller modeste et de bon goût, qui sauvait ce que son style a parfois d'obscur à force d'être délié. Ce style, plein d'idées et de nuances délicates, a pourtant un défaut très-rare, indice d'un esprit qui approfondit peut-être trop son sujet et d'un doute intérieur consciencieux, mais excessif. Nous voulons dire le défaut de laisser du vague dans la pensée et de souffrir diverses interprétations de la même sentence. Tout l'éloge bibliographique de Casimir Delavigne a été charmant. On ne pouvait rendre plus aimable et plus touchante la jeunesse de ce caractère de poëte exclusivement poëte, incapable de faire des chiffres, se trompant de 9,000 francs sur le prix d'un cheval et répondant avec naïveté aux observations : Ce devait être un bien beau cheval ! En accusant le peu d'aptitude du poëte à se mêler aux travaux de l'Académie, et s'engageant à le remplacer, sur ce point seulement, sans trop de désavantage, M. Sainte-Beuve a communiqué à l'auditoire un rire de sympathique et malicieuse bonhomie.

Le récipiendaire touchait, en parlant de la première manière de Casimir Delavigne à une question jadis brûlante, aujourd'hui bien refroidie, la querelle des classiques et des romantiques. Il a sauvé avec une rare habileté tout ce que l'appréciation impartiale eût pu réveiller de ressentiments assoupis. Il y avait pourtant un courage caché sous quelques réflexions personnelles qui méritent d'être citées :

« Nous autres critiques qui, à défaut d'ouvrages, nous faisons souvent des questions (car c'est notre devoir comme aussi notre plaisir), nous nous demandons, ou, pour parler plus simplement, messieurs, je me suis demandé quelquefois : que serait-il arrivé si un poëte dramatique éminent, de cette école que vous m'accorderez la permission de ne pas définir, mais que j'appellerai franchement l'*école classique*, si, au moment du plus grand assaut contraire, et jusqu'au plus fort d'un entraînement qu'on jugera comme on voudra, mais qui certainement a lieu; si, dis-je, ce poëte dramatique, en possession jusque-là de la faveur publique, avait résisté plutôt que cédé, s'il n'en avait tiré occasion et motif que pour remonter davantage à ses sources, à lui, et redoubler de netteté dans la couleur, de simplicité dans les moyens, d'unité dans l'action, attentif à creuser de plus en plus, pour nous les rendre grandioses, ennoblies et dans l'austère attitude tragique, les passions vraies de la nature humaine : si ce poëte n'avait usé du changement d'alentour que pour se modifier, lui, en ce sens-là, en ce sens unique, de plus en plus classique (dans la franche acception du mot), je me le suis demandé souvent, que serait-il arrivé?

» Certes, il aurait pu y avoir quelques mauvais jours à passer, quelques luttes pénibles à soutenir contre le flot. Mais il me semble, ne vous semble-t-il pas également, messieurs? qu'après quelques années, peut-être, après des orages bien moindres sans doute que n'en eurent à supporter les vaillants adversaires, et durant lesquels se serait achevée cette lente épuration idéale, telle que je la conçois, le poëte tragique, perfectionné et persistant, aurait retrouvé un public reconnaissant et fidèle, un public grossi, et bien mieux qu'un niveau paisible, je veux dire un flot remontant qui l'aurait pris et porté plus haut. Car ç'a été le caractère manifeste du public en ses derniers retours, après tant d'épreuves éclatantes et contradictoires, de se montrer ouvert, accueillant, de puiser l'émotion où il la trouve, de reconnaître la beauté si elle se rencontre et de subordonner en tout les questions des genres à celles du talent. »

Quoi de plus élevé que ce jugement, et de plus digne d'un artiste que ce regret ? Pourtant, ce n'était pas le lieu et le moment d'accuser sévèrement Casimir Delavigne d'avoir manqué à la mission qui lui était tracée. Aussi M. Sainte-Beuve a-t-il vite sauvé l'allusion avec cette adresse et cette tolérance sans restriction qu'il faut apporter à l'Académie. Alors, la difficulté, l'impossibilité de son rôle de critique en pareille occurrence s'est fait sentir malgré tout son talent et son bon goût. Il a fallu ménager les vivants et les morts, respecter tous les efforts qui *vont grossir le trésor commun;* bref, nous dire que tout chemin mène à Rome, c'est-à-dire à l'Académie. La conclusion est restée un peu vague, à force d'être richement habillée sous les formes du langage et la bonne intention de tout concilier. Nous espérons que M. Sainte-Beuve prendra ailleurs sa revanche, et qu'il n'abandonnera pas la défense de ses opinions littéraires. Mais nous nous disions en l'applaudissant : « Voilà donc à quoi sert le laurier académique? à montrer, ne fût-ce qu'une fois en sa vie, que l'on peut être habile et contraint sous un air affable et dégagé? »

Quoique ce discours de réception nous ait charmé en tant que travail littéraire, nous ne renonçons pas au droit de dire que certaines expressions appliquées au caractère et aux écrits du jeune auteur des Messéniennes ne nous ont point paru exactes. Dire qu'il appartenait alors à ces opinions *mixtes*, prudentes et sagement modérées qui sont celles de tous les bons esprits ne nous satisfait pas et nous persuade peu. Nous n'avons pas à juger ici la vie entière du poëte, nous ne parlerons pas des opinions de son âge mûr.

Laissons-le dormir sous les lauriers dont on vient de couvrir sa cendre, elle appartient aux opinions de l'Académie, si toutefois l'Académie a des opinions. Nous ne la réclamons pas. Mais nous avons tous quelques droits sur sa vie, sur le souvenir que nous avons gardé de la jeunesse de son âme, de ses premières inspirations, qui nous ont remué aussi et bien vivement, jeunes que nous étions nous-mêmes alors. Le libéralisme de ce temps-là, c'était l'opinion avancée, l'esprit de liberté rajeuni au sortir de l'Empire. C'était, pour la majorité, le drapeau courageux et périlleux à porter. Il y avait bien des nuances dans le libéralisme; puisque ni les débris de la Montagne, ni M. de Chateaubriand, ne reniaient cette qualification. Le libéralisme, c'était la résistance, et on n'y faisait pas trop de catégories. De tous ceux qui s'enrôlèrent, plusieurs ont marché en avant, d'autres se sont arrêtés. Nous ne parlons pas de ceux qui ont reculé. Mais qu'il y ait toujours lumière et vérité dans la prudence ou la lassitude, c'est un point très-controversable, et qu'il nous est permis de ne pas adopter, nous qui regardons Socrate et Jésus-Christ, avec tout leur cortége de martyrs et de révolutionnaires, comme de très-bons esprits, bien que leur libéralisme fût très-peu mitigé et ne gardât nullement le milieu du pavé.

Nous ne ferons pas plus longue guerre à M. Sainte-

Beuve. Il n'est point, lui, un de ces esprits frivoles et superbes qui se raillent avec plaisir des douloureuses et sincères aspirations. Il est lui-même un douteur, sincère et mélancolique, et nous ne le flétrirons pas du nom de sceptique. Le sceptique par nature est froid et dédaigneux. Il ne peut pas croire parce qu'il ne peut pas aimer, parce qu'il ne peut pas comprendre. Il est vain et borné; mais il est d'autres natures élevées et tendres qui arrivent à la négation par la souffrance, au dégoût par la facilité, à l'enthousiasme, à la fatigue par l'excès du travail et de la réflexion. Leur incertitude est une maladie dont ils peuvent guérir un jour, puisqu'ils ont eu la foi; et s'ils n'en guérissaient pas, on devrait les respecter encore et les regarder comme une sorte de martyrs de la pensée. M. Sainte-Beuve tient à ce type-là, et si sa chagrine gaîté prend parfois le ton de l'autre, ceux qui le connaissent, au lieu de rire de sa malice, le plaignent de ce qu'il lui a fallu souffrir dans le secret de ses rêveries pour avoir tant d'esprit à propos de choses si sérieuses et si tristes.

Les esprits forts de notre temps aiment à répéter fièrement le que sais-je? de Montaigne. Je ne crois pas que Montaigne eut cette fierté-là quand il l'écrivit.

La sécurité du triomphe de Victor Hugo sur les résistances de l'Académie, et la sérénité de son front, nous laissent moins de scrupule, et nous ne craindrons pas de réveiller en lui le moindre regret en parlant de ses opinions présentes. M. Victor Hugo n'est ni un sceptique par impuissance, ni un sceptique par déception; ce n'est même pas un sceptique du tout, puisqu'il croit à la puissance de la phrase, à la régénération sociale par la métaphore, et à l'avenir de l'humanité par l'antithèse ; puisqu'enfin il lui plaît d'appeler ces choses-là du génie, et qu'il nous promet depuis longtemps à tous la lumière de la pensée, à la condition que nous croirons à l'importance première et absolue de la forme.

Nous ne sommes pas de ceux que la métaphore indigne et que l'antithèse révolte. M. Hugo s'en sert si bien, que, de très-bonne foi, nous admirons sa manière sans conseiller à personne de l'imiter. On perd toujours le peu qu'on a en soi en voulant copier les maîtres, on ne prend que leurs défauts, et si nous allions tous parler par antithèse, nous serions fort maussades. Mais je demande qu'on laisse tranquillement M. Hugo parler comme il lui plaît, puisqu'avec sa tendance naturelle, ou son système arrêté il parle admirablement. Loin de nous donc la pensée de contester son talent littéraire. Assez l'ont fait par jalousie. Il a eu parfois le droit de le constester et de traiter d'ennemis tous ceux qui ne l'admiraient pas sans réserve. Tout grand artiste a ses originalités qu'il faut admettre, parce que en tant que grand artiste il fait une qualité de ce qui serait défaut chez tout autre. Le bon esprit de la critique consisterait peut-être à dire en pareil cas : « Laissez à cet homme ses théories si elles sont exclusives. Elles l'ont élevé très-haut, mais elles vous feraient tomber très-bas. »

Nous ne voudrions donc pas qu'on le dérangeât si souvent dans sa gloire de poëte ; mais nous voudrions fort qu'on lui demandât ce qu'il entend par le génie, et qu'il daignât prendre un jour la peine de s'expliquer sur ce pouvoir mystérieux devant lequel, selon lui, l'humanité, consolée de tous ses maux, doit s'agenouiller en silence. Dans son discours à M. Saint-

Marc-Girardin, il avait déjà promis au récipiendaire monts et merveilles de son contact avec les intelligences académiques, des vues saines, des horizons immenses, une sérénité d'âme à toute épreuve, enfin tant de lumières et de consolations que le cathécumène en serait lui-même *étonné*. Si nous osions demander à M. Saint-Marc-Girardin comment il se trouve à cette heure, peut-être nous apprendrait-il des choses étranges, des résultats miraculeux de son initiation.

Car enfin cela serait bon à savoir, dans ces jours où l'on souffre tant, où la misère est si grande, les mœurs publiques si corrompues, l'honneur national si compromis. S'il ne s'agissait que de prendre d'assaut le palais de l'Institut et de s'asseoir sur les banquettes (on dit fauteuils) du docte corps, le peuple ferait une révolution, je le parie, pour sentir dans son âme, ne fût-ce qu'un instant, ces ineffables voluptés de la quiétude intellectuelle, et cette foi au génie des gens de lettres, qui doit régénérer l'espèce humaine.

Quant à moi, pauvret, je me suis demandé naïvement, en écoutant ces belles promesses, quels effets produirait sur moi le philtre académique ? Y a-t-il donc là-dedans une doctrine, une révélation, ou quelque chose comme le sommeil d'Épiménide ? Voyons, me disais-je, une fois que je me serai bien persuadé que Rousseau et Voltaire n'étaient bons qu'à faire le mal, que toute opinion hardie, tout désir de réforme sociale est une maladie enragée, que nous avons été bien vexés de voir le jardin des Tuileries mangé par les chevaux des Cosaques, mais qu'à force de courbettes devant l'étranger, on peut et on doit, à coup sûr, se préserver du retour d'un pareil malheur; que nous vivons, Dieu merci, sous un prince... (Voir aux éloges de rigueur décernés par tous les discours de réception); qu'enfin l'Académie est Dieu, et que tout écrivain passe à l'état de Dieu en s'y incorporant; quand, en un mot, je me serai bien convaincu que, pour avoir été imprimé, je suis un penseur, une puissance, un génie, que m'arrivera-t-il et quel plaisir trouverai-je à cela? Je n'ai jamais pu me le figurer, je l'avoue. Il s'élevait en moi des contradictions comme celles qu'on nous présente quand on nous demande, ce que nous autres rêveurs, nous ferons, dans l'humanité future, des vices du temps présent. A quoi nous sommes toujours embarrassés de répondre, puisqu'il nous faut supposer la disparition de ces vices, et que ceux qui les ont y tiennent trop pour souffrir qu'on parle de les extirper. Je ne pouvais donc venir à bout de me dépouiller du sentiment de ma simplicité, j'y tenais, je le confesse, et je ne me représentais en aucune façon l'état de l'âme d'un *génie*. Mais quoi, me dis-je, quand j'aurai le génie, j'aurai par cela même, la bonté, la commisération, le dévouement à l'humanité, l'abnégation de toute personnalité; je ferai très-peu de cas de mon génie. Les autres le verront, mais je ne l'apercevrai pas moi-même, tant je serai occupé affectueusement et douloureusement de tous les pauvres d'esprit qui sont dans l'univers. Toujours penché, les mains étendues, vers l'ignorance, la faiblesse, et le mal engendré chez mes semblables par l'erreur, je n'aurai d'autre souci que de les consoler, de les éclairer, de les redresser. Il faudra d'abord que je les relève à leurs propres yeux, tous ces mortels délaissés et avilis; il faudra que je leur enseigne l'amour de l'égalité, et, pour ce faire, il faudra, de toute force, que je commence par m'annihiler moi-même devant ma doctrine. Car si j'allais débuter par leur dire : « Respectez-moi, adorez-moi, prosternez-vous devant le membre de l'Académie et devant l'Académie en masse, » ils me riraient au nez et me demanderaient où je prends la liberté, l'égalité, la philosophie, la pensée, l'esprit de Dieu, toute ma prétendue puissance, toute ma prétendue inspiration... Là, je fus arrêté court au milieu de mon rêve, par des applaudissements enthousiastes, je demandai ce que l'orateur venait de dire, et sa phrase me fut répétée. Elle était belle et je l'ai retenue.

« Qui que vous soyez, voulez-vous avoir de grandes idées et faire de grandes chose ? croyez, ayez foi. Ayez une foi religieuse, une foi patriotique, une foi littéraire. Croyez à l'humanité, au génie, à l'avenir, à vous-même. »

Et je me demandais en relisant cette belle sentence, si ce n'était pas un peu vague et s'il y avait autant d'ordre dans l'enchaînement des pensées que dans celui des mots ; foi religieuse — croire à l'humanité ? Bien, vous nous parlerez de Dieu sans doute un autre jour. — Foi patriotique — croire au génie ? Génie de qui ? A celui de la nation, ou à celui du roi ? à celui des chambres, ou peut-être à celui de l'Académie ? — Foi littéraire — croire en soi-même ? Pardon ! cela n'est pas donné à tout le monde. Il faut pour cela passer académicien. Si c'est aux académiciens seulement que vous parlez, soit ! mais nous autres, si par malheur nous ne croyons point en vous, que nous arrivera-t-il ?

Comme je rêvais encore, on applaudit encore, et

M. Victor Hugo prononçait sa dernière sentence que j'applaudis, comme faisaient les autres. « Heureux, disait-il, le fils dont on peut dire : « Il a consolé sa mère ! » Heureux le poëte dont on peut dire : « Il a consolé sa patrie ! »

Oui, sans doute, cela est beau, et si c'est encore une antithèse, tant mieux ! elle est heureuse. Mais en m'en allant, je me demandais si la mission du poëte se borne toujours et dans tous les temps à *consoler*, et si parfois il n'aurait pas mieux à faire qu'à prêcher la résignation à ceux qui souffrent, la sérénité à ceux qui ne souffrent pas; si, en face des iniquités d'une époque comme la nôtre, il n'y aurait pas quelque part un fouet et une verge à ramasser, surtout quand on sait si bien s'en servir pour confondre des ennemis personnels; si enfin, le voyou, qui arrachait en 1830 un fusil de la main d'un soldat pour chasser une royauté, n'était pas aussi utile à l'humanité que le poëte qui arrangeait un hémistiche pour consoler la monarchie déchue. Bref, je m'en allais, répétant cette parole peu académique :

Bienheureux les pauvres d'esprit.....

2 mars 1845.

XV

DEBURAU

Dans l'histoire naïve de l'art populaire, chaque type a sa personnification dans un masque plus ou moins comique. Pulcinella est depuis des siècles en possession de représenter le Napolitain, Arlequin le Bergamasque, Brighella le Vénitien, etc. ; car toutes ces joyeuses inventions qui, sur nos théâtres de la foire, faisaient autrefois le divertissement de toutes les classes de la société, nous viennent de l'Italie. Aujourd'hui ces farces méridionales n'ont gardé chez nous le droit de cité qu'aux boulevards, et sur une seule scène, exclusivement fréquentée par le peuple. Ce n'est qu'au théâtre des Funambules que vous pouvez aller contempler ces antiques figures de Pierrot, de Cassandre, d'Arlequin et de Colombine, qui bientôt peut-être vont reprendre leur vol vers l'Italie, car on nous annonce la prochaine fermeture du dernier théâtre de la foire, et la retraite de l'artiste éminent auquel la farce a dû chez nous cette prolongation d'existence.

Mais ce bruit est-il fondé, et l'éclipse de Pierrot est-elle croyable? N'est-ce pas là une de ces prédictions sinistres comme il en a tant couru sur la fin du monde?

Espérons encore que, quel que soit l'arrêt porté par le destin contre le théâtre des Funambules, la scène parisienne ne laissera pas disparaître le dernier des Pierrots au point de vue de l'histoire, le premier des Pierrots au point de vue de l'art et du talent.

Je ne saurais, malgré ma bonne volonté, vous raconter la véritable histoire de Deburau. Jules Janin lui en a inventé une fort spirituelle, mais l'illustre Pierrot m'a dit lui-même que c'était pure invention. Deburau est un homme réservé, doux, poli, sérieux, sobre, modeste, rempli de tact et de bons sens ; voilà ce que je puis vous affirmer, ayant eu le plaisir de causer une fois avec lui.

Quelques journaux ont publié en France et même à l'étranger qu'il avait mystifié en ma présence un grand seigneur crédule... Il n'en est rien. Le grand seigneur était de mes amis, et on ne laisse pas mystifier ses amis. Deburau est homme de bonne compagnie autant qu'un grand seigneur, et ne se fût pas prêté à une scène ridicule et méchante. Enfin, la vérité est que cette anecdote n'a pas même un fond de vraisemblance, le grand seigneur et le grand artiste ne s'étant jamais rencontrés nulle part que je sache.

J'ai dit le grand artiste et ne m'en dédis point. On peut être un maître dans la farce comme dans la tragédie, et il n'y a pas d'emploi dans les arts que le goût et l'intelligence individuels ne puissent élever au pre-

mier rang. Peut-être faut-il être très-artiste soi-même
pour comprendre cela ; mais qu'y a-t-il de plus artiste
que le peuple de Paris? Allez voir avec quel sérieux
tous ces gamins des faubourgs regardent la pantomime
inimitable de leur Pierrot bien-aimé! Ils ne rient pas
beaucoup; ils examinent, ils étudient, ils sentent la
finesse, la grâce, l'élégance, la sobriété et la justesse
d'effet de tous ses gestes et du moindre jeu de cette
physionomie si délicatement dessinée sous son masque
de plâtre, qu'on la prendrait pour un de ces charmants
camées grotesques retrouvés à Herculanum. C'est
que, en effet, il y a, dans l'exécution parfaite d'une fantaisie quelconque, quelque chose de sérieux qui provoque plus d'étonnement et de satisfaction que de
grosse gaîté.

Vous connaissez cette race particulière aux faubourgs de notre grande ville, race intelligente, active,
railleuse, à la fois débile et forte, frivole et terrible;
faible d'organisation, pâle, fiévreuse; des têtes prématurément dépourvues de la fraîcheur de l'enfance, et
prématurément pourvues de barbe et de longs cheveux noirs, avec des corps grêles, souples et petits.
Là, il n'y a pas de santé. La misère, les privations, le
travail ou l'oisiveté forcés, également destructifs pour
la jeunesse, un climat malsain, des habitations méphy-
tiques, de père en fils un étiolement marqué, des conditions d'existence déplorables, c'en est bien assez
pour ruiner la séve la plus généreuse. Et pourtant il
y a là aussi une énergie fébrile, une habitude de souffrir, une insouciance moqueuse, une perpétuelle excitation des nerfs, qui font que ces pauvres enfants résistent à la maladie et à la mort, mieux que l'épais
John Bull, gorgé de viande et de vin. Irritez cette po-

pulation, et vous la voyez héroïque jusqu'à la folie sur les barricades; idéalisez-la un peu, et vous aurez le gamin de Paris, admirable création de Bouffé. Mais voulez-vous la voir dans le calme de la réalité? Allez aux petits théâtres du boulevard, allez la voir en face de son maître de grâces, de son professeur de belles manières plaisantes, de son type d'insouciance dégagée, de perspicacité soudaine et de sang-froid, superbe en face de son idéal enfin, Pierrot Deburau! Dans une étroite enceinte où la scène est à peine séparée de l'auditoire, où aucun des linéaments de la physionomie délicate d'un mime n'échappe aux regards avides de ses élèves, où tout est homogène, artistes et spectateurs, où alternativement ils s'étudient et s'inspirent les uns des autres à force de se lire mutuellement dans les yeux; allez voir, d'un côté, ces milliers de têtes crépues qui se pressent, l'œil fixe et la bouche béante, le long des balustrades de fer; de l'autre ces joyeux saltimbanques qui s'amusent pour leur compte et s'entassent jusque dans la coulisse, tous fascinés ou électrisés par l'activité calme et l'entrain majestueux de Pierrot. L'entr'acte a été orageux. Malheur à qui ose promener un impertinent lorgnon sur ces groupes pittoresques entassés et suspendus d'une manière effrayante aux grilles du pourtour. Malheur aux toilettes ridicules qui se risqueraient à l'avant-scène, ou aux gens délicats qui porteraient trop visiblement un flacon à leurs narines!

Mille quolibets inouïs, un hourra impétueux, des cris d'animaux, un luxe incroyable d'imagination, de tapage et de sonorité imitative auraient bientôt fait justice de la moindre inconvenance. Mais que Deburau paraisse, et, aux premières acclamations d'enthousiasme, succède le silence du recueillement. Lui aussi semble recueilli, le maître ! Sa face blafarde est impassible. Il est renfermé dans la majesté de son rôle, et il semble en méditer toute la profondeur.

Pierrot n'est pas un être vulgaire, éternel et patient ennemi d'Arlequin, cet enfant gâté des fées et des belles, il est, lui, protégé aussi par certains génies qui l'assistent dans sa longue lutte. Mais, comme il n'est que le serviteur de Cassandre, et l'allié naturel du rival d'Arlequin, il ne daigne pas disputer Colombine pour son propre compte, et l'on voit qu'il ne va combattre que pour l'acquit de sa conscience. Or, la conscience de Pierrot est aussi large que son pourpoint flottant. Il entre dans l'arène, il la traverse et en sort en amateur, certain qu'au dénouement tout s'arrangera pour le mieux, et que les fées l'admettront à la noce de Colombine, où il achèvera enfin ce repas commencé et interrompu, dans toutes les fantastiques régions du ciel et de l'enfer où le démon le promène. Pierrot fait donc la guerre en amateur. Peut-être, dans la pensée des poëtes qui le créèrent, est-il né gourmand, libertin, colère et fourbe ; mais Deburau a mis la distinction de sa nature à la place de cette création grossière. Il n'est point vorace, mais friand. Au lieu d'être débauché, il est galant, un peu volage à la vérité ; mais il faut tant de philosophie dans une vie agitée et traversée comme la sienne ! Il n'est point fourbe, mais railleur et plaisant ; il n'est pas colère non plus ; il est équitable, et quand il administre ses admirables coups de pied, c'est avec l'impartialité d'un juge éclairé et la grâce d'un marquis. Il est essentiellement gentilhomme jusqu'au bout de ses longues manches, et il n'est point une chiquenaude qu'il ne détache poliment et avec des façons de cour.

Le poëme est bouffon, le rôle cavalier et les situations scabreuses. Il sauve tout ce qui pourrait révolter la pudeur de son auditoire par sa manière exquise et sa dignité charmante, et je dis : son auditoire, bien qu'il soit lui, un personnage muet. Mais on l'écoute pourtant, on croit qu'il parle, on pourrait écrire tous les bons mots de son rôle, toutes ses réparties caustiques, toutes ses formules de conciliation éloquentes et persuasives. Quand les machinistes et les comparses s'agitent derrière le théâtre, le public, qui craint de perdre un *mot* du rôle de Pierrot, s'écrie avec indignation : *Silence dans la coulisse!* Et Pierrot qui est dans un rapport continuel et intime avec son public, le remercie par un de ces regards affectueux et nobles qui disent tant de choses !

Très-sérieusement Deburau est dans son genre un artiste parfait, un de ces talents accomplis et sûrs, qui se possèdent et se contiennent, qui ne négligent et n'outrepassent aucun effet. A combien de tragédiens ampoulés et braillards ne faudrait-il pas conseiller d'aller étudier le goût, la mesure et la précision chez ce Pierrot enfariné ! Pour les artistes en tous genres, la sobriété d'effets et la justesse d'intention, c'est l'idéal, c'est l'apogée. Talma et Rachel sont des modèles dans leur sphère... et Deburau aussi dans la sienne, n'en déplaise à ceux qui se croient placés plus haut parce qu'ils estropient des rôles plus sérieux sur de plus vastes théâtres.

Hier, le théâtre des Funambules avait monté un superbe spectacle pour le bénéfice de Deburau. Parmi les décors, une fontaine lançait une masse d'eau limpide et jaillissante, un véritable lavoir champêtre d'un effet charmant. Il n'y a pas que l'acteur et le public qui aient du goût aux Funambules. Il faut louer aussi la mise en scène.

Un accident est venu attrister les dernières scènes. Deburau, rapidement englouti dans une trappe, s'est blessé. La représentation n'a été interrompue qu'un instant. Un morne silence accusait l'attente résignée et la sincère inquiétude de ce public si impatient et si bruyant à l'ordinaire. La souffrance se lisait à travers son masque de farine, et les généreux enfants du faubourg l'ont supplié d'une voix attendrie, de ne pas se sacrifier à leurs plaisirs. Mais lui, les remerciant d'un geste et d'un sourire sympathiques, a repris sa verve et achevé la pièce aux grands transports d'un public reconnaissant, qui l'a rappelé et applaudi avec transport. Il n'y a pas de place pour les claqueurs aux fêtes du peuple, et l'incomparable Pierrot des Funambules n'en a jamais eu besoin.

S'il est vrai que ce théâtre soit supprimé et que Deburau prenne sa retraite, n'est-il aucun autre théâtre qui ne s'efforce de l'arracher aux douceurs du repos? Le peuple l'a possédé assez longtemps pour n'avoir pas lieu de l'accuser d'ingratitude. S'il se montre enfin au public des artistes de l'autre moitié de Paris, il y serait nouveau, car le boulevard du Temple est loin, et on ne pénètre pas aisément dans un théâtre toujours rempli comme celui des Funambules. Deburau, quoique bien ancien du côté de la Bastille, est encore inconnu du côté de la Madeleine à bien des gens capables de l'apprécier. Je sais qu'il serait difficile de transporter ce cadre qui lui est nécessaire, mais on peut peut-être lui en créer un modifié à son usage, et inventer pour lui quelque intermède renouvelé de nos anciennes traditions bouffonnes. Il y a tant d'esprit, d'imagination et de savoir-faire chez nous, à l'heure qu'il est ! On ne laissera pas disparaître un talent de premier ordre, sans que tous les gens de goût l'aient applaudi.

Février 1846.

XVI

ARTS

I

THÉATRE DE LA RÉPUBLIQUE

Ce journal [1] n'est point une *Revue* et ne s'engage pas à rendre compte de tout. Il s'engage, au contraire, à ne s'occuper que d'un très-petit nombre d'ouvrages d'art, tant que la politique sera l'objet essentiel des préoccupations générales et particulières. Ce n'est pas qu'en principe nous regardions les arts comme des manifestations secondaires de l'esprit public. L'art est pour nous une forme de la vérité, une expression de la vie, tout aussi utile, tout aussi importante, tout aussi nécessaire au progrès que la polémique politique et la discussion parlementaire.

Mais, d'ici à quelque temps, nous ne nous attendons pas à voir l'art exprimer bien directement la pensée ac-

1. *La Cause du peuple.*

tive du moment. L'art n'étant jamais qu'une forme plus ou moins nette, plus ou moins arrangée de la vérité sociale, et la vérité sociale ayant besoin de se formuler elle-même dans la politique, les artistes et les poëtes n'auront guère à procéder que par de rapides improvisations, pour frapper l'attention publique. Les œuvres patientes et soignées ont besoin de calme et de temps. Les artistes, les vrais artistes, du moins, sont des hommes et des citoyens. Ils partageront l'émotion générale, anxiété ou enthousiasme, et, jusqu'à ce que la société soit assise, le sentiment agira plus que l'esprit.

Or, comme l'art est le travail de l'esprit sur le sentiment, et, pour ainsi dire l'enthousiasme réfléchi, nous pensons qu'il lui faut quelques semaines pour se raviver. Si nous nous trompons, tant mieux! Si l'art se transforme avec rapidité et s'élance dans la voie nouvelle que nous présentons, comme le peuple s'est élancé dans la voie politique, nous serons enchantés d'avoir à nous rétracter, et aussi prompts à le féliciter qu'il l'aura été à se produire.

Nous avouons que, pour notre compte, le temps nous a absolument manqué depuis un mois pour suivre les théâtres, la littérature et le Musée. Ce que nous avons vu, nous l'avons vu un peu par hasard. Et le temps nous manque encore cette semaine pour en parler comme il conviendrait.

Nous citerons pourtant une bonne fortune que nous avons saisie au vol au théâtre de la République. C'est l'*Aventurière*, pièce nouvelle de M. Émile Augier. Une versification facile et pourtant colorée, un heureux choix d'expressions, un dialogue excellent, une langue accentuée et coulante, alliance bien rare aujourd'hui et qu'il a fallu conquérir au prix d'un engouement exagéré pour le romantisme et d'une réaction exagérée contre le romantisme depuis vingt ans ; un ton comique très-chaud et ne franchissant jamais la limite du goût, un ton pathétique très-tendre ou très-passionné qui ne tombe jamais dans le niais ou qui ne s'égare jamais dans le faux et le forcé, voilà les qualités de style qui, au bout de dix vers, saisissent et rassurent dans la manière de M. Augier.

L'action est simple et sage, grand mérite à nos yeux. Elle se pose naïvement comme une comédie de Molière, et se comprend tout d'abord : autre mérite bien vieux et redevenu bien nouveau ! C'est un tableau d'intérieur, une famille troublée par un de ces malheurs que tout le monde a vus, que tout le monde peut apprécier. Les types sont connus, parce qu'ils sont vrais et de tous les temps.

Peu à peu l'action se développe sans se compliquer et l'intérêt n'a pas besoin, pour grandir, de recruter des figures inattendues ou d'accumuler des incidents invraisemblables. Cette action suit le principe qui nous a toujours paru le seul vrai, le seul utile dans l'art dramatique ; c'est-à-dire que la progression de l'intérêt ne naît pas d'une suite de changements dans la situation antérieure des personnages, mais d'une suite de modifications dans leurs idées, dans leur affections, dans leur être moral en un mot. On s'attache d'autant plus à leurs passions qu'on est moins distrait par leurs aventures, et le spectateur aime à se demander naïvement à la fin de chaque acte ce qu'ils vont penser et ce qu'ils vont résoudre. Il y a là un imprévu et une surprise beaucoup plus saisissants que l'attente de ces surprises du fait, si compliquées, si brusques, si fatigantes et si usées déjà, grâce aux prodigieuses ressources des faiseurs en renom. Et comment ne se lasserait-on pas de ce qui n'a aucune signification morale ? Que nous importent ces incidents dramatiques (car ce ne sont pas même des accidents) qui tombent du ciel comme des caprices de la destinée, et qui pourraient tout aussi bien arriver d'une manière que de l'autre ? On a dépensé souvent, pour entre-croiser tous ces hasards dans une seule pièce et pour les débrouiller au dénouement, plus de talent et de savoir-faire qu'il n'en eût fallu pour faire cent actions suffisantes chacune pour une bonne pièce. Il n'y a rien de plus affligeant que cette habileté ; c'est la décadence et la mort de l'art, et, ce qui désole, c'est que ce sont de grands artistes qui ont travaillé pendant vingt ans à commettre ce parricide.

Dans la pièce dont nous rendons compte, tout se passe autrement, et l'unité de l'action ne laisse pas l'action languir le moins du monde. Il n'y a pas une scène qui n'ait sa raison d'être. Le plan de campagne des principaux personnages se fait, se défait et se refait, non parce qu'il a plu à l'auteur que cela fût ainsi, mais parce que ces personnages, bien conçus et parfaitement vrais et vivants, ne devaient pas, ne pouvaient pas échapper à ces doutes, à ces irrésolutions, à ces projets, à ces colères, à ces réactions, à ces douleurs et à ces résolutions nouvelles. Enfin, c'est la nature qui suit sa pente irrésistible, et la fatalité des événements est parfaitement logique.

Ce n'est pas tout que d'avoir cette forme excellente et ces notions vraies de l'intérêt dramatique. Avec tout cela, on pourrait faire encore de mauvaises pièces, si, l'esprit étant juste, le cœur était froid, sceptique ou haineux. Mais comme cette comédie de l'*Aventurière* est bonne, très-bonne, très-attachante et très-salutaire à entendre, apparemment l'auteur a beaucoup de cœur et de moralité. Nous ne le connaissons pas, mais nous sommes sûrs de lui. Nous ne lui dirons pas, avec ce ton paternel et pédant de la critique brevetée : « Continuez dans cette voie, mon cher monsieur, nous vous conseillons de vous y tenir. Ne vous en détournez pas, et vous aurez notre estime. » Non, nous ne lui dirons pas de ces choses-là ; nous ne lui prescrirons et ne lui conseillerons rien. Nous sommes très-nouveaux et très-naïfs dans le métier de critiques, et nous ne chercherons pas à en faire accroire. Nous sommes très-contents et très-attendris, et nous voyons bien qu'un homme de cœur et de talent ira droit son chemin sans notre protection. Nous ne conseillons qu'une chose, c'est au public d'aller voir sa pièce, d'autant plus qu'elle est admirablement jouée. Samson y est, comme toujours, un véritable maître. Régnier y développe un talent supérieur, et qui le place désormais au premier rang des comiques. Sa scène d'ivresse est d'une vérité incomparable. L'acteur a compris cette scène comme l'auteur, c'est-à-dire qu'il a été aussi loin qu'on peut aller dans le réel et le bouffon, sans jamais outre-passer la mesure du goût de l'épaisseur d'un cheveu. La mesure! tout l'art est là ; tirer du sujet tout ce qu'il comporte, n'en rien perdre, n'en rien négliger, et ne jamais faire dire, *c'est trop!* Il y a des artistes remarquables, des génies même, qui se perdent pour ne pas voir ce mince cheveu dont nous parlons, ce cheveu qui sépare le sublime du ridicule, le naïf du niais, le gracieux du maniéré, le plaisant du grotesque.

qui tracera la limite? qui posera le cheveu? qui définira le *goût?* Le goût, c'est un grand mystère, et qui n'a pas de criterium palpable. Il échappe absolument à l'arbitraire de la critique. Il ne peut être jugé que par lui-même.

Mademoiselle Anaïs aussi est un maître. Si on pouvait désirer mieux qu'elle quand on est sous le charme de sa grâce accomplie et de son intelligence supérieure, on s'imaginerait une aventurière un peu plus accentuée, un peu moins digne et convenable, bien peu plus, bien peu moins.

Mademoiselle Anaïs ne peut pas donner à faux. Ainsi lorsqu'elle n'atteint pas la limite du cheveu, elle n'en est séparée que par l'épaisseur d'un autre cheveu.

L'ouverture des représentations gratuites du théâtre de la République a eu lieu jeudi avec tous les honneurs dus au peuple. Le nouveau directeur, M. Lockroy, aimé du public autrefois comme artiste, ensuite comme auteur dramatique, sera aimé maintenant du vrai, du grand public, pour le soin intelligent et le zèle qu'il apporte à ces représentations patriotiques, qu'on pourrait appeler les fêtes de l'esprit. Le spectacle a été ouvert par le *Chant du Départ,* cette belle inspiration de Méhul, devenue populaire, et chantée par les chœurs du Conservatoire. Un prologue, *Le Roi attend*, sorte de pastiche où l'auteur a exprimé ses bonnes intentions, en s'attachant le plus possible à faire parler les maîtres mis en scène ; un chant patriotique admirable de madame Pauline Garcia-Viardot, sur les paroles de Pierre Dupont, chanté largement par Roger; madame Rachel dans *Les Horaces;* Provost, Regnier, Samson, mademoiselle Brohan dans *Le Malade imaginaire;* enfin, Rachel encore, Rachel, sublime d'attitude, de geste et d'accent dans *La Marseillaise*, telle était la composition du spectacle. Bien des gens s'attendaient à voir la salle remplie de *Messieurs*. « Les hommes du peuple vendraient tous leurs billets, disait-on. » D'autres s'attendaient à voir reparaître les pommes et les cervelas des anciennes représentations gratis. On se promettait de se préserver des projectiles et de s'amuser des *lazzis du peuple*. On s'est beaucoup trompé, Dieu merci, et nous allons dire la vérité.

Quelques hommes du peuple ont, en effet, vendu leurs billets. Ils en avaient le droit : Qui pourrait s'indigner sérieusement de voir un pauvre père de famille ne pas résister à l'offre de vingt ou trente francs? Mais il faut qu'on sache bien que, sur neuf cents spectateurs, il n'y en a pas cinquante qui aient cédé à cette tentation. La masse repoussait avec énergie les brocanteurs, et ces réflexions circulaient textuellement dans la foule : « C'est mal de venir tenter les pauvres gens; plaignons ceux qui ne peuvent résister; mais, quant à nous, nous ne vendrions pas nos places pour cent mille francs. Puisque la République nous invite à une fête, oublions nos estomacs et secondons les efforts qu'on fait pour satisfaire nos esprits! » — Nous voilà donc plus grands que les anciens. Il n'est plus question d'avoir du pain et des cirques ; on se passe de pain pour aller au spectacle.

Quant aux rumeurs et aux désordres *attendus* par certaines gens, il y a eu désappointement complet. Jamais le beau public des Italiens ou de l'Opéra n'a écouté, goûté, senti, applaudi à propos comme les ouvriers, et les ouvriers de Paris savent le faire. Jamais nos grands artistes n'ont trouvé un public plus sympathique et plus intelligent. Il n'y a pas eu une pelure de pomme ou d'orange dans les loges, pas une parole échangée pendant les vers de Corneille ou la prose de Molière. Un silence religieux, une douceur de manières, une délicatesse d'applaudissements dont on chercherait en vain, l'exemple ailleurs. Des épisodes touchants ont marqué cette solennité dramatique. Le peuple s'est cotisé pour offrir un bouquet à mademoiselle Rachel. A la fin de la *Marseillaise*, un jeune ouvrier est monté sur la scène, et, lui présentant des fleurs (les *dandies* les jetaient à la figure des actrices), il l'a priée, au nom du peuple, de vouloir bien recommencer le dernier couplet. Les *dandies* crient *bis* d'un ton impérieux et habituent les femmes à regarder un commandement brutal comme un hommage. Le peuple regarde un comédien comme un homme, et une grande actrice non pas seulement comme une femme, mais comme une muse. Le peuple est délicat et plus gentilhomme que tous les gentilshommes d'hier.

A la sortie, le peuple, en acceptant les fêtes de l'État, a voulu prouver qu'il ne regardait pas ce noble divertissement comme une aumône. Il l'a montré en faisant l'aumône lui-même. Chacun donnait son offrande pour les pauvres, en disant : « N'oublions pas que pendant que nous nous amusions d'autres souffraient ! » Admirable peuple, comme tu sais te venger de ceux qui te méconnaissent !

8 avril 1848.

II

THÉATRE DE L'OPÉRA

L'Opéra a donné à son tour une représentation nationale où le peuple a entendu le chef-d'œuvre d'Auber, *La Muette de Portici*, et les chants patriotiques de notre première révolution. *La Muette* a vivement impressionné l'auditoire. Cet auditoire-là écoute à la fois les paroles et la musique. Il a raison. Dans un drame lyrique, s'il y a contre-sens entre la pensée littéraire et la pensée musicale, l'œuvre est manquée de part et d'autre. L'art est pour le peuple une question de sentiment, et son instinct arrive de primesaut à ce qui est le but le plus complet et le plus élevé de l'art; c'est que, dans toutes les choses humaines, le point de départ comme le point définitif, est le simple et le vrai. Tout travail intermédiaire est une suite de déviations qui finissent toujours par un retour au principe de la logique, ou une suite de confirmations successives du principe même.

Le peuple est, par rapport aux arts, comme un enfant bien doué et bien organisé, qui ne connaît pas le beau, mais qui le devine, parce qu'il le porte en germe en lui-même. Il ne sait pas pourquoi l'œuvre est belle, il ne la soupçonne pas difficile, bien qu'elle lui paraisse mystérieuse. Mais elle l'impressionne ou le laisse froid, selon qu'elle est émanée du sentiment ou purement de la science.

Qu'on ne dise donc pas que c'est une barbarie de vouloir associer ces prétendus *barbares* aux grandes jouissances de l'art. C'est calomnier la nature humaine dans ce qu'elle a de plus pur. Il faut initier le peuple comme on initie un enfant de grande espérance, objet d'une grande sollicitude. Il ne faut lui donner que de belles choses, et ne jamais croire qu'il y ait rien de trop beau ou de trop sérieux pour lui.

Ce peuple de France, surtout, est né artiste. Chez nous l'artisan n'est pas seulement un ouvrier; il porte du goût, de l'harmonie et de l'idéal dans les plus humbles travaux de l'industrie. Les étrangers le savent bien, et les produits de nos arts industriels servent de modèles dans toute l'Europe.

Artistes, ouvrez vos trésors, et ne vous méfiez pas des âmes où ils vont se répandre. Chaque jour vous serez surpris et charmés d'avoir dans les masses un élève collectif, instrument aux innombrables cordes, dont aucune ne sera muette au souffle de votre génie. C'est là qu'avec le temps vous trouverez des juges sûrs et des critiques impartiaux. C'est là où vous rencontrerez des sympathies qui vous dédommageront de l'injustice ou de l'ingratitude de votre ancien public.

15 avril 1848.

XVII

PRÉFACE DES *CONTEURS OUVRIERS*

PAR

GILLAND

AUX OUVRIERS

Lorsque je vis Gilland pour la première fois, il me fut amicalement présenté par le poëte Magu, comme son futur gendre. Il était à la veille de l'unir à sa fille Félicie, une délicate enfant de seize ans, blonde, gaie intelligente et sensible comme son père. Elle apporte en dot, me disait le vieux tisserand, deux jolis yeux bleus, une aiguille à coudre, assez d'esprit et un bon cœur. Quant à lui, ajoutait-il tout bas, en me montrant Gilland, c'est un gros capitaliste. Il possède un grand cœur et une belle intelligence. Causez un peu avec lui, et vous verrez si ma Félicie ne fait pas un riche mariage. En effet, ces deux enfants n'avaient rien que leurs bras, selon le monde, mais, devant Dieu, ils s'apportaient l'un à l'autre la vraie richesse.

J'étais, à cette époque, très-occupé, ou, pour mieux dire, préoccupé par trop de soins. J'aurais voulu voir Gilland plus souvent et plus longtemps : mais lui-même manquait de temps, et demeurait loin. Cependant la connaissance fut bientôt faite. Pardonnez-moi, amis et frères, de vous raconter un détail qui ne sera point puéril à vos yeux. C'était un soir d'hiver, entre chien et loup, comme on dit. Je questionnais Gilland sur la situation des ouvriers des faubourgs. Il me parlait simplement, dans un langage correct, mais sans art et sans prétention. Sa voix n'avait pas d'éclat, et, à la lueur d'un feu mourant dans l'âtre, je ne voyais pas même sa figure. Il n'exerçait donc autour de lui aucun des prestiges de l'éloquence habile, et il ne songeait même pas à rendre sa parole insinuante et persuasive. Il parlait comme quelqu'un qui a le cœur plein, et qui pense tout haut. Il disait les souffrances du prolétaire, l'abandon des pauvres enfants au milieu de la corruption des villes, le martyre de l'apprentissage, l'égarement de ceux que l'indignation transporte, le désespoir calme de ceux que le malheur abrutit, les mérites surhumains de ceux qui restent purs et résignés dans cet enfer, enfin tout ce que l'homme dévore ou subit dans sa lutte avec la misère et l'oppression. Tout cela n'était pas nouveau pour moi, comme vous pouvez bien le croire, et Gilland ne m'apprenait rien. Je suis de ceux qui ont eu la douleur de voir la douleur de près, et j'ai été appelé à contempler tant de souffrances dans le cours de ma vie, que si le sentiment de la compassion pouvait s'éteindre dans le cœur humain, le mien serait endurci. Et, cependant, à mesure que Gilland parlait, les larmes me gagnaient, et quand il fut parti, je pleurai comme cela ne m'était pas arrivé depuis longtemps. C'était des pleurs amers et pourtant je me sentais plus de courage et d'espérance qu'auparavant, car je me disais : quand des hommes si sensibles et si dévoués naissent dans les rangs de la misère, de meilleurs jours s'approchent. Le peuple jusqu'à présent n'a pas senti son malheur, ou il ne l'a pas senti à propos et comme il convient. Il l'a senti dans l'abattement ou dans la colère, pour se laisser écraser, ou pour secouer son joug, en brisant son front avec. A présent le peuple va prendre une voix pour se plaindre avec chaleur, pour réclamer avec modestie, pour se venger en pardonnant. Oui, c'est la voix du peuple que je viens enfin d'entendre, c'est sa voix juste et vraie, ce n'est plus le cri de son agonie impuissante, ni celui de sa fureur déchaînée et meurtrière. Ce n'est pas l'accent enflammé du tribun. Le monde a entendu ces accents, ils ont brisé, ils n'ont pas édifié. Ce n'est pas non plus le chant prophétique de l'inspiration qui élève des autels à un Dieu encore irrévélé au vulgaire. Les poëtes et les philosophes ont chanté ces hymnes et ils se sont perdus en montant vers les cieux. La terre a été sourde et rien n'a été renouvelé parmi les hommes. Mais cette voix, c'est celle de la conviction persuasive, de la raison attendrie, de la dignité humaine, volontairement et chrétiennement humble, mais d'autant plus ferme qu'elle est plus douce. Et ainsi je repris courage, comptant sur la Providence pour faire passer peu à peu dans tous les cœurs ce beau et pur sentiment que, sans le savoir, un ouvrier venait de manifester dans quelques simples discours sortis de son âme.

Et pourtant Gilland n'est point un orateur et ne se

pique pas de l'être. Il parle bien, parce qu'il pense bien, parce qu'il sent vivement. J'ai peu rencontré d'âmes aussi sympathiques et aussi tendrement dévouées à l'humanité que la sienne, et je mets en fait que quiconque l'écoutera attentivement, même avec des préventions contre l'homme et sa race, sera vaincu par sa douceur et pénétré de sa sincérité. C'est que Gilland est l'homme de son langage, le fidèle observateur des vertus qu'il enseigne. Il n'existe pas de cœur plus pur. Voilà ce qu'avant tout, je voulais dire à ses frères. Son petit livre prouvera qu'il y a en lui de l'intelligence, du talent et de véritables instincts poétiques ; mais il n'est point de ceux en qui l'on peut séparer le talent de l'homme. Non, Dieu merci, l'intelligence de cet homme-là c'est une belle âme, un esprit qui voit clair parce qu'il cherche la lumière en Dieu, un cœur ouvert à tous et qui se manifeste avec chaleur et simplicité par la parole, par les chants, par le travail des bras, par le style, par le dévouement, par l'amitié, par l'amour de la famille, par toutes les faces de son existence.

Lorsqu'un littérateur de la classe aisée jette son premier livre au public, c'est parfois sous le voile de l'anonyme ou du pseudonyme. Dans tous les cas, c'est toujours avec une certaine méfiance de soi ou du public. La modestie et la vanité trouvent également leur compte à présenter l'œuvre en cachant la personne de l'auteur. Tantôt c'est une mystérieuse coquetterie, tantôt c'est une crainte excessive de la critique, tantôt, enfin, c'est quelque motif plus sérieux tiré d'une situation particulière qui commande la réserve.

En général, il est réputé de mauvais goût, dans les mœurs littéraires du beau monde, de parler de soi, et un débutant de ce monde-là, qui laisserait placer son éloge personnel et le compte-rendu de son existence en tête de son ouvrage, ferait rire et non sans raison.

Mais les choses prennent un autre sens et produisent un autre effet en se déplaçant. Les usages du peuple sont à la fois plus naïfs et plus sérieux que ceux de la bourgeoisie. Le peuple a peu de temps à perdre, et il ne veut pas se livrer à un inconnu. Il a quelque méfiance de cette chose excellente et funeste, attrayante et trompeuse, un livre ! Il faut donc lui présenter l'auteur, lui servir de parrain en quelque sorte, et pouvoir dire : « Lisez-le, il est moral ; il est honnête et sincère. Il écrit comme il pense, et il pense ce qu'il écrit. »

Cet usage a quelque chose de patriarcal dans son principe, et nous nous y conformerons de bon cœur, frères et amis, en vous racontant la vie de Gilland. Il me l'a racontée lui-même dans cette manière simple, qui est la meilleure de toutes, et c'est pourquoi je vous transcrirai ses propres paroles.

« Je suis né (Gilland, Jérome Pierre) le 18 août
» 1815, à Sainte-Aulde, petite commune du départe-
» ment de Seine-et-Marne. Mes aïeux furent tous ber-
» gers de père en fils. Je suis le premier de la famille
» qui ait rompu la tradition, non que le métier me
» déplût en lui-même, au contraire : encore enfant,
» j'en aimais l'austérité, l'isolement et la poésie, que
» je comprenais fort bien. Mais il s'attachait à cette
» condition de mes parents une servitude, qui dégé-
» nérait peu à peu en véritable esclavage ; et si jeune
» que je fusse, la dégradation humaine m'a toujours
» fait horreur. Vous trouverez presque tous les dé-

» tails de mon premier âge, dans le conte intitulé les
» *Aventures du petit Guillaume ;* sauf le chapitre de
» la domesticité chez les Anglais, qui est une fiction,
» tout le reste est de l'*histoire.*

» Mon éducation a été celle de tous les enfants
» pauvres des campagnes, je ne suis allé que trois
» hivers à l'école de mon village, et encore j'ai été
» forcé de la quitter pour le travail des bras, avant
» de savoir écrire. Afin de mieux nous abrutir, appa-
» remment, on nous apprenait à lire le latin, comme
» je l'ai dit dans mon conte.

» Pendant cette étude absurde, le temps se passait,
» l'âge du travail arrivait on quittait la classe et on
» n'y rentrait plus. La génération des hommes de mon
» âge doit pour cela bien des actions de grâce à la
» mémoire de Louis XVIII, ce bon roi de France et
» de Navarre, qui a tant souffert pour nous dans son
» exil, comme chacun sait, et qui le montrait si bien
» par sa figure.

» Le goût de la lecture me vint aussitôt que je pus
» comprendre ce que je lisais. Mes pauvres parents ne
» connaissaient ni *a* ni *b* : mais j'avais un oncle sabo-
» tier, qui possédait quelques livres et qui me les prê-
» tait. Il me les donna même tous un jour, quand il vit
» que j'en avais soin et que j'en faisais mon profit.

» J'allais avoir onze ans, et je travaillais déjà depuis
» trois ans, lorsque mon père eut à la main un mal
» d'*aventure* qui le força de quitter son état. Il vint à
» Paris, résolu à se faire couper le bras ; mais, par
» bonheur, on le guérit. Nous étions six enfants à lui
» demander du pain. Il se fit portier pour nous en
» donner. En arrivant à Paris, je fus immédiatement
» mis en apprentissage chez un bijoutier. Le métier

» me convenait assez, mais j'en rêvais un autre.
» J'aurais voulu être peintre. En faisant mes messa-
» ges, je ne pouvais m'empêcher de m'arrêter et de
» m'extasier devant les magasins de tableaux et de gra-
» vures. Vous ne sauriez croire combien Gérard, Gros,
» Bellangé, Horace Vernet m'ont valu de coups.

» A cet âge, avec les quelques *pièces de pourboire*
» que je recevais de temps en temps en allant livrer
» de l'ouvrage, j'achetais de ces petits livres à six sous
» que l'on voit étalés sur les ponts et sur les murailles.
» C'étaient les abrégés de *Robinson*, de *Télémaque*, de
» *Paul et Virginie*, de la vie du chevalier Bayard *sans
» peur et sans reproche!* Que cette devise me semblait
» belle! Et puis la *Lampe merveilleuse*, et puis *Clau-
» dine*, et puis *Estelle et Némorin*. C'était bien; mais il
» y avait aussi des histoires de *Cartouche* et de *Man-
» drin*, et nombre d'autres histoires fort peu édi-
» fiantes, même obscènes, que l'on me vendait sans
» scrupule et que j'achetais sans défiance. On devrait
» mettre au pilori ceux qui font commerce de ce poi-
» son et qui le livrent à de malheureux enfants.

» Ces dangereuses lectures, jointes au séjour de
» l'atelier, aussi mauvais alors qu'aujourd'hui, trou-
» blèrent mon esprit et je faillis me corrompre comme
» bien d'autres que le ciel n'avait pourtant pas faits
» méchants. Mais vint l'époque où l'on vendait de grands
» ouvrages par livraisons. J'étais ouvrier alors, et je
» souscrivais à tout. Pour cela, je vivais de pain sec
» une partie de l'année; mais je lisais, et mon pain
» me paraissait délicieux. Ces lectures sérieuses me
» faisaient grand bien et me ramenaient peu à peu à
» ma première nature. Un jour j'ouvris Jean-Jacques
» et je fus tout à fait sauvé.

» Je pris dès lors la vie et la vertu au sérieux. Plus
» tard j'eus encore quelques accès de doutes et de
» trouble, mais grâce à ces grands modèles de l'hu-
» manité que nous pouvons invoquer, depuis Marc-
» Aurèle jusqu'à Fénelon, depuis Socrate jusqu'à
» Saint-Vincent-de-Paul, j'ai toujours ramené ma vie
» au bien et au vrai. »

Ce que Gilland m'a confié de sa vie intime et des affections de son cœur est aussi pur et aussi bon que sa vie intellectuelle. J'ai été frappé d'une circonstance particulière. C'est qu'il a aimé une femme égarée et qu'il a voulu la réhabiliter par son amour. Ce sentiment où la passion prend la forme de la charité chrétienne, et se sanctifie en proportion de la dégradation de son objet, a traversé le cœur de plusieurs hommes de ce temps-ci, et y a laissé une trace de douloureuse pitié. Tous n'ont pas eu le bonheur d'arracher au mal la malheureuse proie de la corruption sociale, mais, du moins, presque tous ceux qui l'ont tenté sérieusement étaient, à ma connaissance, des hommes d'élite, soit par le cœur, soit par l'esprit. Gilland échoua dans sa généreuse entreprise.

« Je venais, dit-il, d'échapper à la conscription.
» J'étais libre. J'aurais voulu me marier avec cette
» femme pour la retirer de l'abîme, la sauver d'une
» vie de turpitude, car elle ne faisait que de commen-
» cer. Elle était si jeune, si frêle ! en la regardant, il
» me semblait lire dans son âme le remords et le dé-
» sespoir. Je voulais lui donner mon nom, un nom
» honnête à la place de son nom souillé, la réhabiliter
» aux yeux des autres et aux siens. Elle était pâle.....
» Je me disais : C'est son affreuse position qui la tor-
» ture, le pain qu'elle mange est si amer !

» Mais avant de lui faire connaître mon amour, je
» voulais qu'elle se purifiât par quelque sainte action,
» et voici ce que j'imaginai. Un de mes camarades ve-
» nait de partir soldat; il avait laissé un enfant à une
» pauvre ouvrière qui venait de mourir. Je voulais
» adopter cet enfant pour le donner à la malheureuse
» que j'aimais d'un amour à la fois chrétien et roma-
» nesque; je voulais qu'elle l'aimât comme son fils,
» afin qu'en lui voyant cet enfant dans les bras, tout
» le monde la respectât, comme je voulais la respecter
» moi-même. Ma mère était ma confidente. Je l'enga-
» geais, en bonne âme qu'elle était, à aller chercher
» l'enfant. Mais elle me fit un doux sermon. Elle me
» dit que celle dont je voulais faire ma compagne ne
» m'aimerait pas, qu'elle ne comprendrait point mon
» sacrifice, qu'elle m'abandonnerait pour le premier
» débauché qui aurait de l'argent; que le monde était
» méchant, que l'enfant me serait reproché comme le
» fruit de mon inconduite. Les mères sont toujours
» un peu égoïstes dans leur tendre prévoyance. La
» mienne parlait le langage de la raison, et pourtant
» elle pleurait en me grondant, et elle pleure encore
» lorsqu'elle raconte cette folie de ma jeunesse, que
» je ne saurais me reprocher. »

Force fut bien à Gilland d'écouter sa mère, car la pauvre fille égarée, après avoir hésité entre le vice et la vertu, se rejeta dans l'ivresse et partit avec un nouveau riche.

Après avoir oublié, non sans peine, cette infortunée, Gilland s'attacha sérieusement à une ouvrière, sa sœur de condition, sa compagne de labeur.

.... « Si l'on peut donner le nom d'Ange à quel-
» qu'un pour exprimer la beauté, la douceur et l'intel-

» ligence, certes celle-là le méritait. Nous travaillions
» à côté l'un de l'autre, presque dans le même atelier ;
» moi chez le patron, de mon état de serrurier (état
» que j'avais définitivement adopté et que j'aime, quoi-
» qu'il me fatigue beaucoup); elle chez la dame comme
» couturière. Nous nous aimions sans nous le dire et
» plus certains l'un de l'autre que si nous avions
» échangé des serments. Notre amour se manifestait
» par sa réserve même. Cette jeune fille n'avait que
» dix-sept ans. Depuis que je l'aimais, je travaillais
» comme dix nègres, le jour, à mes serrures, pour me
» faire quelques épargnes et pour acheter un ménage,
» la nuit, à l'étude de la grammaire que j'apprenais seul
» et que je n'ai jamais pu mener plus loin que ce que
» vous voyez. Pendant ce temps, la jeune ouvrière
» travaillait aussi de son côté et avec des motifs sem-
» blables aux miens. Pauvre enfant ! Elle succomba
» sous la fatigue. Elle devint malade, elle s'affaiblit,
» elle languit, elle mourut ! Cette mort qui me frap-
» pait au cœur, aurait dû le fermer à jamais aux senti-
» ments tendres; mais j'étais né pour vivre de toutes les
» affections et pour souffrir de toutes les douleurs.

» J'ai souvent entendu dire que les morts s'oublient
» vite. Quant à moi, mon souvenir reste fidèle à ceux
» que j'ai mis dans la tombe. Je voile aux regards in-
» différents le deuil que je porte, mais il y a toujours
» quelque chose qui les pleure au fond de mon âme.

» Je restai quelque temps sous le coup d'un décou-
» ragement sombre, d'un désespoir qui tenait de l'hé-
» bêtement. Ma famille n'en savait rien, Dieu merci !
» Mes camarades ne me comprenaient pas, et au lieu
» de me consoler, ils m'emmenaient boire avec eux;
» mais le vin ne m'était d'aucune ressource, il m'a-

» battait davantage et ne m'enivrait pas. J'y renonçai
» résolûment, honteux même d'avoir espéré trouver
» l'oubli au cabaret et le courage dans ce délire abru-
» tissant que des poëtes ont osé nous vanter comme
» le premier des biens. Le temps que j'avais passé à
» cet essai ne fut pourtant pas perdu absolument pour
» moi. J'y observai, j'y pénétrai la nature humaine
» que je me serais laissé aller à mépriser, à détester
» peut-être, si je n'avais vu que la surface grossière.
» Plus curieux de la vérité, ou plus attentif que la
» plupart de mes compagnons, je les amenais en choi-
» sissant bien le moment, à s'épancher, à me faire
» leur confession, à se montrer à moi tels qu'ils
» étaient, et tels que Dieu nous voit tous. Mes expéri-
» mentations me prouvèrent ceci : que tous les hom-
» mes étaient malheureux ; qu'ils nourrissaient tous,
» soit pour une cause, soit pour une autre, une grande
» tristesse au-dedans d'eux-mêmes ; que l'on découvre
» ce mal jusque chez ceux qui le nient avec le plus
» d'obstination et de prétendue insouciance; que leur
» misère morale dépasse de beaucoup leur misère ma-
» térielle, quelque grande qu'elle soit. Enfin qu'il y
» avait un grand mal au milieu de nous tous, et que
» ce mal pouvait se soulager, diminuer, disparaître !
» De là au travail de rénovation morale que j'entrepris
» comme fondateur de *l'Atelier*, il n'y avait plus qu'un
» pas. Au moyen âge, après mes premières décep-
» tions, je me serais fait religieux indubitablement.
» Je me serais jeté tout entier dans la vie ascétique.
» En ces temps-ci, j'ai visé sinon plus haut, du moins
» plus juste. J'ai compris l'utilité de la vie, j'ai eu en
» vue l'apostolat de l'égalité, et j'ai commencé par
» prêcher d'exemple, afin de donner plus de force à

» mes enseignements. Je suis devenu sage, sage rela-
» tivement à beaucoup d'hommes auxquels je suis à
» même de me comparer; mais je suis encore loin
» d'atteindre ce que je voudrais être, car j'ai toujours
» devant les yeux un idéal de perfection sainte, que je
» rêve pour les hommes en le cherchant pour moi. »

Gilland, en effet, consacra ses rares heures de loisir à la prédication fraternelle d'ami à ami, de cœur à cœur. Il rédigea dans l'*Atelier* quelques articles d'une touchante moralité et se lia avec l'élite des ouvriers instruits de Paris[1]. Il a épousé, ainsi que je l'ai dit, mademoiselle Magu. «La connaissance que j'avais faite du
» vieux poëte à notre village me procura, dit-il, le bon-
» heur de posséder une compagne intelligente et douce
» telle qu'il m'en fallait une, et telle que bien peu
» de gens peuvent se vanter d'en posséder. Vous con-
» naissez nos amis, notre intérieur. Notre ménage est
» tel qu'on pourrait le souhaiter à bien du monde dans
» notre malheureuse société. Mon père et ma mère
» sont encore vivants, Dieu merci. Ils ne gagnen
» plus rien, et sans nous seraient depuis longtemps à
» l'hôpital. Ei cela après avoir été les plus honnêtes
» gens et les meilleurs travailleurs du monde. Je
» pourrais vous citer d'eux des traits de probité et de
» désintéressement admirables.

» J'aurais pu, à une certaine époque, m'établir et
» devenir maître à mon tour. Il m'a été plusieurs fois
» offert de l'argent pour cela; mais j'ai voulu rester
» ouvrier. J'ai toujours pensé que l'association éman-
» ciperait les travailleurs, et qu'elle seule devait être
» soutenue et préconisée. J'y ai fait de grands sacri-

---

1. Avec Agricol Perdiguier entre autres.

» fices. Après avoir prêché, j'ai expérimenté. J'ai
» beaucoup perdu pour arriver à des résultats nuls,
» mais je n'en persiste pas moins à rêver et à deman-
» der l'association, et j'ai la certitude qu'elle prospè-
» rera tôt ou tard. Plus que jamais je veux rester
» ouvrier. Si j'avais dix fois plus de talent et de res-
» sources que je n'en ai, je persisterais, je tiendrais
» d'autant plus à mon idée, afin de prouver à tous les
» vaniteux égoïstes que le travail doit être sanctifié,
» qu'il élève et rend indépendants ceux qui l'aiment,
» et qu'il n'est incompatible avec aucune des positions
» de notre société actuelle. »

Voilà pourtant l'homme que l'esprit de parti et l'aveuglement populaire ont qualifié de factieux et d'anarchiste, et traité comme tel, dans ces derniers temps.

Après la révolution de février, Gilland, dont la moralité et le caractère étaient connus, reçut la mission délicate d'apporter des paroles de conciliation au sein des populations de Buzançais, chez lesquelles le récent événement de la République avait remué de tristes et sanglants souvenirs. Grâce à l'influence salutaire qu'il sut exercer, de nouveaux malheurs furent évités, et lorsque les esprits, éclairés par de sages conseils, furent calmés, Gilland revint à Paris plus pauvre encore qu'il n'en était parti.

Porté à la candidature pour la députation dans le département de Seine-et-Marne, il échoua avec plus de vingt mille voix. Il avait été sur le point d'en réunir un plus grand nombre encore, mais là, comme partout, à la veille du scrutin, la réaction répandit soudain les bruits les plus absurdes, les calomnies les plus odieuses : Gilland était un buveur de sang, un débauché, un mauvais citoyen, un mauvais père, un mauvais fils ; il battait sa femme, il prêchait le meurtre et le pillage, etc. La réaction n'a pas fait de grands frais d'imagination dans ses intrigues électorales, car, sur tous les points de la France, le même jour, à la même heure, les mêmes calomnies ont été lancées contre les républicains. Quant à Gilland, personne ne pouvait avoir de haine politique contre lui, et ceux qui s'attachaient à le calomnier ne le connaissaient même pas. Mais c'était un homme du peuple, un homme de progrès, et il ne fallait pas de ces hommes-là.

Gilland était rentré dans son faubourg et gagnait sa vie tant bien que mal, l'ouvrage n'abondant plus, lorsque éclatèrent les événements de Juin. Au milieu de la mêlée, voyant le faubourg envahi, sa maison menacée par les boulets, son rôle impossible, car il ne pouvait ni se mêler à l'insurrection qu'il ne comprenait même pas, ni marcher contre ses frères égarés, il prit ses enfants dans ses bras, et, suivi de sa jeune femme, il sortit de Paris, avec des peines et des dangers extrêmes. Il se rendait à Lizy auprès de son beau-père, le poëte Magu, auquel il voulait confier les objets de son affection. Mais à peine arrivé à Meaux, des groupes de furieux s'élancent sur lui, des hommes exaspérés par l'horrible malentendu qui, en ce moment, avait saisi la population de vertige d'un bout de la France à l'autre, s'écrient : « Le voilà, ce républicain, ce factieux, cet ennemi de la famille et de la propriété ! Il fuit, c'est un chef d'insurgés, ce ne peut être qu'un communiste. » On arrache ses enfants de ses bras, on l'insulte, on l'aurait tué si la garde nationale ne fût intervenue et ne l'eût arrêté pour le sauver. En toute autre circonstance, il eût été relâché le lendemain. Mais il n'en fut point ainsi. La réaction qui sait si bien exploiter les événements, ne lâcha point la proie qui lui tombait sous la main, et Gilland dut s'estimer heureux d'être gardé cinq mois en prison sans savoir pourquoi, et de ne pas être transporté sans jugement. Il supporta cette épreuve avec une angélique résignation et enfin il passa devant le conseil de guerre qui le renvoya acquitté. Mais quel dédommagement nos lois donnent-elles à l'innocent qui a subi les rigueurs de l'arrestation préventive ? Un pauvre ouvrier est arraché à sa famille, à son travail, sa femme reste sans protection, ses enfants peuvent mourir de faim. Au bout d'une demi-année de captivité, où souvent la santé s'est perdue, on le met sur le pavé en lui disant : « Allez en paix. On s'était trompé. »

Gilland a occupé les tristes loisirs de sa prison à revoir et à compléter une série de contes populaires qu'il publie aujourd'hui dans le même but d'instruire et de moraliser le peuple, qui a dirigé toute sa vie : écrits naïfs et touchants où se reflètent la clarté de son intelligence, la poésie de ses instincts et la beauté de son âme. Lisez-les, vous qui aimez, priez et souffrez. Vous y trouverez de bons conseils, des consolations fraternelles, et l'amour de l'humanité.

Nohant, février 1849.

XVIII

LA COMÉDIE ITALIENNE

La comédie italienne est, pour ainsi dire, le lien qui unit notre théâtre moderne au théâtre des anciens. Elle continue, depuis les premiers temps du moyen âge jusqu'au milieu du xviii° siècle, la tradition des improvisateurs comiques de l'antiquité. Lorsqu'elle parvient en France, au temps de Louis XIV, à cette perfection, présage certain de la décadence dans toutes les formes de l'art, Molière est déjà là pour recueillir son héritage.

La comédie italienne ne se compose point, comme notre théâtre, de l'ensemble des pièces écrites par les meilleurs auteurs. Le répertoire du théâtre italien existe à peine. Le recueil de Gherardi, composé de pièces écrites au xviii° siècle, publié au moment où les meilleurs auteurs n'existaient plus, ne peut donner qu'une idée très-insuffisante du genre qu'il devait sauver de l'oubli. Ce qui est original dans la comédie italienne, ce qui lui appartient et n'appartient qu'à elle, c'est la création de ces types variés, dont l'esprit, la vérité, le naturel, ont fait les délices de plusieurs générations d'hommes. Aujourd'hui encore leur nom est dans la bouche de tout le monde, quoiqu'on ignore leur origine, leur histoire, et même leur caractère véritable. Qui le premier inventa ces personnages sans pareils : Polichinelle, Arlequin, Pantalon, Isabelle, Colombine, le Docteur ?... La généalogie de ces noms illustres est à peine ébauchée. Personne cependant ne peut contester l'antiquité de leur race. Quelques-uns d'entre eux sont nés certainement avant le christianisme ; ils ont traversé le moyen âge dans la voiture du charlatan ou sur les tréteaux des saltimbanques. On les voit grandir, se perfectionner, se transformer avec les nations mêmes qu'ils réjouissent de leurs quolibets et de leurs lazzis.

Le plus ancien de tous, c'est le Polichinelle napolitain. Il descend en ligne droite du *Maccus* de la Campanie, ou plutôt c'est le même personnage. Maccus, en langue oste, signifie la même chose que *Pulcinella* en italien. Le Maccus antique ne figurait point dans la comédie régulière, mais dans ces espèces de drames satiriques fort anciens qui s'appelaient *atellanes*, du nom de la ville d'*Atella*, où ils avaient pris naissance. Une statue de bronze, retrouvée à Rome en 1727, ne peut laisser de doute sur l'identité de Maccus et de Polichinelle. Le Polichinelle des atellanes porte, comme son descendant, deux énormes bosses, un nez crochu comme le bec d'un oiseau de proie, et de grosses chaussures reliées sur le cou-de-pied, qui ne s'éloignent pas trop de nos sabots modernes. Il a l'air railleur, sceptique et méchant ; deux boules d'argent, placées aux coins de ses lèvres, lui agrandissent la bouche, et donnent à sa physionomie quelque chose de bas et de faux, expression complétement étrangère à la figure du Polichinelle moderne. Cette différence dans l'extérieur des deux personnages me paraît accuser une différence plus profonde entre les caractères. L'acteur des anciens devait être quelque chose de plus bas, de plus haineux que le Polichinelle moderne : comique surtout par ses difformités, je me figure voir de loin une espèce de Thersite populaire aux prises avec l'oppression de l'esclavage et de la laideur. Polichinelle, c'est déjà la révolte ; il est affreux, mais il est terrible, rigoureux et vindicatif ; il n'y a ni Dieu ni diable qui le fasse trembler quand il tient son gros bâton. A l'aide de cet instrument, qu'il promène volontiers sur les épaules de son maître et sur la nuque des officiers publics, il exerce une espèce de justice sommaire et individuelle, qui venge le faible des iniquités de la justice officielle. Ce qui me confirme dans cette opinion, c'est que, dans les farces napolitaines, on trouve deux Polichinelles, l'un, bas et niais, véritable fils de Maccus ; l'autre, hardi, voleur, batailleur, bohémien, et de création plus moderne.

Les recherches de Ménage et de Louis Riccoboni ont prouvé que le caractère et le costume d'Arlequin se retrouvaient également dans la comédie de second ordre des Romains. On appelait les acteurs chargés de ce personnage, *planipèdes*, parce qu'ils paraissaient pieds nus sur la scène. Ainsi, l'Arlequin moderne ne porte que de légers chaussons. — Comme les *planipèdes*, il a la tête rasée, et son habit n'est qu'un ramas de guenilles de toutes couleurs. Arlequin est Lombard, de la ville de Bergame. — Jusqu'au xviie siècle, c'était un paysan balourd, pauvre valet d'un pauvre maître, obligé, pour se vêtir, de quêter les haillons du voisinage. Dominique, qui succéda à Trévelin dans ce rôle, transforma complétement ce personnage. Arlequin devint spirituel, fourbe, rusé, grand diseur de bons mots ; et nous ne l'imaginons pas autrement aujourd'hui. — De cette transformation de l'Arlequin résulta une lacune dans les caractères : le personnage de niais n'existait plus. C'est alors qu'un certain Sureton, gagiste de la comédie, s'avisa d'arranger le costume du Polichinelle napolitain et d'en faire le Pierrot moderne, résurrection d'Arlequins ignorants. Mais ce type, né en France, créé par un Français, a un caractère national et universel en même temps. « Pierrot est un villageois railleur à la manière du paysan, faisant volontiers la bête, mais assez subtil dans ses idées, en même temps qu'il est candide dans ses instincts et dans ses sentiments ; Pierrot, le cousin germain des Gilles, est le contraste récréatif, avec le jargon des *Précieuses ridicules* et des soubrettes madrées ; ce n'est pas un paillasse qui fait la cabriole, c'est un grand raisonneur qui procède par questions et embarrasse l'esprit des autres sans être embarrassé dans le sien propre. Il est logique dans la sphère étroite de ses pensées, et il pousse cette logique jusqu'à l'absurde, jusqu'à l'impossible. Les objets extérieurs l'étonnent ou le fatiguent. Mais il est artiste à sa manière, et raisonne du connu à l'inconnu avec cette liberté d'esprit qui est le fait des enfants et des âmes rustiques. »

Arlequin, et Polichinelle lui-même, doivent céder l'honneur de la primogéniture à Scapin, modèle primitif de tous les valets de Molière. Celui-ci est l'image fidèle de l'esclave de la comédie antique. Il vient en aide au fils dissolu qui trompe et vole son père; il se tire des plus mauvais pas à force d'effronterie et de mensonge. C'est le Dave de la comédie de Plaute et de Térence, emprunté lui-même du théâtre de la Grèce, dont les Romains ne furent que les imitateurs.

L'étude des divers types de la comédie italienne, de leurs nombreuses transformations, des idées et des sentiments qu'ils représentent, serait certainement la partie la plus intéressante d'une bonne histoire de la comédie italienne. Mon dessein n'est pas de tenter, pour aujourd'hui, une tâche aussi difficile. J'en ai dit assez pour faire comprendre au lecteur combien des caractères qui s'étaient ainsi formés par le travail lent et sûr d'une longue suite de générations, devaient être parfaits, nettement accusés, et quel effet ils étaient susceptibles de produire quand ils étaient maniés par de grands acteurs.

Or, les grands acteurs ne manquaient point à la comédie italienne. On sait que, dans les pièces jouées au théâtre italien, l'auteur n'avait à fournir qu'une intrigue, l'ordre dans lequel les scènes devaient se succéder, et l'indication succincte de ce que les personnages avaient à se dire. Les acteurs se chargeaient du reste. On conçoit aisément qu'un pareil système de composition exigeait d'excellents comédiens et contribuait singulièrement au développement de leurs facultés dramatiques. Quelle verve, quelle connaissance de la scène, quelle présence d'esprit ne fallait-il pas pour n'être ni plat, ni exagéré, pour amuser le public de mots piquants placés à propos, pour s'abandonner librement à tous les caprices de l'esprit, sans sortir de la situation, sans nuire au développement de l'intrigue ! C'était peu que de se préparer à l'avance : l'acteur, excité par les rires et les applaudissements du public, inventait chaque jour des saillies inattendues, qui obligeaient son camarade à trouver sur-le-champ la répartie. Quand on jette les yeux sur les plus anciens canevas imprimés de la comédie italienne, on a peine à comprendre qu'il ait existé des artistes assez habiles pour improviser le dialogue de scènes vaguement indiquées en quelques mots. Si l'on proposait aujourd'hui à nos meilleurs comédiens de jouer, comme les Italiens, le plus mince vaudeville, sans autre secours qu'un scenario pendu aux murailles du théâtre, derrière la coulisse, ils n'oseraient aborder une pareille entreprise.

Faut-il donc croire que tous les acteurs de la comédie italienne fussent des hommes prodigieux? Ils eurent sans doute parmi eux quelques artistes de génie. Fiorelli, Dominique, Bertinazzi, furent, à n'en pas douter, des acteurs inimitables. Mais ils ne possédèrent pas seuls ce don singulier d'improviser tout un rôle et de le soutenir, sans perdre haleine, pendant plusieurs actes. Leurs camarades, et ceux qui les avaient précédés, acteurs souvent médiocres et ignorants, avaient, sans posséder le même génie, accompli la même tâche. Elle devait donc être moins difficile qu'elle ne paraît au premier abord. Sans doute, le genre de la comédie italienne offrait à l'acteur des ressources tout à fait étrangères aux habitudes du théâtre moderne. En effet, dans la comédie italienne, l'intrigue change au gré de l'imagination de l'auteur, mais les caractères ne varient jamais. Quelle que soit la partie engagée, Arlequin, Pantalon, Cinthio, Isabelle, Colombine, Balvardo, doivent y prendre part.

Ces types, parfaitement dessinés, ont chacun leur costume, leurs gestes traditionnels, et même leur langue particulière ; car, jadis en Italie, et même en France, l'Arléquin parlait le bergamasque, Pantalon le vénitien, le Docteur le bolonais, etc... Le même acteur représentait constamment le même personnage, et s'identifiait complétement avec lui. Il léguait à son successeur les formes de langage, les attitudes, les lazzis qu'il avait appris de ses devanciers. Chaque rôle était écrit d'avance, pour ainsi dire ; c'était l'œuvre du temps à laquelle les comédiens ajoutaient, de génération en génération leurs inspirations personnelles.

Si l'art de jouer la comédie à l'italienne n'était point un miracle, il demandait néanmoins des talents supérieurs, et la plupart des comédiens français ne les ont point égalés. Molière, auditeur assidu et admirateur fidèle de Scaramouche, s'était formé à l'école des improvisateurs italiens. Un siècle plus tard, la comédie italienne, à son déclin, excitait encore l'enthousiasme des hommes, de Grimm, le critique officiel des princes d'Allemagne : « Si vous voulez savoir quels sont les meilleurs acteurs de Paris, je ne mommerai ni le Kain, ni mademoiselle Clairon ; mais je vous enverrai voir Camille, et l'acteur qui joue ordinairement le rôle de Pantalon, et vous direz : « Voilà des » acteurs ! »

La comédie improvisée formait de grands comédiens ; elle développait de plus, dans les auteurs, certaines qualités importantes, quoique secondaires, de la composition dramatique. Comme des caractères donnés à l'avance laissaient peu de ressources aux hommes de génie qui auraient pu en créer de nouveaux, les écrivains tournèrent toutes leurs facultés vers ce côté de l'art qui consiste à inventer des événements, à multiplier les situations, à les trouver fortes et intéressantes. Aussi plusieurs scenarios italiens sont-ils des modèles dans ce genre.

Lorsque la comédie régulière et la tragédie classique eurent pris possession de notre scène, on apprit à dédaigner le mérite de ces canevas et le talent des acteurs qui les faisaient valoir. Aujourd'hui que l'engouement pour les classiques est banni de toutes les têtes, on croit encore au jugement du dix-septième siècle sur les pièces de théâtre où l'on avait osé manquer à la règle des trois unités. Bon nombre de gens s'imaginent que les comédies italiennes n'étaient que des farces de baladins, des parents dont le goût épuré de notre âge ne pourrait supporter le spectacle. C'est une erreur, que la lecture attentive de quelques scenarios italiens suffirait à dissiper ; la plupart de nos vaudevilles ne valent pas les bonnes pièces de la comédie italienne. Bien souvent ils n'en diffèrent que par les noms des personnages, empruntés de la vie contemporaine. Comme dans les comédies italiennes, leur principal mérite consiste dans la manière dont ils sont intrigués. Si nous avions des auteurs capables de l'impromptu, j'imagine que ces pièces ne perdraient rien à être livrées en scenarios aux comédiens, et que le public prendrait encore plaisir aux vivacités imprévues d'un dialogue improvisé.

Juin 1852.

XIX

BOUQUETS DE MARGUERITES

PAR

CHARLES PONCY

Séduit par les *lieds* de Goëthe, Charles Poncy, après en avoir traduit et imité quelques-uns, a laissé courir sa fantaisie dans ce livre. Il a composé une série de pièces qu'on peut, qu'on doit lire, comme un poëme complet. C'est une heureuse idée qu'il a eue de rattacher ainsi chaque perle au collier, et c'est grâce à ce procédé qu'on peut lire son volume sans interruption et sans fatigue, comme on lit un beau roman de cœur.

En général, quelque belles que soient les pièces d'un recueil de poésies, l'absence de lien entre elles produit une lassitude étrange. On n'a pas plus tôt pris goût à un sujet qu'il faut passer à un autre. Et il en coûte d'entrer ainsi à chaque page dans un nouveau point de vue pour les yeux, l'esprit ou l'imagination. C'est peut-être ce qui explique la défaveur où est tombéc la poésie proprement dite dans la consommation publique. Ces élans isolés, cette prodigalité descriptive, ces rêveries vagues que chacun s'est cru en droit de rimer, sont devenus à la longue ou monotones, ou chatoyants à l'excès.

L'esprit positif du moment veut que la pensée se fixe et s'individualise. On a tant écrit, on a tant lu d'œuvres où la forme l'emporte sur le fond, qu'on en est fort rassasié. La forme a gagné à cet abus. Elle s'est répandue, elle est devenue accessible à un trèsgrand nombre d'adeptes. Il faut en savoir gré aux maîtres, car c'est là un progrès réel. Mais enfin, nous avons tous bu comme des éponges à ces sources abondantes, et voilà que nous n'avons plus soif.

Pourquoi s'est-on moins lassé du roman et du théâtre, malgré l'abus qu'on a fait aussi de cette denrée? C'est que, bon ou mauvais, le roman, dans les livres ou sur la scène, est une histoire de l'homme. Impossible ou vraisemblable, intéressant ou révoltant, c'est quelque chose qui veut ressembler ou qui ressemble à sa vie, et chacun de nous lit cela, un peu comme les malades qui cherchent l'analyse et la description de leurs maux réels ou imaginaires dans les livres de médecine.

Le poëte purement lyrique est un type trop isolé et souvent insaisissable. Ce n'est plus personne, parce que c'est trop tout le monde. Il admire le ciel, les fleurs, les étoiles; nous pouvons tous en faire autant. Il les chante parfois mieux que nous ne saurions les chanter; soit! Mais nous avons tous, à tort ou à raison, la prétention de sentir les beautés de la nature, et cette faculté, si répandue, ne nous semble plus constituer une puissance particulière suffisante pour exciter notre curiosité blasée, pour éveiller notre sympathie avare ou paresseuse.

Qui donc lirait aujourd'hui, avec le respect et l'intérêt qu'elles méritent, les *Méditations*, les *Harmonies*, les *Odes* et *Ballades*, toutes ces belles choses qui nous ont passionnés hier, si elles nous apparaissaient pour la première fois après les innombrables imitations de l'école? Sans doute, les lettrés y reconnaîtraient la main des maîtres; mais le public, hélas ! ne voudrait peut-être pas savoir que cela existe. Il dirait brutalement au volume : « Description, que me veux-tu? Rêverie, où veux-tu que je prenne le temps de te suivre? Extase, où veux-tu que je trouve l'état de l'âme où je peux te ressentir? Méditation, sur quels sujets prétends-tu que je m'absorbe? » Pauvre public que nous sommes, nous *vivons* trop, nous n'avons plus le loisir *d'exister !*

Et les poëtes, les maîtres eux-mêmes, pourraient-ils recommencer leur phase de pur lyrisme? Non! ils sont hommes comme nous, ils vivent, ils s'agitent, ils souffrent ou réfléchissent, ils ne rêvent plus. C'est ce qui est arrivé à Charles Poncy. A son insu peut-être, et sans grande préméditation, il a fait, d'un recueil de poésies détachées, une histoire individuelle. Une passion a dominé son caprice. Elle a commencé avec l'œuvre par un sentiment vif, jeune et riant. Elle est devenue une ivresse, puis elle s'est faite violente, douloureuse, désespérée. Chaque phase de cette passion est devenue un chant du poëme, un chapitre du roman, un acte du drame. Fiction de poëte, ou douleur d'homme, peu importe : le cri de l'âme s'est exhalé, et le volume de vers, c'est l'histoire saisissante d'un cœur brisé.

J'ai dit un roman et un drame. C'est plutôt un drame; un drame à deux personnages, rendu par un monologue ardent, passionné, hardi dans le délire du bonheur et de la colère, souvent admirable, toujours vrai, et tout à fait déchirant à la fin. En un mot, et c'est une chose rare, on est ému jusqu'au fond des entrailles en fermant ce livre au titre modeste et quelque peu sournois, et on songe moins à dire : « Voilà de beaux vers, » qu'à s'écrier : « Voilà une terrible passion ! »

Il faudrait en faire l'analyse; mais c'est froid, une analyse en prose. C'est impuissant à communiquer l'émotion que, cette fois, la forme sait tirer du sujet. J'aime mieux en indiquer à la hâte le résumé, en prenant quelques vers un peu partout et comme au hasard, mais en suivant, dans l'ordre des divers morceaux, la progression de la passion sentie. On se fera au moins une idée de cette manière nouvelle, qui est un immense progrès dans le talent de Poncy, et je crois que le meilleur éloge à lui donner n'est pas tant d'approuver que de prouver.

Dans la première partie :

> Qu'as-tu, mon pauvre cœur? Quoi donc t'oppresse ainsi !
> Quelle vie étrange et nouvelle!
> Pourquoi tant de langueur, de trouble et de souci?
> Quoi ! l'avoir vue à peine et te rendre à merci,
> Esclave d'un amour avant qu'il se révèle!
>
> . . . .
> Enfant, quand sous mon toit je te dis de me suivre,
> Tu réponds qu'il te faut la liberté pour vivre!
> . . . .

BOUQUETS DE MARGUERITES

> Comme la fleur des bois que mon jardin abrite,
> Sous mon toit, sur mon sein, fleuris, ô Marguerite!
> Comme elle, à mes baisers, fleurira ta beauté.
> Viens, le cœur vit d'amour plus que de liberté!
>
> . . . .
> Maintenant nous avons du bonheur jusqu'à l'aube,
> Jusqu'à l'heure où le jour à tes yeux me dérobe,
> Et que le long des murs je fuis comme un voleur.
>
> . . . .
> ... Vous rêviez d'amour lorsque je vous vis;
> Alors vos beaux yeux dont l'éclat m'inspire,
> Levés sur les miens, semblèrent me dire :
> « Suis-moi, mon poëte, » et je vous suivis.
>
> . . . .
> Depuis ce beau jour, enfant, je vous aime
> Autant qu'ici-bas cœur peut aimer.
>
> . . . .
> O muses! vous m'avez fait un destin bien doux :
> J'ai des ailes aux pieds, la vie en moi palpite!

Dans la deuxième partie :

> . . . .
> Oh! si je la perdais, l'ange de mes tendresses!
> Dont le sourire d'or éclaire tout en moi!
> Quelque heureux que je sois, toujours à mes ivresses
>   Se mêle cet effroi!
>
> . . . .
> O dieux, qui savez tout! si l'amour qui m'engage
> Doit être un jour trahi........................
>
> Oh! oui, je le déplore; oui, j'ai mal fait sans doute
> D'écrire un jour plus tôt que vous ne l'attendiez :

15.

Ma lettre impatiente a dévoré la route,
Ainsi que l'eussent fait et mon cœur et mes pieds!
. . . .
Vos doigts crispés l'ont mise en lambeaux sans la lire :
C'est moi, moi tout entier, qu'ainsi vous déchiriez.
Puis, votre cœur injuste, hélas! jusqu'au délire,
M'a maudit!... Qui m'eût dit que vous me maudiriez!

Maudissez-moi toujours, je vous ai trop aimée,
Et mes pleurs en font foi! Vous m'en punissez bien :
Mais toute la rigueur dont vous êtes armée
Prouvera votre tort encor plus que le mien.

Vous le voulez! adieu! vous n'avez plus d'amant.
Hélas! c'est donc bien doux de trahir un serment?
. . . .

. . . .
Si quelque amour nouveau vers d'autres bras m'entraine,
Je veux qu'on puisse dire, en voyant cette chaine :
Ce cœur, qu'on croyait libre, appartient à quelqu'un!

. . . .
Arrière, arrière, amour, désir inassouvi,
Songe-creux dévorant, bulle qu'un souffle crève,
Mon cœur, que tu brisas, t'oublie enfin. . . . .
. . . .

Qu'as-tu donc fait pour être ainsi repoussé d'elle,
         O mon naïf et noble amour?
. . . .

Il n'est plus de retour possible vers cette ange!
      Du haut de mon rêve enchanté,
Je suis tombé mourant dans les pleurs et la fange.
Mais Dieu, que j'oubliais, m'en retire et m'en venge.
Elle a brisé mon cœur ; il brise sa beauté.

BOUQUETS DE MARGUERITES

    Vainement sa prière invoque le Dieu juste,
        Dieu n'exauce pas les ingrats.
Il a mis, comme un ver dans le cœur de l'arbuste,
Le remords dans son sein, et mon amour robuste
Contre son désespoir ne lui tend plus les bras.

. . . .
    Te voilà laide enfin, laide, ô ma bien-aimée,
    Autant que je suis triste, autant que je suis las!

. . . .
    Oh! cet amour sans fin dont je brûle pour elle,
    Ne pouvez-vous, Seigneur, de mon cœur l'arracher?

. . . .
    Oubliez donc, Seigneur, que j'allais la maudire;
    N'exaucez pas mon vœu, laissez-moi mon tourment.

. . . .
    Je n'ai de goût à rien. Je ne vis que d'amour.
    Oh! dans mon sein brisé, qui le chante ou le pleure,
    Que ne peut-il mourir avant que je ne meure,
    Ce poëme éternel, ce poëme d'un jour!

    Ainsi, l'aimer sans fin, voilà ma destinée;
    Il faut à mes poumons l'air qu'elle a respiré.
    Quand je ne la vois pas, le soir, tout éploré,
    Je dis comme Titus : J'ai perdu ma journée!

    O ma jeunesse en fleur, effeuillée en ses bras!
    Oh! ses baisers que m'ont volé de plus habiles!
    Et vous, âpres soucis, désespoirs immobiles,
    D'où vient qu'aussi le temps ne vous emporte pas!

    Idéal, idéal! homicide chimère!
    Dans la foule pour toi j'ai toujours vécu seul;
    Seul comme je l'étais dans le sein de ma mère,
    Comme je le serai bientôt dans un linceul.

. . . .
— Ton secret, je l'ai su, sans doute avant de naître,
Mais jamais dans un homme il ne s'est incarné.
Si ce n'est qu'au tombeau que je dois te connaître,
Idéal, idéal, pourquoi donc suis-je né?

. . . .
Quel oiseau de malheur plane ainsi sur nos têtes?
Quel vent effeuille, ô Dieu! les roses de nos fêtes?
. . . .
Pourquoi tant de sueurs, pourquoi tant de misères?
Tant d'affreux désespoirs, tant d'immondes ulcères,
Tant de pervers instincts, et tant d'affliction?
Pourquoi le mal, enfin? dans ton œuvre immortelle,
En est-ce ainsi partout? ou la terre n'est-elle
Rien que l'arrière-faix de la création?
Comment l'aimerons-nous, puisqu'il faut qu'à chaque heure,
Nous pleurions sur quelqu'un, ou que sur nous on pleure?
Qui de nous, désormais, la truelle à la main,
Viendra pour l'avenir bâtir sur cette argile,
Si le sol sous nos pieds est toujours plus fragile,
Si l'œuvre et l'ouvrier n'ont pas de lendemain?

. . . .
Sa victoire sur moi fut complète, absolue,
Tout ce qui n'était pas elle fut oublié;
Et dès que mon amour pour reine l'eut élue,
Mon sort, docile esclave, à son sort fut lié.
A ses divins baisers je suspendis mes lèvres;
Mais je ne croyais pas qu'une telle liqueur
Pût allumer en moi de si terribles fièvres
Ni que ce feu si doux pût consumer mon cœur.

. . . .
Un jour, tout cet amour, en une étrange haine
S'est transformé : pourquoi?. . . . .
. . . .
Non, non! ce n'est pas moi j'en atteste mes larmes!
Mon dégoût de la vie et mon long désespoir,

Le culte douloureux que je voue à ses charmes,
Et le trouble mortel que j'éprouve à la voir.

J'ai vainement cherché le mot de ce mystère;
Mon cœur n'a rien trouvé qu'il dût se reprocher.
Oh! cet affreux néant des choses de la terre
Prouve bien qu'à Dieu seul l'homme doit s'attacher!

. . . .
Poëte malgré moi, je sais qu'à ses merveilles
Je ne puis pas fermer mes yeux et mes oreilles,
Que cet adieu n'est pas absolu; mais je sens
Qu'elles n'ont plus pour moi des attraits si puissants,
Et qu'il faut qu'à mon cœur un cœur aimé réponde,
Pour qu'il s'enthousiasme au spectacle du monde.
L'homme seul ne vit pas! Dans son isolement
Comme dans un cachot il s'éteint lentement.
Si robuste qu'on soit, la solitude tue,
Et la création n'est plus qu'une statue,
Qu'en froid admirateur nous allons visiter,
Mais que notre cœur mort ne sent plus palpiter.
. . . .

J'accomplis à cette heure un sacrifice immense.
Il le faut! Cette lutte engendrait la démence!...
. . . .
Si mon amour s'était en haine transformé,
J'aurais beaucoup haï, car j'ai beaucoup aimé!

J'ai préféré toujours vous aimer, ô mon ange!
Mais en moi cet amour se modifie et change :
Dieu l'apaise et l'empreint d'une chaste douceur;
Vous étiez mon amante, et vous serez ma sœur.

Il est bien difficile que de si courts fragments communiquent l'émotion du livre. Ils donnent pourtant l'idée du fond et de la forme. Disciple des lyriques modernes, Poncy s'est assimilé les qualités et les défauts de cette brillante école dans la première phase de son talent ; mais chacune de ses publications atteste un combat contre lui-même.

Porté à l'abus des images et au clinquant de la forme, chaque pas de sa muse a été une victoire disputée à la fantaisie par la volonté du vrai et l'amour du beau. Son horizon rétrospectif s'est agrandi, et il nous paraît certain que, dans ces derniers temps, sans déserter le culte des romantiques, il a compris mieux qu'il n'avait encore fait les richesses du passé. Peut-être a-t-il relu le doux Pétrarque avec attendrissement ; peut-être a-t-il médité avec effroi et douleur sur l'amour du misanthrope Alceste ; peut-être s'est-il senti grandir et brûler en s'essayant à traduire les chants de la jeunesse de Gœthe ; peut-être encore n'a-t-il rien fait de tout cela ; peut-être a-t-il tout simplement ressenti les douleurs qu'il exprime. Mais alors nos grands classiques d'autrefois sont donc bien vrais, puisque l'émotion vraie donne à la couleur des vers que j'ai cités un air de vague parenté avec leur manière, qu'on ne s'attendait certes pas à trouver dans celle du romantique et méridional Poncy.

Il n'est pas besoin de rappeler désormais que Poncy est né ouvrier ; qu'il a été privé d'éducation première ; qu'il n'a appris qu'à manier la truelle, et qu'il a tout deviné, tout découvert, tout inventé dans sa propre poésie avant de savoir lire, c'est-à-dire juger, comparer et apprécier. Aujourd'hui, c'est un lettré qui n'a plus besoin d'excuses et qui ne s'abrite plus derrière son titre de maçon pour réclamer l'indulgence.

On peut être sévère avec lui. Il connaît et manie la langue comme n'importe quel ciseleur littéraire. C'est tout au plus s'il aurait le droit, en abordant le public parisien, de demander grâce pour cet accent de la Méditerranée qui laisse parfois son empreinte sur quelques rimes plus fidèles pour l'œil que pour l'oreille. Parfois aussi la musique de ses chants paraît un peu dure, un peu ronflante, et la recherche des images sent le voisinage de l'Italie, la terre du *concetto*.

Défauts et qualités, tout a son cachet et sa valeur dans ce talent vigoureux et jeune qui a devant lui, nous le croyons, un grand avenir. Cette voix restera sur les rivages du Midi comme un écho des brises et des tempêtes d'une mer à la fois riante et fougueuse. Que ses compatriotes soient fiers de l'entendre, car Poncy eût marché plus vite comme renommée au centre des arts et du mouvement des idées ; mais son âme eût peut-être perdu de son énergie et de sa simplicité ; et pour être laborieux, son essor ne sera que plus vaste.

Un travail manuel, âpre et absorbant, a retardé sans doute les progrès de son art. Un peu plus de doux loisir lui était dû par la providence humaine, mais il vaincra tout avec l'aide de Dieu, avec ou sans celle des hommes. Il est de la vraie race des poëtes, dont le destin est de grandir dans la souffrance.

Nohant, 29 décembre 1854.

XX

PRÉFACE DE :
LE MONDE DES PAPILLONS

PAR

MAURICE SAND

Ce petit ouvrage est, en résumé, sous forme de conversation et, sous prétexte de promenade, un manuel et un index, au moyen duquel on peut entrer, en deux heures de lecture, dans le plus joli des mondes animés, le monde des papillons, où l'auteur prétend avoir été initié, en deux jours, à tous les mystères.

La chose est possible si l'on a beaucoup de mémoire, et l'auteur prétend encore que la mémoire vient comme d'elle-même avec le goût que l'on prend pour une étude.

L'auteur, épris de cette spécialité, a voulu en faciliter l'accès à quiconque en sentirait le goût. Cela est naturel.

On ne *lit* pas les méthodes : on les étudie et on les consulte. En général, les ouvrages spéciaux ne se recommandent à la généralité des lecteurs que par les chapitres qui en résument l'aperçu général.

D'excellents ouvrages ont été publiés sur le monde des lépidoptères; mais, entre ceux qui remplissent d'études assidues plusieurs années de la vie des amateurs sérieux, et ceux qui amusent les enfants pendant une saison de vacances, il y a un vide. L'auteur l'a senti en le traversant. Il l'a rempli pour son usage propre et par sa propre expérience, comme il a pu, et, après en être sorti, il a voulu le combler, dit-il, par un de ces ouvrages faciles et courts, que non-seulement tout le monde peut comprendre, mais que tout le monde peut se procurer.

En effet, le goût des papillons exige une certaine aisance et beaucoup de loisirs. Les livres à gravures coloriées sont d'un prix élevé, les livres sans gravures ne suffisent pas. Les papillons desséchés et préparés qui peuvent servir de types, sont une denrée plus chère que ne se l'imaginent les gens *frivoles* (ainsi parlent les amateurs), qui ne les connaissent que pour les avoir vus voler dans les jardins.

Il est rare qu'un jeune homme occupé à faire son éducation, ait le temps de suivre une étude si minutieuse, si étendue, et qui ne peut être intéressante qu'à la campagne. Il est rare qu'un petit propriétaire assujetti à la vie des champs, ait le superflu sans lequel on ne peut se procurer des ouvrages de six ou huit cents francs.

L'entomologie, et même cette simple branche, l'étude des papillons, est donc une science à l'usage des riches: ou bien elle doit absorber une partie de la vie d'un homme spécialement consacré aux sciences et **vivant des sciences.**

Voilà pourquoi ce vaste monde de petites merveilles est fermé à la plupart des personnes qui en goûteraient volontiers l'amusement et l'intérêt, et qui s'étonnent naïvement, quand on leur montre une cinquantaine de sujets dans un cadre, en leur disant que ce n'est peut-être pas là cent-millième partie de ceux qu'elles n'ont jamais vus, bien qu'ils vivent dans l'air qu'elles respirent à toute heure.

Tout le monde connaît une vingtaine de types, les plus apparents, les plus répandus aux heures du jour où l'on se promène. On apprend aux enfants à les connaître sous leurs noms vulgaires, car on se souvient vaguement d'avoir été initié de même, et on pense que cela suffit à quiconque ne se destine pas aux études naturelles.

Eh bien ! cela ne suffit pas. Sans devenir ni chasseur, ni préparateur, ni collectionneur de papillons, il serait bon d'avoir une notion générale et précise de cette branche de l'histoire naturelle, comme on l'a des animaux, plus apparents dans la création, comme on devrait l'avoir de toutes les classes d'êtres qui composent la faune environnante.

Un ouvrage qui, sans prétendre à révéler des secrets nouveaux, ni même à établir une méthode nouvelle, tend, sous forme facile et enjouée, à initier tout le monde à toute l'existence d'un *genre*, peut donc avoir son utilité, comme il a son intérêt très-réel pour les amants de la nature, qu'ils le soient au point de vue de l'observation, de l'art ou de la poésie.

Mais à quoi bon, disent certains poëtes, savoir tous ces noms barbares, qui dépoétisent la nature et qui mettent l'observation, chose froide et têtue, à la place de la contemplation, chose vive et mobile?

C'est là un raisonnement de paresseux, que j'ai fait souvent pour mon compte. J'ai passé ma jeunesse à me révolter contre les noms grecs et latins, et pour n'avoir pas voulu donner, de temps en temps, cinq minutes d'attention au sens de ces noms tirés des langues mortes devenues langues universelles, et par là indispensables à la science, j'ai laissé s'atrophier en moi le sens de la mémoire, si utile, si nécessaire, si agréable dans l'examen de la nature.

Beaucoup de lecteurs à qui je m'adresse sont tombés par leur faute dans la même infirmité. Aussi, disent-ils, après avoir dit comme moi : à quoi bon les noms? — *à quoi bon les classifications?*

C'est là où nous sommes tous vraiment très-coupables et très-ingrats envers le divin auteur des choses; car sans croire qu'il les ait faites absolument pour nous, nous devrions sentir qu'en nous donnant la faculté de comprendre la richesse et la beauté de son œuvre, il nous a fait un très-beau présent; et c'est toujours être ingrat et mal appris que de laisser dans un coin, sans y regarder jamais, une magnifique chose qui nous a été magnifiquement donnée.

Donc il faut connaître la création, et comme nous n'avons pas les yeux de Dieu pour la voir d'emblée à à la fois dans son ensemble et dans son détail, nous sommes obligés pour la comprendre, de procéder par la synthèse et par l'analyse séparément; par conséquent nous sommes forcés de diviser et de classer sans cesse, sous peine de marcher à tâtons et de perdre notre vie entière en de stériles recherches.

La magnificence de la création consiste dans sa sagesse, dans l'unité de son plan et dans la variété de ses combinaisons. Ces combinaisons ingénieuses, admirables de beauté ou de fécondité, nous échappent si nous ne voyons qu'un petit nombre de types et si nous ignorons combien d'autres types s'enchaînent et se rattachent à ceux-là, en s'enchaînant à d'autres types encore, sans interruption, sans défaillance dans le génie inventif qui a présidé aux lois de la vie.

Vous ne comprenez donc Dieu, autant qu'il est donné à l'homme de le comprendre, qu'à la condition de laisser en vous le moins de lacunes possible dans la connaissance du monde que vous habitez. C'est par cette connaissance approfondie, c'est tout au moins par une compréhension nette de cette connaissance acquise à la science, que, pouvant procéder avec logique du connu à l'inconnu, vous arriverez à vous faire une idée douce, consolante et sage des mondes qui peuplent cet univers dont l'immensité vous écrase et dont le mutisme vous épouvante.

Pour monter, non pas jusqu'au sublime architecte, mais du moins vers le foyer de sa pensée où le progrès (sa loi d'amour), nous attire sans cesse, il nous faut graviter le long des spirales de l'infini. La science est une rampe qui nous préserve du vertige, et ses classifications sont autant de paliers commodes où nous pouvons reprendre haleine avant de monter plus haut.

Telle est, si nous l'avons bien comprise, la pensée du petit livre que nous avons sous les yeux, et, pour en suivre l'esprit en vulgarisant notre propre pensée, nous dirons, en d'autres termes, à l'artiste et au poëte que les nomenclatures et les dénominations épouvantent:

— Vous êtes les amants romanesques, les chevaliers errants de la nature. C'est là une belle mission, et je conviens avec vous que l'étude scientifique de la nature est une sorte de dissection que les artistes doivent éviter de présenter à nos regards. Mais faites attention que notre procédé consiste dans un choix et dans une combinaison d'objets, d'images, d'émotions à votre usage, et que plus vous enrichirez le fond de votre examen positif, plus il vous sera facile d'y puiser à coup sûr, avec discernement, avec ampleur, avec goût.

C'est ainsi que les peintres sérieux apprennent l'anatomie du corps humain, non pour en rendre servilement, hors de propos, toute la musculature, mais pour en accuser les principales beautés, et même pour faire sentir, sous les plis qui les revêtent, la grâce et la logique des mouvements. Plus vous ferez l'anatomie de la nature, plus vous aimerez les œuvres du créateur. Et même, en poursuivant cette analyse dans ses moindres détails, loin de vous sentir rebuté du champ immense déroulé sous vos yeux, vous trouverez chaque jour plus d'attrait et moins de fatigue à le parcourir. Vous vous apercevrez vite que plus on y découvre de richesses, mieux on apprécie chaque pierre précieuse de ce trésor. Vous reconnaîtrez même qu'avant de voir, et qu'avant d'avoir examiné, au moyen de la classification, les espèces et les variétés d'individus, vous n'aviez qu'une vue confuse des différences de formes et de nuances qui caractérisent chaque genre de beauté.

Donc le poëte et l'artiste ne peuvent que gagner dans les études naturelles, et les lois de la vie sont tellement harmonieuses dans leur enchaînement, que, pour bien comprendre l'énigme de la vie humaine, il faut comprendre celle du moindre atôme admis au privilége de la vie.

Nohant, 29 décembre 1854.

A MAURICE SAND [1]

Mon cher fils,

Je viens de recevoir pour toi, de notre ami Edmond Plauchut, un magnifique envoi de papillons des îles Philippines.

Autrefois, quand tu étais le *disciple de M. Desparelles*, tu craignais de nager en pleine mer et de te lancer dans l'étude des exotiques. Depuis que tu en as pris toi-même et que tu as recueilli des larves et des chrysalides dans les forêts vierges de l'Amérique, tu apprécies davantage cette faune éblouissante des régions privilégiées ; et moi, en attendant que tu viennes nommer et classer ces nouveaux arrivants, j'admire et je compare tout ce merveilleux petit monde. Cela donne bien à penser sur ce profond et sublime mystère que tu appelais le rôle du luxe dans la création. Pourquoi en effet cette prodigalité inouïe, presque folle de la nature dans les plus minutieux détails ? Je regarde dans tes collections une Cincide du Brésil, un Yponomente, je crois ? et je découvre, à la loupe, au bas de sa courte jupe plumeuse, une bordure d'anneaux d'or rouge encadrés de noir. Au reste, nos *micros* indigènes ont aussi de ces coquetteries insensées, presque invisibles à l'œil nu, tu me l'as fait remarquer souvent. Ce que

---

[1]. Cette lettre a paru aussi en 1867 dans : *Le Monde des papillons*, 1 volume in-4°, par Maurice Sand.

tu ne me diras pas, mon cher enfant, c'est le pourquoi de cette ostentation d'ornements chez des êtres dont l'utilité ne nous est pas encore bien démontrée, puisque plus d'une espèce, parmi ces infiniments petits, est même très-nuisible à l'emménagement de l'homme sur la planète. L'homme veut faire des provisions, la mite et la teigne en font leur profit. L'homme ne peut atteindre ces misérables ennemis qui le dépouillent; et quand, armé du microscope, il en saisit quelques-uns, le voilà forcé de s'extasier sur l'armure de parade de ces ravageurs lilliputiens. Si la mite de nos armoires et l'alucite de nos blés n'ont pas été créés, comme il semble bien, pour le plus grand avantage de nos denrées, la nature proteste donc contre le roi de la création, et, rieuse et fantasque jetant à pleines mains sur ces nuisibles *micros* l'or et les pierreries, elle s'est donc plu à leur dire : «Vous serez beaux, bien faits, admirablement organisés et habillés, par-dessus le marché, des tissus les plus précieux! Cela sera parce que tel est mon caprice de vous élever, par le vol et par la beauté, au-dessus du bipède sans ailes, sans plumes et sans écailles, qui prétend avoir accaparé mes prédilections et mes faveurs.

N'allons pas plus loin, nous n'en sortirons pas, nous qui adorons quand même une providence et contentons-nous de dire que le beau est un mystère dont la raison d'être échappe à toute investigation. C'est évidemment quelque chose de tout-puissant et de sacré, et l'homme, le roi des destructeurs au bout du compte, ne peut empêcher l'éternelle reproduction de cet élément superflu, mais probablement nécessaire, de l'équilibre universel.

Encore, si nous pouvions savoir comment se produit le beau dans la nature? Mais là nos questions restent également sans réponses. La Chimie aura beau constater *en quoi c'est fait*, comme disent les enfants, jamais elle ne saisira le mode des mystérieuses opérations qui désagrégent ceci ou cela, pour le réagréger et le transformer à d'autres fins. Comment les *Morpho*, ces lépidoptères métalliques de la Nouvelle-Grenade, qui volent sur les mines de cuivre, prennent-ils l'éclat et les reflets chatoyants de l'azurite et des diverses combinaisons de couleur que le minerai cache au sein de la terre? Tu as fait une étude de ces affinités frappantes ou plutôt de ces réactions du milieu de l'être qui s'y produit. Me diras-tu comment le métal semble transmuer ses oxydes aisés en tissus squalleux, en laque gommeuse, en plumes imperceptibles, pour dorer en vert, en bleu, en rouge, en jaune, en orange, en violet étincelant, la chrysalide, la chenille, et la robe de ces incomparables papillons? Tu dis que les Indiens ne s'en cassent pas la tête et qu'ils supposent tout bonnement que c'est le vert-de-gris qui les colore de la sorte. Mais moi, je crois qu'ils ont raison, ces bons sauvages, et que la nature tire tous ses matériaux de travail du même alambic. Seulement, comment s'y prend-elle? Comment, dans les froides régions où elle n'a plus le concours d'un généreux soleil pour faire pleuvoir diamants et rubis sur ses créatures, compose-t-elle, avec les purs reflets de la neige, les sombres couleurs des lichens et les satins des écorces, ces douces harmonies des espèces boréales?

Pourquoi *Pantherode pardalaria*, si bien nommée, offre-t-elle l'image frappante de la robe de la panthère?

Pourquoi la *Callithea Leprieuri*, du fleuve des Amazones, est-elle un résumé de toutes les nuances du vert disposées en ondes, comme les reflets emportés et brouillés par les flots rapides ?

Pourquoi ces *Héliconiens* à ailes de gaze complétement diaphanes, l'*Hetera piera* par exemple, avec ces formes élégantes qui semblent chercher l'immatérialité ?

Pourquoi ces *Leptocircus* à ailes transparentes aussi, ces *Erycines* et ces *Argus* bleus à longues queues doubles ou quadruples imitant celles des *Lyres*, des *Veuves* et autres oiseaux des mêmes climats ?

Pourquoi et comment toutes choses ? Il n'y a que cela qui nous embarrasse !

Mais ce qui n'embarrasse ni toi ni moi, c'est de savoir si nous nous aimons. A cela point de doute, et que Dieu débrouille le reste.

1867.

XXI

A PROPOS
DE
LA PETITE FADETTE

Et, tout en parlant de la République que nous rêvons et de celle que nous subissons, nous étions arrivés à l'endroit du chemin ombragé où le serpolet invite au repos.

— Te souviens-tu, me dit-il, que nous passions ici, il y a un an, et que nous nous y sommes arrêtés tout un soir ? Car c'est ici que tu me racontas l'histoire du *Champi*, et que je te conseillai de l'écrire dans le style familier dont tu t'étais servi avec moi.

— Et que j'imitais de la manière de notre *Chanvreur ?* Je m'en souviens, et il me semble que, depuis ce jour-là, nous avons vécu dix ans.

— Et pourtant la nature n'a pas changé, reprit mon ami : la nuit est toujours pure, les étoiles brillent toujours, le thym sauvage sent toujours bon.

— Mais les hommes ont empiré, et nous comme les autres. Les bons sont devenus faibles, les faibles poltrons, les poltrons lâches, les généreux téméraires, les sceptiques pervers, les égoïstes féroces.

— Et nous, dit-il, qu'étions-nous, et que sommes-nous devenus ?

— Nous étions tristes, nous sommes devenus malheureux, lui répondis-je.

Il me blâma de mon découragement et voulut me prouver que les révolutions ne sont point des lits de roses. Je le savais bien et ne m'en souciais guère, quant à moi; mais il voulut aussi me prouver que l'école du malheur était bonne et développait des forces que le calme finit par engourdir. Je n'étais point de son avis dans ce moment-là; je ne pouvais pas si aisément prendre mon parti sur les mauvais instincts, les mauvaises passions, et les mauvaises actions que les révolutions font remonter à la surface.

— Un peu de gêne et de surcroît de travail peut être fort salutaire aux gens de notre condition, lui disais-je; mais un surcroît de misère, c'est la mort du pauvre. Et puis, mettons de côté la souffrance matérielle : il y a dans l'humanité, à l'heure qu'il est, une souffrance morale qui ne peut rien amener de bon. Le méchant souffre, et la souffrance du méchant, c'est la rage; le juste souffre, et la souffrance du juste, c'est le martyre auquel peu d'hommes survivent.

— Tu perds donc la foi ? me demanda mon ami scandalisé.

— C'est le moment de ma vie, au contraire, lui dis-je, où j'ai eu le plus de foi à l'avenir des idées, à la bonté de Dieu, aux destinées de la révolution. Mais la foi compte par siècles, et l'idée embrasse le temps et l'espace, sans tenir compte des jours et des heures ; et nous, pauvres humains, nous comptons les instants de notre rapide passage, et nous en savourons la joie ou l'amertume sans pouvoir nous défendre de vivre par le cœur et par la pensée avec nos contemporains. Quand ils s'égarent, nous sommes troublés ; quand ils se perdent, nous désespérons ; quand ils souffrent, nous ne pouvons être tranquilles et heureux. La nuit est belle, dis-tu, et les étoiles brillent. Sans doute, et cette sérénité des cieux et de la terre est l'image de l'impérissable vérité dont les hommes ne peuvent tarir ni troubler la source divine. Mais, tandis que nous contemplons l'éther et les astres, tandis que nous respirons le parfum des plantes sauvages, et que la nature chante autour de nous son éternelle idylle, on étouffe, on languit, on pleure, on râle, on expire dans les mansardes et dans les cachots. Jamais la race humaine n'a fait entendre une plainte plus sourde, plus rauque et plus menaçante. Tout cela passera et l'avenir est à nous, je le sais ; mais le présent nous décime. Dieu règne toujours ; mais, à cette heure, il ne gouverne pas.

— Fais un effort pour sortir de cet abattement, me dit mon ami. Songe à ton art et tâche de retrouver quelque charme pour toi-même dans les loisirs qu'il t'impose.

— L'art est comme la nature, lui dis-je : il est toujours beau. Il est comme Dieu, qui est toujours bon ; mais il est des temps où il se contente d'exister à l'état d'abstraction, sauf à se manifester plus tard quand ses adeptes en seront dignes. Son souffle ranimera alors les lyres longtemps muettes ; mais pourra-t-il faire vibrer celles qui se seront brisées dans la tempête ? L'art est aujourd'hui en travail de décomposition pour une éclosion nouvelle. Il est comme toutes les choses humaines, en temps de révolution, comme les plantes qui meurent en hiver pour renaître au printemps. Mais le mauvais temps fait périr beaucoup de germes. Qu'importent dans la nature quelques fleurs ou quelques fruits de moins ? Qu'importent dans l'humanité quelques voix éteintes, quelques cœurs glacés par la douleur ou par la mort ? Non, l'art ne saurait me consoler de ce que souffrent aujourd'hui sur la terre la justice et la vérité. L'art vivra bien sans nous. Superbe et immortel comme la poésie, comme la nature, il sourira toujours sur nos ruines. Nous qui traversons ces jours néfastes, avant d'être artistes, tâchons d'être hommes ; nous avons bien autre chose à déplorer que le silence des muses.

— Écoute le chant du labourage, me dit mon ami ; celui-là, du moins, n'insulte à aucune douleur, et il y a peut-être plus de mille ans que le bon vin de nos campagnes *sème et consacre*, comme les sorcières de Faust, sous l'influence de cette cantilène simple et solennelle.

J'écoutai le récitatif du laboureur, entrecoupé de longs silences, j'admirai la variété infinie que le grave caprice de son improvisation imposait au vieux thème sacramentel. C'était comme une rêverie de la nature elle-même, ou comme une mystérieuse formule par laquelle la terre proclamait chaque phase de l'union de sa force avec le travail de l'homme.

La rêverie où je tombai moi-même, et à laquelle ce chant vous dispose par une irrésistible fascination, changea le cours de mes idées.

— Ce que tu me disais ici l'an dernier, est bien certain, dis-je à mon ami. La poésie est quelque chose de plus que les poëtes, c'est en dehors d'eux, au-dessus d'eux. Les révolutions n'y peuvent rien. O prisonniers ! ô agonisants ! captifs et vaincus de toutes les nations, martyrs de tous les progrès ! Il y aura toujours, dans le souffle de l'air que la voix humaine fait vibrer, une harmonie bienfaisante qui pénétrera vos âmes d'un religieux soulagement. Il n'en faut même pas tant ; le chant de l'oiseau, le bruissement de l'insecte, le murmure de la brise, le silence même de la nature, toujours entrecoupé de quelques mystérieux sons d'une indicible éloquence. Si ce langage furtif peut arriver jusqu'à votre oreille, ne fût-ce qu'un instant, vous échappez par la pensée au joug cruel de l'homme, et votre âme plane librement dans la création. C'est là que règne ce charme souverain qui est véritablement la possession commune, dont le pauvre jouit souvent plus que le riche, et qui se révèle à la victime plus volontiers qu'au bourreau.

— Tu vois bien, me dit mon ami, que, tout affligés et malheureux que nous sommes, on ne peut nous ôter cette douceur d'aimer la nature et de nous reposer dans sa poésie. Eh bien, puisque nous ne pouvons plus donner que cela aux malheureux, faisons encore de l'art comme nous l'entendions naguère, c'est-à-dire célébrons tout doucement cette poésie si douce ; exprimons-la, comme le suc d'une plante bienfaisante, sur les blessures de l'humanité. Sans doute, il y aurait dans la recherche des vérités applicables à son salut matériel, bien d'autres remèdes à trouver. Mais d'autres que nous s'en occuperont mieux que nous ; et comme la question vitale immédiate de la société est une question de fait en ce moment, tâchons d'adoucir la fièvre de l'action en nous et dans les autres par quelque innocente distraction. Si nous étions à Paris, nous ne nous reprocherions pas d'aller écouter de temps en temps de la musique pour nous rafraîchir l'âme. Puisque nous voici aux champs, écoutons la musique de la nature.

— Puisqu'il en est ainsi, dis-je à mon ami, revenons à nos moutons, c'est-à-dire à nos bergeries. Te souviens-tu qu'avant la révolution, nous philosophions précisément sur l'attrait qu'ont éprouvé de tout temps les esprits fortement frappés des malheurs publics, à se rejeter dans les rêves de la pastorale, dans un certain idéal de la vie champêtre d'autant plus naïf et plus enfantin que les mœurs étaient plus brutales et les pensées plus sombres dans le monde réel ?

— C'est vrai, et jamais je ne l'ai mieux senti. Je t'avoue que je suis si las de tourner dans un cercle vicieux en politique, si ennuyé d'accuser la minorité qui gouverne, pour être forcé tout aussitôt de reconnaître que cette minorité est l'élue de la majorité, que je voudrais oublier tout cela, ne fût-ce que pendant une soirée, pour écouter ce paysan qui chantait tout à l'heure, ou toi-même, si tu voulais me dire un de ces contes que le chanvreur de ton village t'apprend durant les veillées d'automne.

— Le laboureur ne chantera plus d'aujourd'hui, répondis-je, car le soleil est couché, et le voilà qui rentre ses bœufs, laissant l'arçon dans le sillon. Le chanvre trempe encore dans la rivière, et ce n'est pas même le temps où on le dresse en javelles, qui ressemblent à de petits fantômes rangés en bataille au clair de la lune, le long des enclos et des chaumières.

Mais je connais le chanvreur ; il ne demande qu'à raconter des histoires, et il ne demeure pas loin d'ici. Nous pouvons bien aller l'inviter à souper ; et, pour n'avoir point broyé depuis longtemps, pour n'avoir point avalé de poussière, il n'en sera que plus disert et de plus longue haleine.

— Eh bien, allons le chercher, dit mon ami, tout réjoui d'avance ; et demain tu écriras son récit pour faire suite, avec *la Mare au diable* et *François le Champi*, à une série de contes villageois, que nous intitulerons classiquement *les Veillées du Chanvreur*.

— Et nous dédierons ce recueil à nos amis prisonniers ; puisqu'il nous est défendu de leur parler politique, nous ne pouvons que leur faire des contes pour les distraire ou les endormir. Je dédie celui-ci en particulier, à Armand...

— Inutile de le nommer, reprit mon ami : on verrait un sens caché dans ton apologue, et on découvrirait là-dessous quelque abominable conspiration. Je sais bien qui tu veux dire, et il le saura bien aussi, *lui*, sans que tu traces seulement la première lettre de son nom.

Le chanvreur ayant bien soupé, et voyant à sa droite un grand pichet de vin blanc, à sa gauche un pot de tabac pour charger sa pipe à discrétion toute la soirée, nous raconta l'histoire suivante.

Septembre 1848, à Nohant.

XXII

LE RÉALISME

La conversation tomba sur le *Réalisme*. Il nous sembla qu'il n'avait pas assez sa raison d'être. Le romantisme a, dans son temps, soutenu les mêmes assauts, et il était plus solide, parce qu'il entrait plus franchement dans une voie plus tranchée. On lui reprochait, à lui aussi, alors, d'être la hideuse réalité, la peinture dégoûtante du laid et la forme prétentieuse du trivial.

Il a mérité une partie de ces accusations, mais il a eu les reins très-forts pour faire accepter ses côtés sains et vigoureux. Le réalisme n'a pas encore fait ses preuves. Il promettait, je ne dis pas plus de talent, mais plus d'excentricités heureuses qu'il n'en a tenu. M. Champfleury, à l'entendre, allait rompre avec tout le passé et faire les choses d'une manière si nouvelle qu'on se battrait sur son œuvre.

Il n'en a pas été ainsi : M. Champfleury a plu à tout

le monde. Il a été suffisamment original pour un élève de Balzac ; mais enfin il ne faisait que marcher dans la voie du maître, et ceux qui s'attendaient à des énormités ont trouvé chez lui l'heureuse et charmante fantaisie, le romanesque dans le roman et l'hyperbole dans la satire. Ils n'ont pas lu sans une surprise agréable la *Vie d'Hoffman,* avec des lettres et fragments inédits de ce génie fantastique, recueillis et commentés avec amour par l'apôtre du réalisme. Donc M. Champfleury n'est pas bien d'accord avec lui-même, et disons-le, comme nous le pensons, son talent spirituellement satirique n'est pas net dans la critique de fond. Il y manque de clarté. On sent qu'il s'efforce de prouver ce qui n'a pas besoin de l'être, à savoir que l'étude du vrai, beau ou laid, est une étude difficile et nécessaire.

On a reproché aux réalistes d'affecter un style par trop incorrect, sous prétexte de forme facile, naturelle et positive. Il est certain qu'ils pourraient écrire mieux s'ils le voulaient. Quand M. Champfleury oublie de se négliger, et cela arrive fort souvent, Dieu merci, sa forme devient charmante et forte en même temps.

M. Max Buchon, qui a traduit les excellents contes *réalistes* ou non de M. Auerbach (*Scènes villageoises de la Forêt noire*), aurait pu, si son texte était obscur et d'un dialogue difficile à suivre, l'éclaircir un peu par charité pour ceux qui ne devinent pas la forme allemande. M. Max Buchon est très-clair quand il parle lui-même. Quand il traduit en vers les adorables poésies de Hébel, il est aussi limpide que son maître, et quand il fait des vers pour son compte, il les fait très-fermes et très-soignés.

On avait donc raison de dire à ces Messieurs qu'ils se trompaient sinon dans leur faire, du moins dans leur dire. On le leur a quelquefois trop durement reproché, à mon avis. Ils cherchaient quelque chose, et il est toujours bon de chercher; car il y a toujours quelque chose à trouver, le plus souvent à côté de ce que l'on cherche.

Quant à eux, ils s'attiraient ces duretés par des provocations inutiles, et l'on eût dit que quelques-uns des leurs les cherchaient pour se faire un nom. C'était leur droit, mais le moyen n'était pas bon. Ils en trouveront un meilleur, qui est de faire preuve de grand talent. Mais que cherchaient-ils? Ils ont eu beaucoup de peine à le dire, ils le sentaient plus qu'ils ne le savaient. Ils cherchaient le *naturel*, et ils recommençaient, un peu tard, une campagne contre le mauvais classique vaincu et enterré. Ils voulaient qu'on appelât un chat un chat. Le romantisme l'avait voulu avant eux, et il avait bien et dûment gagné son procès! Mais le romantisme, ayant fait son temps comme école, avait laissé ses défauts, moins ses qualités, dans certains esprits prétentieux dont ils firent bien de se moquer. Mais c'était du luxe : le public n'avait pas le moindre engouement pour cette manière ainsi mise en œuvre.

Que le réalisme fasse donc la guerre au mauvais goût, il aura fort raison; mais il ne sera pas neuf pour cela. Alceste, il y a deux cents ans, préférait *Ma mie, ô gué!* au sonnet d'Oronte, et rangeait le public à son avis. Mais de ce que Molière raillait le mauvais goût de son temps, il n'en résulte pas qu'il fît le procès aux vers de Corneille, sous prétexte que tout est comédie dans la vie et que la tragédie est une convention. Les grands esprits ne peuvent pas être exclusifs; ils sentent tout ce qui est beau, et peu leur importent les manières pourvu que le génie ou le talent s'en serve. Shakespeare, qui est le *grand pan* de la littérature, a chanté sur tous les modes, depuis l'obscène jusqu'au sublime.

Les réalistes prenaient donc à tâche de s'amoindrir, en voulant amoindrir tout ce qui n'était pas à leur gré.

Quand ils ont raillé le style de certains maîtres et le point de vue réaliste en général, ils ont soulevé une question que ni eux ni personne ne pourra résoudre, et cette question la voici : doit-on dorer et diamanter le style, ou doit-on le laisser aller à l'imprévu et à l'entrain négligent de la conversation? On ne peut répondre qu'en passant à côté de toute théorie. Je crois, pour ma part, que l'on doit dorer et diamanter quand on sait le faire et quand on le fait bien; de même, on doit être simple quand on sait l'être, et l'un n'est pas plus facile que l'autre.

Quoi? vous voudriez faire passer toutes les individualités sous la toise? Vous déclarez qu'on ne peut peindre qu'avec un seul ton? Vous dressez un vocabulaire, et on est hors du vrai si on n'élague pas des langues tout ce que le génie et la passion des races humaines y ont apporté de nuances fortes et brillantes? Vous déclarez que le beau n'existe pas dans les arts et qu'il n'y a que le terre à terre!

Vous le dites, mais vous ne le pensez pas, car vous vous laissez aller à admirer le beau dans la nature, et, s'il est dans la nature, il est dans l'âme de l'homme et dans le sentiment de l'artiste.

Tel fut le résumé de la conservation de la Châtre à

Cluis. De Cluis au Châtelier, on parla d'un livre qui a fait grande sensation dernièrement, *madame Bovary*, roman de M. Gustave Flaubert.

Dès l'apparition de ce livre remarquable, dans notre petit coin, comme partout, je crois, on s'écria : — Voici un spécimen très-frappant et très-fort de l'école réaliste. Le réaliste existe donc, car ceci est très-neuf.

Mais, en y réfléchissant, nous trouvâmes que c'était encore du Balzac (tant mieux assurément pour l'auteur), du Balzac expurgé de toute concession à la bienveillance romanesque, du Balzac âpre et contristé, du Balzac concentré, si l'on peut parler ainsi. Il y a là des pages que certainement Balzac eût signées avec joie. Mais il ne se fût peut-être pas défendu du besoin de placer une figure aimable ou une situation douce dans cette énergique et désolante peinture de la réalité. M. Gustave Flaubert s'est défendu cruellement jusqu'au bout.

Il a voulu que la femme dédaigneuse du réel fût folle et méprisable ; que le mari voué au réel fût d'une déplorable stupidité, et que la réalité ambiante, maison, ville, campagne, voisins, amis, tout fut écœurant de bêtise, de laideur et de tristesse, autour de ces deux personnages infortunés.

La chose est exécutée de main de maître, et pareil coup d'essai est digne d'admiration. Il y a dans ce livre un douloureux parti pris qui ne se dément pas un instant, preuve d'une grande force d'esprit ou de caractère, preuve, à coup sûr, d'une grande netteté de talent. Est-ce un parti pris à jamais et à tous égards ? Nous n'en savons rien, car est-il croyable que l'auteur ne soit pas emporté par lui-même dans une sphère moins désolée, et qu'il ne fasse point agir et parler la passion vraie, la bonté intelligente, les sentiments généreux? Nous espérons bien qu'il le fera. Mais il est certain que son brillant début le place, je ne dirai pas à la tête d'une école nouvelle, mais sur le pied d'une individualité très-entière et très-prononcée, dont l'action semble vouloir se porter sur la recherche du fatalisme. Il l'analyse dans ses causes, dans sa marche et dans ses résultats avec une rare puissance. Il semble qu'il raconte une histoire arrivée sous ses yeux, et que son unique but soit de vous faire dire : il ne pouvait en être autrement.

On s'est alarmé à tort, suivant nous, de la moralité de l'œuvre. Tout au contraire, le livre nous a paru utile, et tous, en famille, nous avons jugé que la lecture en était bonne pour les innombrables madame Bovary en herbe que des circonstances analogues font germer en province, à savoir les appétits de luxe, de fausse poésie et de fausse passion que développent les éducations mal assorties à l'existence future, inévitable.

La leçon sera-t-elle aussi utile aux maris imbéciles, aux amants frivoles, aux bourgeois prétentieux, à toutes les caricatures provinciales si hardiment dessinées par M. Flaubert? Hélas non! Madame Bovary est seule intelligente au milieu de cette réunion de crétins. Elle seule eût pu se reconnaître. Les autres s'en garderont bien. On ne corrige pas ce qui ne pense pas. Il est d'ailleurs évident que le livre n'a pas été fait en vue d'une moralité quelconque; ce qui, entendons-le bien, ne prouve pas qu'il soit immoral; car, ce qui est beau ne nuit jamais, et avec cette peinture du mal, M. Flaubert a su faire un très-beau

livre. On ne sent pas, dit-on, son indignation contre
le mal. Qu'importe, s'il vous la fait sentir à vous-
même ? Il s'abstient de juger. Cela est tout à fait permis à qui met le lecteur à même d'être bon juge.

D'autres ont dit : « Cette femme coupable a trop d'excuses dans son ennui, et cet ennui est trop fondé. Au
sein d'une vie si plate et de gens si lourds que vouliez vous qu'elle fît ? Pouvait-elle ne pas s'égarer ?
Donc ses égarements sont présentés comme inévita-
bles, et le livre est dangereux. »

Je crois que l'auteur pourrait répondre tout simplement : « Si vous croyez au libre arbitre, dites-vous à
vous-même que cette femme était libre de choisir :
mourir d'ennui ou de remords. Elle a choisi la plus
douloureuse fin. Femmes ennuyées, choisissez. »

Et nous ajouterions volontiers : « Ne mourez ni de
remords ni d'ennui, vous qui êtes mères. Pour vos enfants, sachez résister à l'un comme à l'autre. »

Tout en causant, nous n'avons donc pas voulu conclure que l'auteur fût rivé à tout jamais à la doctrine
du fatalisme, et nous avons conclu seulement que, s'il
en est ainsi, ses livres ne feront pas école pour cela,
à cause du talent qu'ils révèlent. Quand les réalistes
ont proclamé qu'il fallait peindre les choses telles
qu'elles sont, ils n'ont rien prouvé pour ou contre la
beauté et la bonté des choses de ce monde. S'il leur
arrivait de faire avec ensemble, et de parti pris, la
peinture d'un monde sans accord et sans lumière, ce
ne serait encore qu'un monde de fantaisie, car le monde
vrai est sans relâche enveloppé de nuages et de rayons
qui l'éclairent ou le ternissent avec une merveilleuse variété d'effets! Qu'il soit donc permis à chacun et à tous
de voir avec les yeux qu'ils ont. Laissons les réalistes

proclamer, si bon leur semble, que tout est prose, et les idéalistes que tout est poésie. Les uns seront bien forcés d'avoir leurs jours de pluie, et les autres leurs jours de soleil. Dnas tous les arts, la victoire sera toujours à quelques privilégiés qui se laisseront aller eux-mêmes, et les discussions d'école passeront comme passent les modes.

8 Juillet 1857.

XXIII

PRÉFACE DE *MASQUES ET BOUFFONS*

PAR

MAURICE SAND

Un travail d'érudition à propos de masques et de travestissements burlesques, c'est peut-être une idée bizarre au premier abord. Mais la grande raison qui fait que tout est dans tout, en d'autres termes, que tout se tient et se commande, dans l'art comme dans la nature, fait qu'ici beaucoup de points de vue seront éclairés et beaucoup de goûts satisfaits par des recherches qui touchent à tout l'art du théâtre, et qui restituent à l'histoire de cet art toute une face peu connue.

On peut même dire que l'auteur n'a pas reculé devant l'inconnu : il a cherché à ressaisir un monde de fantaisie dont la trace réelle avait, en grande partie, disparu. L'improvisation, cette fugitive étincelle du génie italien, avait prodigué son brillant impromptu et tenu haut pendant des siècles le drapeau de la satire à travers toutes les vicissitudes de l'histoire politique et religieuse, sans que personne se préoccupât d'en transmettre le texte d'un siècle à l'autre, soit que l'on se fiât à l'éternelle tradition des choses gaies, soit que la riche Italie se fût dit, une fois pour toutes, que, chez elle, ce fonds-là ne tarirait jamais. Mais s'il est certain que rien ne s'épuise, il est évident aussi que tout s'use ; les transformations deviennent parfois des créations nouvelles, si complètes en apparence, qu'on serait tenté de les croire isolées les unes des autres. Il n'en est pourtant rien, et toute étude conduit à se convaincre que rien n'est absolument nouveau sous le soleil.

L'Italie classique a été remuée de fond en comble. Elle le sera encore, elle le sera toujours, son passé est inépuisable en monuments sublimes ou charmants. Mais on s'est moins attaché à fouiller méthodiquement son côté burlesque, et les documents au moyen desquels on peut en reconstruire la raison d'être sont rares et difficiles à rassembler. Il y avait donc là une lacune dans les travaux de notre siècle, siècle de classement, de compilation si l'on veut. La compilation intelligente est une œuvre toute moderne, et le fond même de la vraie critique.

L'histoire de la *commedia dell' arte* [1], c'est-à-dire de l'improvisation théâtrale, n'appartient pas seulement à l'histoire de l'art ; elle appartient surtout à celle de la psychologie de deux nations : l'Italie où elle a pris naissance, et la France qui l'a reçue et qui, après s'être divertie de ses types, s'en est approprié plusieurs, en a créé de nouveaux, et en a fait à son tour l'expression des grâces et des ridicules, des pas-

---

1. On écrivait aussi *Comedia* ancienne orthographe.

sions et des fantaisies, des qualités et des travers de son peuple.

Ce besoin de personnifier les divers instincts naïfs ou faussés de l'être humain dans des types qui se sont appelés Arlequin, Polichinelle, Cassandre, le Capitan, Pierrot, etc., est donc devenu commun aux deux nations à une certaine époque, à ce point qu'on a pu dire et qu'on a dit : « la comédie italienne-française ». Mais nous ne devons jamais oublier que la priorité de ce calque ingénieux et piquant de la nature appartient à l'Italie, et que, sans ce riche et curieux précédent, Molière n'eût pas créé la véritable comédie française.

C'est que la *commedia dell'arte* n'est pas seulement l'étude du grostesque et du facétieux. Ce n'est pas seulement non plus l'école des grâces et des gentillesses populaires représentées par certains types aimables ; c'est surtout l'étude des caractères réels, poursuivie depuis l'antiquité la plus reculée jusqu'à nos jours, par une tradition ininterrompue de fantaisies *humoristiques*, très-sérieuses au fond, et l'on pourrait dire même très-mélancoliques, comme tout ce qui met à nu les misères de l'homme moral. Il semble que Démocrite n'ait ri que pour justifier les pleurs d'Héraclite.

Il y a donc toujours eu enseignement de mœurs dans toute représentation scénique, tragédie ou atellane, œuvre littéraire ou farce de tréteaux. On peut même croire que la forme la plus efficace a dû être la forme la plus populaire, celle qui, appelant toutes les classes par la franchise de sa gaieté et la simplicité de ses données, a signalé de la manière la plus saisissante à la risée publique, les travers de tous les âges de la vie et de toutes les conditions sociales.

Tout en s'aidant des excellentes recherches de ses

contemporains, l'auteur a complété et reconstruit autant que possible, par des investigations personnelles et par des documents transmis oralement, l'histoire des types de la comédie italienne, avant et depuis l'apparition de certains d'entre eux en France. Ses dessins sont le résultat de minutieuses recherches, et devront, à ce titre, intéresser les amateurs de théâtre et le public, devenu savant sur tous ces détails dont nos pères faisaient si bon marché, alors qu'on représentait les héros de l'antiquité en poudre et en talons rouges. Ce qui, pour notre compte, nous a vivement intéressé dans l'œuvre de M. Maurice Sand, c'est la découverte d'un personnage qui nous était absolument inconnu, et qui, probablement, sera nouveau pour un certain nombre de lecteurs. Nous voulons parler de *Ruzzante*, type d'un personnage burlesque, créé, porté et joué par un bouffon de la Renaissance, qui avait en lui, à son insu, du Shakespeare et du Molière. Nous nous sommes beaucoup plu aussi à la filiation établie entre les divers masques de la comédie italienne, et, par conséquent, à un classement ingénieux des personnages de cette œuvre mystérieuse appelée les *Petits danseurs* de Callot. En somme, nous avons appris là beaucoup de choses, et nous ne croyons pas être les seuls qui trouveront du profit à cette lecture, si agréablement illustrée par un artiste que nous aimons.

Nohant, novembre 1859.

XXIV

PRÉFACE DE:
SIX MILLE LIEUES A TOUTE VAPEUR

PAR

MAURICE SAND

Ce journal de voyage n'était destiné qu'à moi et à quelques amis intimes. Mon fils, n'ayant eu ni le temps ni le projet d'approfondir ses observations, ne pouvait se préoccuper d'aucune fantaisie de publicité. Il m'a semblé pourtant, après avoir relu l'ensemble des divers envois, griffonnés Dieu sait comme! que la rapidité extrême et l'imprévu complet de ce voyage offraient précisément un attrait assez vif. Sauf un mois de flânerie d'artiste et de naturaliste autour d'Alger, tout a été saisi au vol, aperçu plutôt que contemplé ou observé dans cette excursion *à toute vapeur*.

La situation singulière du voyageur lui a créé un genre d'appréciation tout particulier. Enlevé à l'improviste par le gracieux appel d'un personnage éminent auquel nous lie depuis longtemps une affection aussi sérieuse que désintéressée, il a pour ainsi dire sauté d'Alger à Brest, en passant par Oran, Gibraltar, Tanger, Cadix, Séville, Lisbonne, les Açores, Terre-Neuve, la Nouvelle-Écosse, New-York, Washington, les camps de Bull's-Run, les grands lacs du nord jusqu'au fond du *Superior*, les *prairies* jusqu'à la limite de la civilisation, le Mississipi jusqu'à Saint-Louis, le Niagara, le Saint Laurent jusqu'à Québec; puis, après le retour à New-York, Boston, Saint-Jean, et l'Atlantique par la route du nord. Six mille et quelques cents lieues de terre ou de mer en trois mois et vingt jours, sans presque jamais savoir vers quel but on marche, c'est un spectacle assez émouvant quand, la veille du départ, on n'y avait jamais songé.

Le prince Napoléon, en fixant l'époque de sa tournée d'agrément et d'instruction, avait en lui-même la somme voulue des notions acquises, raisonnées et spécialement applicables à chaque point de son observation personnelle. Il lui suffisait donc de consacrer quelques jours, et parfois quelques heures, à l'examen des hommes et des choses qu'il savait d'avance, et à l'égard desquels son jugement avait pour se fixer des bases toutes préparées.

En outre, le désir exprimé par la princesse Clotilde de faire avec le prince la traversée tout entière dut modifier les projets. Comme, malgré la vaillance d'esprit et de cœur qui caractérise si vivement la fille de Victor-Emmanuel, il eût été imprudent de l'exposer à des fatigues au-dessus de son sexe, on dut, en la laissant à New-York, hâter la course à travers le nouveau-monde, afin d'abréger autant que possible les jours d'attente qu'elle avait bravement voulu supporter.

Cette précipitation amena aussi probablement l'imprévu de l'itinéraire, ou bien le prince ne voulut pas soumettre celui qu'il s'était tracé aux commentaires de tous ses compagnons de route : en quoi il fit bien dans l'intérêt de leurs plaisirs, car un itinéraire annoncé égare presque toujours l'imagination et l'expose à de nombreux désenchantements. — Enfin, dans certaines positions, on ne veut pas rendre des amis dévoués responsables des fatigues ou des obstacles qui se peuvent rencontrer, et ces amis, délicatement délivrés de tout scrupule, font volontiers le sacrifice de leur initiative.

Nul plus que mon fils ne trouvait cela légitime. Laissé à lui-même autant que le permettait le risque de se voir séparé de ses compagnons par une pointe irréfléchie à travers les solitudes ou à travers les foules, n'ayant aucun caractère et aucun emploi officiels, jugeant et notant avec l'indépendance la plus absolue, il entendait toujours avec joie la formule : *liberté de manœuvre*, c'est-à-dire en style de marine: « que chacun aille où bon lui semble ». Il en profitait pour se lancer comme un oiseau dans l'espace, sans s'affliger du retour nécessaire et prévu de sa promenade, et tout entier à la jouissance romanesque d'être ainsi emporté dans l'ivresse du présent avec l'inconnu du lendemain.

Il y a donc eu pour lui, et il y aura peut-être pour le lecteur, un certain charme dans cette absence totale de préparation aux impressions reçues. On y sentira la spontanéité et la sincérité pour ainsi dire passives d'un esprit tout grand ouvert aux objets du dehors.

Consultée naturellement par mon cher voyageur, j'ai cru devoir l'engager à ne rien changer à sa manière de dire, pleine de jeunesse et d'abandon. Il m'a semblé que si à quelques égards il avait pu se tromper il n'en était pas rigoureusement responsable, n'ayant jamais formé le hardi dessein d'aller comprendre et juger la grande crise de la société américaine. Dans une de ses lettres plus intimes qui n'ont d'intérêt que pour moi, il me disait : « J'écris mon journal sans me préoccuper d'*écrire*. Je ne saurais me poser vis-à-vis de toi en esprit fort. Je ne suis qu'une *paire d'yeux* et une *paire d'oreilles* au service des réflexions que tu voudrais faire. »

Je crois que la question américaine est assez à jour maintenant, pour que tout lecteur soit à même de faire les réflexions que mon fils m'invitait à faire pour mon compte.

Quant à lui, une seule série d'observations a été enregistrée avec certitude, c'est celle des recherches et des rencontres entomologiques. Cette partie technique, j'ai conseillé de ne l'abréger ni dissimuler. Bien qu'elle ait été notée par mémoire, en vue d'une satisfaction toute personnelle, elle a sa valeur, à cause des localités, pour les naturalistes, et sera aisément passée par les personnes indifférentes à ce genre d'étude.

Quelque délicate que soit la situation d'une mère en pareille circonstance, j'avoue que je ne suis pas embarrassée dans ma modestie, parfaitement sincère et parfaitement partagée. Il suffira, je crois, d'ouvrir ce journal de voyage pour y reconnaître l'absence de toute prétention comme de toute contrainte. Aucun dogmatisme, aucune pose d'aspirant à l'effet, beaucoup de choses vues et senties sous forme d'interrogation naïve et sensée, une promptitude de coup d'œil sobrement exprimée, une gaieté soutenue sans effort, et qui se communique même aux sujets de peu d'importance, voilà, je crois, les mérites d'un travail dont une critique trop sévère eût emporté les qualités avec les défauts.

Nohant, Janvier 1862.

XXV

LETTRE SUR SALAMMBO

Oui, mon cher ami, j'aime *Salammbô*, parce que j'aime les tentatives et parce que... j'aime *Salammbô*. J'aime qu'un écrivain, lorsqu'il n'est pas forcé par les circonstances ou entraîné par son activité à produire sans relâche, mette des années à faire une étude approfondie d'un sujet difficile, et le mène à bien sans se demander si le succès couronnera ses efforts. Rien n'est moins fait pour caresser les habitudes d'esprit des gens du monde, des gens superficiels, des gens pressés, des insouciants en un mot, c'est-à-dire de la majorité des lecteurs, que le sujet de *Salammbô*. L'homme qui a conçu et achevé la chose a toutes les aspirations et toutes les ferveurs d'un grand artiste.

En a-t-il la puissance? Oui, je trouve; je ne fais pas métier de juger, mais j'ai le droit de trouver, et je dis oui, cela est étrange et magnifique, c'est plein de ténèbres et d'éclats. Ce n'est dans le genre et sous l'influence de personne; cela n'appartient à aucune école, quoi que vous en disiez. C'est marqué d'un cachet bien déterminé, et cela entre dans une manière qui est toute une personnalité d'une étonnante énergie. Je sens donc là une œuvre complétement originale, et là où elle me surprend et me choque, je ne me reconnais pas le droit de blâmer.

En effet, est-on bien autorisé à étourdir d'avertissements et de conseils un homme qui gravit une montagne inexplorée? Toute œuvre originale est cette montagne-là. Elle n'a pas de chemin connu. L'audacieux qui s'y aventure cause un peu de stupeur aux timides, un peu de dépit aux habiles, un peu de colère aux ignorants. Ce sont ces derniers qui blâment le plus toutes les hardiesses. Qu'allait-il faire sur cette montagne? Qui l'y obligeait? Qu'en rapportera-t-il? A quoi bon gravir les cimes quand il y a plus bas de la place pour tout le monde, et des chemins de plaine si carrossables?

Mais quelques-uns pourtant, parmi ces ignorants, aiment ces sommets, et, quand ils n'y peuvent aller, ils aiment ceux qui en reviennent. Je suis de ceux-là, moi. Je n'ai pas gravi l'Himalaya, mais j'ai vu sa tête dans mes rêves, et, loin de blâmer ceux qui l'ont touchée, j'écouterais leurs récits jusqu'à demain matin.

L'Himalaya, ici, c'était quelque chose d'évanoui et de conjectural. Carthage au temps d'Hamilcar; Carthage, dont on sait à peine l'emplacement aujourd'hui, il fallait la faire revivre jusqu'à la réalité du roman historique ! C'est donc une relation de ce voyage dans le passé qui m'arrive, à moi tranquillement assis dans une petite serre chaude, et cela arrive sous le nom fantastique de *Salammbô*. Oui-da! un nom carthaginois ! C'est loin, Carthage ; le passé encore plus. Je suis bien sûr de n'y jamais aller. Le sujet ne peut pas être bien gai, ni bien doux! Certes, ce n'est pas Boucher qui aurait choisi pour sujet les scènes d'amour de ce temps-là, et l'intérieur de ces personnages ne doit rappeler en rien un tableau de Greuze. Il faut donc que j'oublie Greuze, Boucher et ma petite serre chaude, et que je m'attende à voir des mœurs barbares et des hommes atroces, puisque j'aperçois dans le lointain des dieux Kabyres. Je n'en sais pas bien long, mais je sais qu'il y aura des sacrifices humains, des tortures, des épouvantes, toutes choses qui, adoucies et enjolivées, ne seraient plus ce qu'elles ont dû être. Ce livre-là doit être terrible s'il est bien fait. Le lirai-je ? Je suis aussi libre de ne pas le lire que de n'aller pas à Carthage si je n'ai pas le courage d'y aller. C'est si discret, un livre ! C'est muet, cela dort dans un coin ; cela ne court point après vous. C'est autrement modeste que la musique, qu'il faut entendre, bonne ou mauvaise, et même que le tableau qui flambe ou qui grimace sur la muraille. — Vous voulez absolument le lire? Donc, vous voulez aller à Carthage... Eh bien ! vous y voilà. Vous ne vous y plaisez guère? Je le comprends. Vous avez peur, dégoût, vertige, indignation? Donc, le voyage a été fait. Le narrateur n'a pas menti, et si les cheveux vous dressent à la tête, c'est qu'il est à la hauteur de son sujet, c'est qu'il est de force à vous dépeindre vigoureusement ce qu'il a vu.

Mais vous avez le *cœur sucré*, comme disent nos paysans d'ici. Il vous fallait du bonbon et on vous a donné du piment. Vous pouviez rester à votre ordinaire : que diable alliez-vous faire à Carthage ?

J'ai voulu y aller, moi, je ne me plains de rien. Je me suis embarqué de ma petite serre chaude dans le cerveau de l'auteur. C'est aussi facile que d'aller dans la lune avec le ballon de la fantaisie ; mais, en raison de cette grande facilité et de cette certitude d'arriver en un clin d'œil, je ne me suis pas mis en route sans faire mes réflexions et sans me préparer à de grands étonnements, à de grandes émotions peut-être. J'en ai eu pour mon argent, comme on dit, et maintenant, je pense comme tous ceux qui descendent les hautes cimes : je me dis que je ne voudrais pas retourner y finir mes jours, mais que je suis fort aise d'y avoir été.

C'était monstrueux, cette Babylone africaine, ce monde punique, atroce, ce grand Hamilcar, un scélérat, ce culte, ces temples, ces batailles, ces supplices, ces vengeances, ces festins, ces trahisons ; tout cela, poésie de cannibales, quelque chose comme l'enfer du Dante.

A propos, mon cher ami, vous avez fait ce voyage-là ? Qu'est-ce que vous en dites, de l'enfer du Dante ? Il paraît que la chose a quelque valeur et n'a pas manqué d'un certain succès dans son temps, puisque cela dure encore? Le sujet n'est pas joli, cependant, et le poëte ne sacrifiait point aux Grâces. Dites-moi que c'est un paltoquet et n'en parlons plus. Je vous pardonnerai de proscrire *Salammbô*.

Moi, je ne sais pas si l'on ne peut pas comparer. La forme de Flaubert est aussi belle, aussi frappante, aussi concise, aussi grandiose dans sa prose française que n'importe quels beaux vers connus en quelque langue que ce soit. Son imagination est aussi féconde, sa peinture est aussi terrible que celle du Dante. Sa colère intérieure est aussi froide de parti pris. Il n'épargne pas davantage les délicatesses du spectateur, parce qu'il ne veut point farder l'horreur de sa vision. Il est formidable comme l'abîme.

Mais vous me dites : Ce n'est point là l'histoire telle que je la connaissais. Ce monde atroce n'a jamais existé. Cette couleur est forcée. L'homme n'a pas été si puissant pour le mal.

Hélas ! quant au dernier point, je crois que vous vous trompez bien, et qu'il est dans la fatalité de tous les cultes d'engendrer les forfaits. Sans remonter jusqu'aux dieux Kabyres, la douce loi du Christ n'a-t-elle pas enfanté l'inquisition et la Saint-Barthélemy ?

Quant à la couleur locale, il est d'usage de la recomposer à l'aide de la science, et permis de la compléter par les forces de la logique d'induction. C'est avec des fragments incomplets que la paléontologie a reconstruit des mondes plus anciens que le monde punique. Ceci exige de grandes études que tout le monde n'est pas en état de vérifier, et ni vous ni moi ne pouvons nous permettre de dire que l'auteur de *Salammbô* a forcé ou atténué sa peinture. Il nous faudrait peut-être, à nous comme à lui, une dizaine d'années consacrées à en étudier l'objet et les moyens.

D'ailleurs, cette vérification n'a rien à faire avec la question d'art. Est-ce de la belle et bonne peinture ? Voilà ce dont il s'agit et ce que tout le monde est appelé à juger. Je ne crois pas que l'on puisse nier la beauté de la couleur et du dessin. Faut-il vous rappeler qu'on peut, comme les maîtres espagnols, faire de la peinture admirable avec des sujets atroces ?

Elle est un peu chatoyante, cette peinture, j'en conviens. Toute chose a son défaut, si réussie qu'elle soit. Il y a peut-être trop de lumière répartie avec une égale richesse sur tous les détails. La composition trop brillante devient confuse par moments. L'œil se fatigue, et l'effet général s'obscurcit tout à coup, comme ces paysages africains dont Fromentin a exprimé en peu de mots et d'une manière saisissante, l'intensité de rayonnement produisant la sensation du noir. C'est que, de même que Fromentin se sentit un jour complétement aveugle, Flaubert, regardant son sujet par l'œil de l'imagination, s'est ébloui pour avoir trop vu. Je ne hais pas ces défauts qui sont l'abus d'une force. Défauts, oui, mais excès d'une grande faculté comme tous les défauts des maîtres : défaut du Dante particulièrement.

Quant à l'histoire, vous dites avec raison que le roman doit en conserver l'esprit. Eh bien, l'histoire fait planer sur l'obscurité, sur l'insuffisance de ses détails à l'endroit de ce monde évanoui, deux mots terribles : Culte des dieux Kabyres. — Notoriété proverbiale de la *foi punique*, synonyme de trahison. En voilà bien assez, selon moi, pour autoriser l'interprétation des choses et des hommes développée dans *Salammbô*.

Nos souvenirs classiques nous ont laissé dans l'esprit comme une œuvre de titans, et nous avons vécu d'une notion de force extraordinaire, sans nous demander apparemment à quel prix ces forces d'expansion, de richesse, de commerce, de conquête et de domination étaient achetées dans l'antiquité sur le sol de l'Afrique. L'auteur de *Salammbô* nous le rappelle, et nous en voilà tout froissés, tout éperdus, comme s'il l'avait inventé ! Si nous sommes partis avec lui pour Carthage, croyant aller à Vaugirard, vous m'avouerez que ce n'est pas sa faute.

On ne doit point se courroucer contre les emportements de la fantaisie, et pourtant, dans *Salammbô*, il en est un que je regrette. L'épisode est aussi magnifiquement raconté que tous les autres, mais il trahit trop la fantaisie, qui, jusque-là, profondément habile, s'était fait accepter comme une réalité victorieuse de toute invraisemblance; je veux parler du *Défilé de la Hache*, où nous quittons la couleur de l'histoire pour entrer dans le conte oriental à pleines voiles. Nous avons accepté le siége de Carthage et la rapidité de ces travaux de géants *intra* et *extra muros*. Mais ici on nous met aux prises avec la nature, et la nature ne se prête point aux suppositions. Il n'y a pas de sites inaccessibles à quarante mille hommes qui ont tous des armes pour entailler la roche quelle qu'elle soit, des cordes probablement pour leurs chariots, ou tout au moins des animaux dont la peau peut faire des courroies, mille engins pour fabriquer des crampons, enfin les simples moyens que quelques pauvres savants, aidés de quelques hardis montagnards, ont employés de tout temps pour escalader les sommets les plus effrayants de la terre, pour descendre ou remonter des abîmes encore vierges de pas humains. Ces quarante mille mercenaires, restes de l'armée qui déployait naguère tant d'audace et de prodigieuse invention pour prendre Carthage, sont démoralisés ici pour les besoins de la cause, car ils le sont au delà de tout raisonnement. Hamilcar, qui ne daigne pas les écraser d'en haut, qui les sait trop stupides pour se creuser des escaliers dans une paroi quelconque du précipice, devient lui-même complétement fantastique et légendaire. C'est bien dans la couleur du temps où l'on racontait qu'Annibal perçait les roches avec du vinaigre; mais la géologie ne connaît plus ces roches qu'on ne pouvait entailler ou briser autrement. Il ne s'en fait plus.

La légende est permise, mais l'art du conteur avait été, jusqu'à cette page, de la déguiser admirablement. On pouvait véritablement croire que tout ceci était arrivé. On ne le croit plus dès qu'on est entré dans ce défilé fabuleux; mais que de qualités grandioses rachètent cet écart poétique! Quel style sobre et puissant à contenir l'exhubérance de l'invention! Quel savant et persistant procédé pour présenter des images saisisantes avec des mots tout simples, mais dont la netteté d'appropriation ne souffre pas le moindre essai de dérangement et de remplacemeut pour la critique! Quels personnages, même les moins montrés, ce procédé magistral vous incruste dans la pensée, éclairés d'un jour ineffaçable! C'est comme un défi jeté à tous les procédés connus et à toutes les impuissances du langage, car il se sert rarement de la comparaison. Il la dédaigne; il n'a besoin que du fait même pour en faire jaillir l'impression complète. — Allons, allons, mon ami, cet auteur-là *est un malin*, comme disent les enfants de Paris, et on le verra à l'œuvre, quoi qu'il fasse!

Janvier 1863.

XXVI

LA VIERGE A LA CHAISE DE RAPHAËL

La *Vierge à la chaise* est une de ces grandes pensées qui viennent d'un seul jet aux grands maîtres, parce qu'elles sont simples et nettes. Une belle femme et deux beaux enfants, voilà ce que Raphaël a voulu faire, sans s'inquiéter à l'avance de la majesté du sujet et du prestige du symbole. Il savait que la divinité rayonnerait dans l'expression, et il pensait qu'il n'y avait pas lieu d'idéaliser la forme dans le sens ascétique. On n'était plus au temps du mysticisme austère, on nageait en pleine poésie et en pleine civilisation. On cherchait la vérité, on réhabilitait la nature. Il chercha et trouva tout simplement le type de la vierge de Judée dans une de ces belles créatures qu'on voit encore à Albano, à Laricia, à Gensano. Il fut frappé ou il rêva d'un superbe enfant déjà en possession d'une de ces physionomies hardiment accentuées qui promettent une beauté mâle, et il se dit qu'ils seraient parfaitement divins, s'ils étaient parfaitement beaux.

Sont-ils divins en effet? Au point de vue du christianisme primitif, non. Ils sont trop splendides de jeunesse et de force. Au point de vue moderne, ils manquent à la couleur historique religieuse. Ils n'appartiennent pas à la race sémitique. Ils sont Romains pur sang. Ni le costume ni le type de la Vierge ne donnent l'idée de la foi austère des premiers chrétiens. Cette madone italienne n'est pas la Vierge extatique du mythe; ce robuste *bambino* n'est pas le futur missionnaire du renoncement, le prophète de l'idéal, le crucifié volontaire, pas plus que le terrible *maudisseur* du *Jugement dernier* de Michel-Ange n'est la victime expiatoire de l'Évangile. Ce qui caractérise les maîtres de la renaissance, c'est la puissance et la liberté de leur interprétation; c'est leur volonté de réhabiliter le culte de la forme. Sans aucun souci de la tradition, des détails légendaires et des attributs symboliques consacrés par les siècles, ils suppriment les nimbes d'or et ne craignent pas d'attenter à la majesté du sujet en indiquant à peine un léger rayonnement autour des têtes sacrées. Ils sont artistes avant tout, artistes plus libres que ceux d'aujourd'hui vis-à-vis de leur sujet, tantôt plus recherchés, tantôt plus naïfs, selon leur disposition du moment, et variant leur idée au gré de leur inspiration. Rien dans l'œuvre de Michel-Ange ne ressemble moins au Christ du *Jugement dernier* que celui de la *Pietà*; rien, dans l'œuvre de Raphaël, ne diffère plus de la *Vierge au voile* de notre musée que la *Vierge à la chaise*. La première, agenouillée devant l'enfant endormi, le préserve du soleil avec une grâce un peu maniérée et un air de sollicitude plutôt religieux que maternel. L'autre, complétement femme et mère, le tient assis sur ses genoux, et de ses mains enlacées le serre doucement contre sa poitrine. Marie n'est point là l'inspirée qui adore le futur Sauveur, c'est la mère qui possède son fils sans aucune terreur religieuse, sans aucun pressentiment de l'avenir. La tête expressive de l'autre enfant, le futur précurseur Jean-Baptiste, est d'une naïveté souriante. Le seul reproche à faire à cette composition si simple et si heureuse, c'est l'attitude de prière donnée aux mains jointes du petit saint; encore est-ce une critique de l'idée, et non de l'arrangement, qui est excellent et nécessaire à l'harmonie parfaite du groupe; mais cette supplication des mains nuit à la grande sérénité de la scène et divise l'intérêt entre un groupe parfaitement impassible et un enfant qui supplie sans émouvoir les objets de son adoration. En outre, Raphaël a fait une toute petite concession aux mesquineries de l'usage, en passant au bras de cet enfant une petite croix de bois, joujou prophétique d'un effet fort puéril. Je n'aime pas ces fioritures apocryphes dans les sujets proposés à la piété du chrétien ou au respect du penseur philosophique. Elles prêtent à la plaisanterie ou elles égarent l'imagination dans le caprice des légendes. La peau de mouton et la petite croix de Jean-Baptiste enfant sont devenus des attributs classiques, à ce point que certaines bonnes femmes s'imaginent qu'il est venu au monde avec cette peau cousue à l'épaule et cette croix passée au bras. Dans les mauvaises reproductions de la *Vierge à la chaise*, l'exagération puérile de l'expression des têtes donne lieu à une explication du sujet que j'ai entendu donner par une petite fille de bonne foi parlant à son frère.

— Vois-tu, lui disait-elle, la maman est triste parce

que le petit Baptiste a montré à l'enfant Jésus une croix qu'il ne voulait pas regarder. L'enfant Jésus est en colère et il boude; le petit Baptiste pleure et demande pardon.

Cette naïve critique disparaît entièrement devant la peinture originale et devant la reproduction fidèle et sincère due au burin de Calamatta. Ici le traducteur n'a point cherché à exagérer la puissante personnalité de l'enfant Jésus par une expression de fierté sauvage. Raphaël et les grands maîtres de son temps ne connaissaient pas ces recherches de la pensée, et ils arrivaient au but par les simples moyens de la vérité. L'enfant Jésus de Raphaël n'est pas tourmenté de l'esprit prophétique sur le sein chaste et paisible de sa mère. C'est un véritable enfant du peuple dont le regard clair et pur reflète l'innocence céleste du premier âge, et, malgré cette réalité complète, l'idéal divin émane de lui, grâce à ce je ne sais quoi d'insaisissable et d'inexprimable qui est le cachet du génie. L'enfant Baptiste n'est ni pleureur, ni extatique; il est enfant aussi, il sourit à son bien-aimé avec une naïveté charmante, et sans ses mains jointes il ne détruirait en rien la placidité rêveuse de l'ensemble. Quant à la mère, elle n'a aucune mélancolie, aucun pressentiment, aucune extase. Elle est la candeur personnifiée; elle ne réclame aucune vénération, elle est bien plus forte que cela, elle l'inspire.

Voilà le grand mérite de cette nouvelle production de Calamatta; c'est de mettre devant nos yeux et de faire entrer dans notre esprit la véritable pensée de Raphaël, si indignement travestie par la foule des imitateurs de ce chef-d'œuvre.

Passavant, dans son minutieux catalogue de l'œuvre de Raphaël, compte plus de soixante gravures faites d'après le tableau de la *Vierge à la chaise,* et il en a omis beaucoup : quant au nombre des lithographies, il est incalculable; mais, il faut bien le dire, presque toutes ces reproductions sont déplorables, et elles expliquent parfaitement l'indignation de M. Viardot demandant, avec une sainte douleur d'artiste (*Musées d'Italie*), qu'il soit fait défense absolue de *reproduire* cette inimitable peinture. Au fond et en théorie, M. Viardot a bien raison : la popularisation imparfaite des chefs-d'œuvres et un outrage à la mémoire des maîtres, et à la vue de ces reproductions de pacotille, tous ces grands génies, s'ils revenaient au monde, briseraient leurs pinceaux avec désespoir, sans compter que la foule des saints personnages représentés par eux prêcheraient de nouveau contre le culte des images.

Mais il faudrait pourtant faire quelques exceptions et laisser certaines copies à l'étude des artistes. Ainsi, et pour ne parler que de la *Vierge à la chaise,* la gravure de Morghen a un grand mérite de facture; il en est de même de celle de M. Desnoyers; celle de Garavaglia (1828) se rapproche du caractère de l'original; une autre gravure de plus grande dimension a eu en 1851 un succès en Allemagne. Néanmoins rien dans tout cela n'a donné le véritable sentiment et le véritable effet du tableau, et quiconque se le rappelle verra avec une satisfaction sérieuse la gravure de Calamatta. Comme caractère en effet, elle est sans pareille. Elle rend avec une conscience sans détour la manière large et même jusqu'aux libertés de pinceau du modèle, libertés qui vont très-loin, puisqu'on a remarqué que l'aspect du tableau était celui d'une

18.

peinture à fresque, et que le pied de l'enfant et la main de la mère étaient à peine faits. Calamatta n'a point cherché à dissimuler cette liberté, et il a fort bien fait, selon nous : qui donc se permettrait de terminer les marbres inachevés de Michel-Ange ?

Quant au mérite du procédé de gravure employé par Calamatta, je demanderai la permission de l'indiquer d'après l'appréciation d'un connaisseur exquis. « J'ai pour principe, m'écrit-il, que tous les procédés sont bons, s'ils amènent un heureux effet, et je m'inquiète peu de savoir s'ils sont ou non conformes aux règles. D'ailleurs, ce qui me paraît caractériser le talent de Calamatta, c'est l'absence de procédé particulier. Le burin lui obéit comme à un autre le crayon. Il se pénètre tellement d'avance du dessin, du caractère et du sentiment de son modèle, qu'il grave comme s'il dessinait, avec une sûreté, une facilité de main incomparables. Voyez dans sa Vierge, presque partout une simple taille qui suit et épouse la forme, qui s'infléchit, s'engraisse, s'atténue, pour indiquer ou côtoyer le modèle, quelquefois un point à côté pour la soutenir, très-peu de hachures croisées et d'entretailles. Voilà ce qui me frappe par dessus tout : un grand effet obtenu par les moyens les plus simples. Certes on ne pourrait rendre ainsi un Meissonier, un sujet dont le mérite principal serait dans le fini précieux ; mais pour traduire une œuvre aussi largement conçue que celle de la *Vierge à la chaise*, je crois qu'il fallait une allure aussi franche, un coup de burin aussi gras et aussi sincère que le coup de brosse de l'original. »

Mars 1863.

XXVII

POURQUOI
LES FEMMES A L'ACADÉMIE?

Sous ce titre piquant : *les Femmes à l'Académie*, un écrivain dont les initiales cachent un nom qui nous a été révélé, et qui, jusqu'à ce jour, nous était resté inconnu, présente agréablement la fiction d'une femme anonyme prononçant son discours de réception à l'Académie française, en l'an de grâce... Un académicien, également anonyme et fictif, M. *** répond à madame ***; et ces deux discours, élégants, sérieux, aimables, fournissent l'étendue d'une jolie brochure qui se publie chez Dentu, et qui mérite d'attirer un instant l'attention du monde littéraire.

Donnons de sincères éloges à ce travail très-réussi, en ce sens qu'il soulève d'utiles réflexions, tout en récréant l'esprit. S'il ne fait pas triompher sa thèse, l'auteur prouve du moins qu'il peut fort bien aspirer un jour pour son compte aux honneurs qu'il appelle aujourd'hui avec désintéressement sur d'autres têtes.

Analysons ensuite en peu de mots la séance imaginaire où madame ***, appelée par un vote *unanime* de l'illustre corps, accepte avec une dignité modeste la situation sans précédent qui lui est offerte. Elle remercie ses nouveaux confrères au nom du progrès que son élection signale dans les mœurs de son temps et que l'Académie de son temps est jalouse de servir et de proclamer.

M. ***, prenant la parole, déclare « que, plus heureusement inspirée qu'elle ne le fut en d'autres temps où, dominée par de fâcheux préjugés et d'injustes préventions, elle commit la faute de repousser de son sein de puissantes renommées, l'Académie, cette fois, n'a pas voulu s'exposer de nouveau à d'éternels regrets, » et qu'elle a rompu, en faveur des femmes, une tradition séculaire fondée sur un préjugé désormais évanoui.

Après avoir rappelé comme quoi, à l'époque de sa fondation, l'Académie, fort embarrassée de compléter son nombre voulu de quarante immortels, fut forcée de prendre, « pour décoration de son sanctuaire, » les grands seigneurs dont chaque homme de lettres était alors plus ou moins l'obligé, M. *** déplore l'article de loi porté par le vieux Chapelain contre l'admission des femmes. Il rappelle la sérieuse et bienfaisante influence de l'hôtel de Rambouillet. « Tous, dit-il en parlant des plus illustres écrivains du grand siècle, doivent quelque chose à cette société de femmes célèbres, la délicatesse de l'expression, la noblesse et la pureté des sentiments, la passion du beau, de l'idéal, de l'héroïsme. »

Après avoir nommé mademoiselle de Scudéry, mesdames de Sévigné, de la Fayette, de Motteville, de Tencin, de Staël, de Girardin, Amable Tastu, etc., et avoir omis, on ne sait pourquoi, mesdames de Genlis, de Souza, Cottin, Charles Reybaud, Louise Collet, Valmore, et plusieurs autres femmes dont la prose ou les vers ont fait plus de bruit et de besogne que bon nombre d'académiciens déjà oubliés dans le court espace de deux siècles, M. *** fait ressortir la véritable question préparée par tant d'exemples : c'est que l'élément féminin est absolument nécessaire à la régénération de l'esprit et des mœurs en France; c'est que l'homme tend de plus en plus à s'isoler, à devenir positif, et à concentrer son activité dans le développement d'une faculté unique, l'art de tripler les capitaux.

« Nous ne voulons point, dit-il, faire ici le procès à ce siècle, qui, lui aussi, a sa grandeur ; mais tout, ici-bas, a son expiation ; et cette grandeur matérielle dont on ne cesse de nous vanter les merveilles, nous ne l'avons déjà que trop cruellement achetée au prix d'une décroissance morale aussi rapide qu'effrayante. »

Tout est là, en effet. Il est bien avéré que les hommes sont aux prises avec la question matérielle qui domine notre époque.

Mais quoi ! leur mission n'est-elle pas de suivre ce courant? Ce monde des faits industriels et financiers où s'accomplissent des progrès nécessaires au développement de la civilisation dans l'avenir, faut-il le maudire comme un fléau qui passe, et ne s'agirait-il pas plutôt de soutenir des énergies qui préparent à l'esprit la conquête du monde? Si l'homme, pris de fièvre en présence des prodiges promis à son activité, redevient un peu brutal et un peu sauvage, le devoir de la femme n'est-il pas d'adoucir sa tâche sans paralyser ses forces ?

Toute grande dépense d'énergie a ses besoins de réaction, ne le sait-on pas ? Ne peut-on pas dire que, si jamais époque n'eut plus d'essor vers le travail, jamais époque n'eut aussi plus d'aspirations vers les jouissances du repos ? Ceci est une conséquence toute logique, toute légitime et naturelle.

D'où vient que l'aspiration aux jouissances du moment a tourné à la corruption et qu'elle menace de rompre tous les liens de la sociabilité, de l'amour, de l'amitié, de la famille ? N'est-ce pas un peu la faute de l'autre sexe ? Est-il vrai qu'il ait, comme le pense apparemment l'académicien de M. J. S..., conservé dans quelques sanctuaires la tradition de l'idéal héroïque professé jadis à l'hôtel de Rambouillet ?

Ces sanctuaires, en tout cas, sont rares, ou leur influence est médiocre, car la majorité des femmes de la génération présente se partage en deux camps : les dévotes et les mondaines. Les nulles ne comptent pas et n'ont jamais compté. Parmi celles-ci, beaucoup s'arrangent pour résoudre le problème de concilier le Dieu jaloux et le monde tentateur. Rien n'est plus facile, du moment qu'on fait de la logique et qu'on ne se pique pas d'être bien d'accord avec soi-même. Mais tout ce qui a de l'élan et de la vitalité chez les femmes tend aussi à se manifester par quelque chose d'excessif, intolérance religieuse ou enivrement de luxe et de coquetterie. Il est évident que la femme suit le courant du siècle, qu'elle renonce à entretenir le feu sacré de l'idéal ou qu'elle le cherche dans une interprétation religieuse qui n'est pas celle de l'homme éclairé de son temps.

De là un divorce intellectuel produit par la même cause, par une cause que j'appellerai l'âpreté du siècle, une soif ardente de sécurité en même temps qu'une ardente audace d'entreprises, toutes les forces entraînées irrésistiblement vers l'avenir en se cramponnant au passé qui échappe, le présent trouble et un peu malsain, dévoré comme un mets sans saveur et dont on semble vouloir se repaître à la hâte entre la crainte et l'espérance.

Il est bien certain que, si les femmes pouvaient se préserver de cette fièvre et se faire anges pour purifier et ennoblir la société, tout serait pour le mieux; mais nous craignons bien que le généreux appel de M. J. S... ne soit pas entendu de sitôt, et que l'Académie elle-même n'encourage en aucune façon les femmes à se faire apôtres du progrès.

Et, après tout, l'Académie a raison de ne pas le faire, car elle n'a pas mission de réformer les mœurs d'une manière directe, et elle n'a déjà que trop outrepassé son mandat en laissant certain esprit de discussion pénétrer dans son sanctuaire. L'Académie française est, en principe, une institution purement littéraire et nullement philosophique ou religieuse. D'où vient qu'elle s'est détournée de son but? Cherchons-en la cause.

Nous ne sommes pas de ceux qui pensent que l'Académie française a perdu son capital de talent ou de génie, puisqu'elle compte encore sur la liste tant de noms que, sous le rapport littéraire, tout le monde estime ou admire. En aucun temps la France n'a produit à la fois quarante génies de haut vol, et, dans tous les temps, quelques-uns de ces esprits de premier ordre ont mieux aimé se tenir à l'écart et conserver une entière indépendance que de se faire classer dans une série quelconque. Qu'ils aient eu tort ou raison, qu'ils se soient isolés par orgueil mal entendu ou par un véritable sentiment de leur dignité, là n'est pas la question. L'Académie a sa fierté et son orgueil aussi. Elle n'offre pas ses fauteuils ; elle veut qu'on se les dispute et qu'on les prenne d'assaut. Il n'y a donc pas de sérieux reproches à lui faire, quand elle laisse dehors les gens qui ne désirent pas entrer.

Lui reprochera-t-on, avec plus de justice, la tendance que, sans la lui reprocher, nous signalions tout à l'heure ? Dira-t-on qu'elle est fort coupable d'avoir laissé troubler sa sereine atmosphère par des questions religieuses et politiques ? Non, en vérité. Elle a subi la fatalité du progrès qui ne permet plus à l'esprit humain le culte étroit de l'art pour l'art. Au temps de sa fondation, l'Académie ne se trouva point aux prises avec des problèmes sociaux trop compliqués. La royauté héréditaire n'avait pas été contestée. La noblesse était encore un titre que les gens de lettres ne révoquaient pas en doute, puisqu'elle était leur protectrice et l'appui du développement de leur renommée. La religion officielle n'était en lutte qu'avec d'autres programmes religieux, appartenant comme elle au christianisme. La philosophie indépendante n'avait pas encore arboré son drapeau. On pouvait donc se dire et se persuader que certaines questions ne seraient jamais soulevées dans le monde des lettres et que les opinions personnelles n'y seraient représentées que par des nuances. Dès lors la mission d'un jury purement littéraire était possible. La tolérance mutuelle pouvait s'exercer sans trop d'efforts. On pouvait, sans grand mérite, se dire que l'on passerait, à l'occasion, sur le fond pour juger seulement la question de forme.

Combien de temps l'Académie française put-elle vivre sur cette illusion? L'étude de son histoire nous mènerait trop loin ; franchissons les temps écoulés et voyons-la aujourd'hui en face de l'esprit du xix° siècle. Peut-elle s'abstenir de prendre part aux affirmations et aux négations tranchées qui l'agitent? Ne serait-elle pas déjà morte de belle mort dans l'opinion, si elle s'était bornée à mesurer des alexandrins et à ne pas faire un dictionnaire? Ne faut-il pas qu'elle aussi vive de la vie qui circule, et qu'en dépit de ses propres théories, elle s'inspire du milieu qu'elle traverse et qui la féconde?

Ne lui demandons donc pas, nous qui lui reprochons d'être souvent en arrière du mouvement des idées, sa tendance irrésistible à se mêler au mouvement social. Qu'elle s'y mêle pour le retenir ou pour le pousser en avant, ceci est une question passagère, une question d'actualité : la véritable question débattue dans ces derniers temps par la critique est de savoir si l'Académie doit ou ne doit pas s'abstenir de juger les opinions, les tendances, la conscience des écrivains et des poëtes.

Pour nous, il ne s'agit pas de savoir ce que doit faire et ce que doit être l'Académie, mais bien de savoir ce qu'elle peut être, et ce qu'elle peut faire. Accordons-lui ce que souvent elle a refusé aux esprits indépendants, et reconnaissons qu'elle est *forcée* d'être ce qu'elle est, de faire ce qu'elle fait. Il lui est absolument impossible de séparer l'art des éléments qui le font éclore et qui le font vivre, et ces éléments constitutifs, ces éléments vitaux c'est la religion, c'est la société, c'est la philosophie, c'est la politique, c'est l'ensemble et le détail des fermentations de l'histoire contemporaine.

Les choses en sont venues à ce point, et ce n'est pas la faute de l'Académie. Elle a résisté, on dit qu'elle résiste encore ; du moins, elle nous révèle de temps en temps, par la bouche de ses élégants coryphées, le désir naïf de nous parquer dans l'aimable forteresse du vieux bon goût, et dans le jardin fleuri des douces habitudes. En d'autres termes, c'est le programme de certains éditeurs timorés qui, dans les temps de crise, proposent aux écrivains, — je n'invente pas, — des traités ainsi conçus : *M.*** *s'engagera à nous faire un roman de mœurs qui ne traitera ni de la religion, ni de la propriété, ni de la politique, ni de la famille, ni d'aucune question sociale à l'ordre du jour.* Mais, comme les coryphées de l'Académie ne sont pas des éditeurs responsables, leur opinion personnelle perce à travers les conseils de leur prudence, et ils se hâtent d'ajouter à cet arrêt : *Préservez-vous d'avoir une opinion nouvelle*, ce corollaire très-significatif : *L'absence d'opinion nouvelle, voilà l'opinion des honnêtes gens.*

Le mot d'*honnêtes gens* revient souvent et textuellement en cette rencontre. Que tous les écrivains qui attaquent quoi que ce soit dans l'ordonnance actuelle de la société, abus, préjugés, erreurs, mauvaises coutumes ou idées fausses, se le tiennent donc pour dit. Ils sont de *malhonnêtes gens.* Certains académiciens l'ont proclamé avec toute la courtoisie de style qui les caractérise, et la majorité a opiné du bonnet dans ce sens : *Amen !*

On pourrait remarquer que, dans cet anathème

lancé sur les esprits passionnés pour le progrès, il y a beaucoup de passion, puisqu'on en vient aux gros mots sous-entendus. Mais que personne ne s'en fâche! L'Académie, tout en se cramponnant à la mort, fait encore preuve de vie, et ce qu'elle compte encore d'âmes jeunes et de talents généreux proteste contre la majorité actuelle par des œuvres d'une vitalité féconde. La lutte règne donc là comme ailleurs, comme partout! Quelque damasquinées et parées de rubans que soient les armes, on s'y porte des coups très-prémédités et très-âpres. Les élections académiques, aujourd'hui dirigées dans le sens conservateur, peuvent demain prendre le courant contraire : qu'en faudra-t-il conclure?

Ce que nous avons conclu d'avance. Il n'est plus possible que l'Académie soit un jury purement littéraire. Le progrès s'y oppose. Il n'y a plus de littérature, si l'esprit s'interdit la lutte et si le goût prétend proscrire la liberté de lutter. Donc, l'Académie est ou sera un corps politique, religieux, socialiste ou philosophique. — Elle est ou sera tout ce qu'on voudra, excepté l'Académie française, instituée pour distinguer, encourager et récompenser le talent. L'impartialité est une région inaccessible, une terre promise qu'elle ne saluera point avant l'accomplissement des temps, c'est-à-dire avant l'épuisement de nos incertitudes et de nos combats, de nos impatiences et de nos résistances, enfin avant le triomphe d'une certaine unité de tendances et de convictions comme il s'en rencontre de loin en loin dans l'histoire.

La place des femmes n'est donc pas plus à l'Académie de nos jours qu'elle n'est au Sénat, au Corps législatif ou dans les armées, et l'on nous accordera que ce ne sont point là des milieux bien appropriés au développement du genre de progrès qu'on les somme de réaliser.

Puisqu'il s'agit pour elles de ramener les bonnes mœurs et le charme de l'urbanité française par les grâces de l'esprit, par l'empire de la raison et par la douceur des relations, voyons si l'Académie française doit leur prêter l'appui de son autorité morale. Eh bien, nous pensons qu'il est trop tard et que l'Académie ne peut donner ce qu'elle n'a plus. Elle a perdu l'occasion en n'appelant pas à elle madame de Staël et ensuite Delphine Gay, cette jeune et belle muse qui réalisa un peu le type de Corinne. L'Empire et la Restauration permettaient encore ces quelques heures de recueillement, où l'on pouvait juger, sans passion, des ouvrages inspirés par le sentiment pur. Aujourd'hui, l'Académie éprouve le besoin de contenir tout ce qui lui paraît belliqueux ; demain peut-être, elle éprouvera celui de se rajeunir par des aspirations contraires ; mais, dans cette balance agitée par les orages du dehors, elle ne peut plus peser le mérite intrinsèque de l'art, et elle y renonce avec une certaine vaillance dont nous ne lui savons pas mauvais gré, puisqu'elle nous affranchit en s'affranchissant elle-même.

Que gagneraient donc les femmes à être enrôlées dans cette phalange, dont le drapeau est un drapeau de guerre ? Si leur mission est mission de concorde et d'amour, laissons-leur l'illusion de la pureté des eaux de Castalie, ou disons-leur franchement que cette source ne peut plus couler pour elles. Ils faut qu'elles rêvent encore un paradis poétique en dehors de ce monde, ou qu'elles abordent résolûment le problème de la philosophie pratique. Dès qu'elles l'auront compris, elles verront clairement que les lettres sont une véritable république et que les sénats littéraires sont condamnés à disparaître dans un temps donné. Quand la poésie languit, c'est qu'elle est étouffée par des influences prosaïques et qu'elle a la poitrine oppressée par quelque ambition étrangère à sa nature. Quand elle s'épanouit, c'est qu'elle a entendu sonner l'heure de l'indépendance et qu'elle a senti dans le public, son seul juge, le frémissement de la liberté rénovatrice. Jamais le désir d'arriver à l'Académie ne fera surgir un talent nouveau. Les dons de l'intelligence sont le produit plus ou moins spontané d'une culture *sui generis* que personne ne peut réglementer, et les traditions se brisent comme le verre là où le génie commence. Aucune récompense, aucun encouragement ne sert là où le feu sacré ne brûle pas. Le privilége d'appartenir à une assemblée d'élite n'est qu'un stimulant très-secondaire pour celui que stimule avant tout le besoin d'éclairer ou de charmer la multitude. Les lauriers du Parnasse sont passés de mode et l'homme n'a plus affaire aux dieux de l'Olympe, mais bien aux hommes de son temps, car les gloires consacrées par décret ne relèvent en somme que du public et de l'histoire.

L'horizon des gens de lettres s'est donc élargi, depuis le *grand siècle*, dans une proportion que l'Académie a dû suivre sans être enchaînée par l'esprit de corps. Recrutée précisément parmi ceux que le succès lui impose, elle a dû renoncer à tout privilége de maîtrise intellectuelle, et c'est bien en vain qu'elle prétendrait assurer le règne de la tradition, conserver les lois du langage et régler les formes de l'art. Elle n'y peut vraiment plus rien. L'école romantique lui ayant fait violence, elle s'est jetée dès lors en pleine révolution, et, comme la liberté est une mère féconde qui engendre toutes les formes de l'avenir, il est bien évident que, si l'élément romantique avait conservé la majorité dans cette illustre assemblée, il lui faudrait déjà lutter aujourd'hui contre un élément nouveau, ou lui ouvrir les bras franchement. — Et cet élément nouveau, en supposant qu'il produisît encore une forte pléiade, comme celle dont Victor Hugo fut le chef géant, ne serait-il pas bientôt contesté dans ses arrêts et dans ses tendances par une école plus nouvelle encore? Le vrai beau, le moins beau, le plus, le moins, le peu et le beaucoup dans l'échelle de mérite des personnalités, toutes ces distinctions n'ont rien à voir devant la condition vitale et absolue, le droit de vivre et la liberté de marcher. Non, non! le temps n'est plus où quarante hommes célèbres, si imposants qu'on les supposât, pourraient diminuer la valeur d'un seul homme de talent secondaire, s'il plaisait à Dieu que cet homme émît, tant bien que mal, une idée neuve et généreuse.

Concluons de tout ceci que comme bien d'autres grandeurs du passé, l'Académie française est une grandeur inutile et dès lors placée devant nous comme une lampe qui achève de brûler. Nous ne sommes point tenté de porter sur elle une main impie. Elle est un monument jadis dédié à la civilisation et qui la représente encore à certains égards, puisqu'elle abrite encore de nobles et grands esprits; mais elle n'a plus sa raison d'être dans l'avenir, car elle est un reste de féodalité littéraire, et il ne lui suffirait plus de se borner à un rôle purement littéraire pour faire accepter son autorité. Le moindre écrivain a le droit de protester contre elle et de proposer au public une manière d'émettre sa pensée que le public est seul compétent pour admettre ou pour rejeter. On a dit, dans les hautes régions de la philosophie nouvelle, qu'un jour viendrait où chaque homme serait son propre Pape et son propre César. On peut dire dès aujourd'hui que chaque esprit un peu sérieux porte en soi sa propre Académie.

Et pourtant la fiction d'un de ces vénérables fauteuils est encore un objet d'envie, un sujet de dépit et d'amertume pour quelques hommes qui désirent cette faveur sans l'espérer, et qui crient que ces raisins-là sont trop verts. Pour tous ceux qui voient le progrès sous son véritable aspect, et pour les femmes, qu'il s'agit d'initier à la notion saine de ce progrès en voie de formation, il y a une formule plus respectueuse : c'est que ces raisins-là sont trop mûrs.

Nohant, 20 mai 1863.

XXVIII

LES MIETTES DE L'HISTOIRE

PAR

AUGUSTE VACQUERIE

Ce ne sont point des miettes, c'est un livre composé de solides morceaux appartenant bien, si l'on veut, au même pain, mais offrant à l'appétit du lecteur un goût varié, souvent agréable, toujours nourrissant. Dans les scènes terribles que ce livre évoque avec une énergie virile et une amertume poignante, il y a une véritable instruction pour l'esprit, parce qu'il y a unité de point de vue et netteté de conclusion. Dans la dernière partie consacrée à des souvenirs personnels, il y a une grande mélancolie qui n'exclut pas un grand charme.

C'est, en somme, l'histoire de Jersey, dans ce qu'elle a d'intéressant, — nous voudrions dire de respectable, — dans sa qualité de lieu de refuge pour les exilés de tous les temps et de tous les partis. Après avoir lu ces *Miettes* importantes qui sont la seule importante histoire de cette île, nous sommes tenté de partager le dépit et le dédain des exilés qui ont dû, à un moment donné, la quitter en secouant la poussière de leurs pieds pour ne rien emporter d'elle, pas même un souvenir. Mais à distance, l'exilé lui-même se prend à regretter cette belle nature et les amis qu'il y a laissés. Il se dit sans doute, qu'au temps où nous vivons, les minorités seules sont appelées à compter dans l'avenir, puisqu'elles seules auront agi et pensé en vue de l'avenir. Elles méritent donc bien que ceux qui en font partie dans le présent s'apprécient les uns les autres, et c'est à cause de la minorité qui protesta à Jersey contre l'exclusion des réfugiés, que nous pardonnons à la majorité jersiaise, aujourd'hui repentante, un jour d'aveuglement, de colère et de lâcheté.

Cette histoire de Jersey commence par une légende, puis elle entre dans les faits, de plus en plus authentiques, qui amenèrent sur cet îlot et sur les îlots voisins tantôt des écumeurs de mer, tantôt de célèbres pirates politiques, et tantôt d'illustres fugitifs. Juvénal, Rabelais ou Michelet ne désavoueraient pas certaines pages de cette narration violente et maligne qui résume, dans leurs traits les plus saillants et les plus concluants, les crimes des forts et les misères des faibles. Tout le Moyen Age et toute la Renaissance passent là sous les yeux, à propos de quelques noms célèbres qui ont été enregistrés dans les annales de Jersey, comme des voyageurs sur le livret d'une hôtellerie : Jersey est là comme un prétexte (un excellent prétexte, il faut le dire), pour nous présenter les biographies largement dessinées de Gabriel de

Montgommery, des Bandinelli, de Charles II, de Jacques II, de Jean Cavalier, de Chateaubriand, du duc de Berry, etc. Il n'est pas jusqu'à une simple visite à Victor Hugo qui n'autorise parfaitement l'auteur à tracer un portrait de madame de Girardin, portrait excellent et d'une sympathique chaleur, où nous la retrouvons telle que nous l'avons connue dans ses dernières années, les plus belles de son esprit et de son âme. Enfin ce livre, à la fois terrible et attendrissant, finit par des appréciations dont le badinage spirituel se ressent du souvenir de profondes tristesses.

L'analyse d'un livre ainsi conçu est impossible, et ce qu'il y a de mieux à en dire, c'est qu'il n'y a rien à passer. Chaque chapitre historique est un drame presque *charpenté*, comme on dit élégamment en ce temps-ci, pour la scène : chaque chapitre de souvenir personnel est un cri de patriotisme ou une moquerie tout à la fois attendrie et amère.

Et que faut-il conclure de ce livre? C'est que l'exil grandit les noms que la politique voudrait rayer, à de certaines heures. *Malheureux humains que nous sommes!* eût dit J.-J. Rousseau. Nos luttes farouches n'auront-elles jamais pour résultat que le meurtre, la prison et le bannissement? Vous le voyez, l'homme est fait pour vivre seul. Il ne peut soulever aucune question de principes, sans que la guerre éclate, sans que la haine s'assouvisse, sans que la proscription décime, sans que le bourreau fauche, sans que les grands esprits soient persécutés ou sacrifiés : un jour c'est Napoléon à Sainte-Hélène, un autre jour, après Chateaubriand, c'est Victor Hugo à Jersey ; ailleurs Louis Blanc, Pierre Leroux, Quinet, Mazzini, Garibaldi, que sais-je? Tout ce qui a manifesté la vie à un degré éminent dans les lettres, dans la politique, dans la philosophie, dans les arts, dans la guerre, depuis le commencement de ce siècle n'a-t-il pas été brisé de fait ou d'intention par la brutalité des révolutions, et par la sombre fatalité qui préside aux choses humaines?

Ainsi penserait Rousseau, s'il revenait en ce monde, ou bien... ou bien Rousseau éclairé d'une lumière nouvelle, — pourrait-il ne pas l'être? — Rousseau dirait : — « L'homme est encore bien sauvage, mais il a fait un pas depuis cent ans que je l'ai perdu de vue. Plusieurs voient plus loin que je ne pouvais voir, et c'est là un progrès immense, car j'étais bien un de ceux qui voyaient le mieux en mon temps. Des esprits qui ne s'attribuent d'autre mérite que d'être logiques, ont conçu une espérance que mon génie repoussait avec amertume. Ces esprits-là ont profité des terribles expériences de l'histoire, ils ont reconnu que ce qui est frappé se relève, que ce qui est mutilé repousse, que le génie humain n'est pas un arbre qu'on peut abattre et brûler, mais cette hydre fabuleuse dont l'amputation centuple l'existence. Dès lors, voyant l'inutilité des sévices que la vieille raison d'État appelle des répressions nécessaires, ces hommes sages ont rayé de leur catéchisme philosophique et politique les mots *bannissement, prison, échafaud,* mots que l'avenir traitera de criminels et de stupides, et que le présent doit déjà regarder avec dégoût et condamner dans sa conscience comme appartenant à une nation barbare de la civilisation.

Donc, qu'un gouvernement s'appelle royauté, république ou dictature, dès qu'il entre dans cette voie de la répression brutale qui autorise l'attentat sur les personnes au nom d'une prétendue sécurité publique, — l'*ordre à Varsovie*, — ce gouvernement aiguise l'arme qui se tournera tôt ou tard contre l'idée qu'il représente ; il sème les dents du dragon qui, au contact de la terre, c'est-à-dire après un moment d'ensevelissement où s'opère la gestation féconde, se redresseront sous la forme de combattants innombrables et invincibles. Il en est ainsi de tout ce que l'on tue. Le sang de l'humanité est une source de renouvellement. Les hommes forts renaissent de leurs cendres et guérissent de leurs plaies. Et cette loi est si absolue et si fatale que les faibles eux-mêmes trouvent une force et une vertu dans le martyre. Tout comme Robespierre et Danton, Louis XVI, sa femme et son fils sont des victimes qui, en passant sous le niveau fatal de l'échafaud, ont acquis le droit de revivre dans des partis avec lesquels l'histoire aura peut-être encore à compter, — à moins que la notion de la véritable civilisation n'entre enfin dans toutes les âmes, en commençant par celles des hommes appelés à l'application des idées dominantes, et qu'on nomme, chacun en son temps, les hommes du pouvoir. Et cette notion est si simple qu'on s'étonne de la voir encore méconnue. Elle se formule en deux mots : La persécution crée la résistance et la force humaine sort de l'écrasement.

Qui le sait mieux que... Mais ne faisons point d'application particulière. Le principe est debout et s'applique à toutes les situations, à toutes les nations, à tous les hommes. Quand on vient de lire ce livre rapide et fort, *les Miettes de l'Histoire*, si l'on osait faire la liste des mutuelles persécutions et des mutuels égorgements qui sont le véritable festin d'Atrides de l'histoire, on serait épouvanté de voir une moitié de la race humaine, dans les pays relativement les plus civilisés du monde, occupée à torturer, à ruiner, à poursuivre, à massacrer l'autre moitié, sans que ces meurtres et ces vengeances aboutissent à assurer le triomphe durable d'un seul homme. L'odieux moyen est donc usé jusqu'à la corde, et aussi puéril que repoussant : il n'a jamais servi qu'à faire surgir de nouvelles luttes, et, en somme, à obscurcir les idées que l'on doit se faire du progrès, car il est impossible de ne pas s'intéresser aux victimes ; et quand même elles représentent une idée qui n'est pas la nôtre, le jour où elles souffrent et saignent, le cœur de l'homme, qui n'est pas moins digne de compter que son esprit, souffre et saigne profondément aussi. Sortons donc de cette politique de haine qui met en contradiction notre cœur et notre jugement. Nous ne serons vraiment des hommes, nous ne saurons faire une vraie société que le jour où nous pourrons proclamer l'accord de la logique, de la conscience et des entrailles.

Juin 1863.

XXIX

THÉOSOPHIE ET PHILOSOPHIE [1]
A PROPOS DE *MADELON*

PAR

EDMOND ABOUT

Nous lisions dernièrement, dans un article de critique très-obligeant pour nous, quelques bizarreries de raisonnement qui nous ont paru caractériser la situation de certains esprits à l'heure où nous sommes.

Pour résumer cet article en peu de lignes, il y est dit : que les adeptes d'une certaine philosophie, *bonne seulement pour les esprits d'élite*, sont dans les don-

---

[1]. En nous servant du mot *théosophie*, nous devons l'expliquer. Nous n'appartenons à aucune secte et nous ne connaissons pas assez celle des *théosophes* proprement dits, pour vouloir préjuger quoi que ce soit pour ou contre elle, en nous servant du mot qui la caractérise. Le mot religion ayant plusieurs sens, nous prenons celui de théosophie dans la même acception relative que celui de philosophie.

nées *très-vagues* du *Vicaire savoyard,* de J.-J. Rousseau, programme *aujourd'hui dépassé;* — que cette philosophie est très-jolie, mais qu'elle manque absolument de *casuistique;* — qu'un curé de village occupé à sauver *vingt âmes de paysans* est bien préférable; — que la raison ne peut plus souffrir le joug des *doctrines oppressives* du passé; — que toute doctrine a du bon, et *qu'il faut être juste envers tout le monde.*

Autant que j'ai pu comprendre les nombreuses contradictions de cet article, je crois voir que l'auteur ne se soucie absolument d'aucune religion et d'aucune philosophie; qu'il voudrait à la fois renouer et conserver; que son sentiment est catholique, mais que sa raison est progressiste; qu'il considère Rousseau comme un petit garçon, mais que l'éclectisme et la tolérance lui semblent plus commodes que l'examen.

C'est une manière de voir comme une autre. Nous sommes bien d'avis qu'il y a du bon dans tout : mais il n'y en a pas du tout dans le mauvais côté des meilleures choses, et mettre ouvertement toutes les opinions au même plan sans en défendre aucune ouvertement me paraît une maxime de casuistique poussée à l'excès. La tolérance ecclectique a sa valeur, sans aucun doute, mais il y a manière de l'entendre, et nous nous expliquerons tout à l'heure sur ce qu'elle doit être pour devenir une vertu, c'est-à-dire un effort fraternel vers l'union, et non une habitude d'indifférence au profit du néant.

Heureusement, cette indifférence de certains esprits n'est qu'un détail dans le fort courant d'idées qui pousse le siècle, et l'ouvrage dont nous voulons rendre compte, le roman de *Madelon,* n'appartient pas à cette catégorie d'idées négatives.

A propos de nous, l'article que nous venons de résumer disait : *Il faut être juste envers tout le monde; nous voudrions l'être envers George Sand...* L'intention est bonne, mais le mot est d'une naïveté tant soit peu féroce : *Nous voudrions!* il y a là-dessous une *casuistique* qui n'est pas nouvelle et à laquelle nous ne saurions nous convertir.

La preuve, c'est que nous allons examiner la pensée d'un livre qui diffère beaucoup de la nôtre, et nous n'aurons pas la moindre peine à *être juste* envers l'auteur. Notre pauvre casuistique si dédaignée nous en fournira très-aisément les moyens.

Nous ne ferons pas l'analyse d'un roman dont le grand charme est l'imprévu. *Madelon* est dans toutes les mains. Le public lui fait un immense succès, et c'est justice. C'est un des livres les plus attachants que nous connaissions en ce genre. Nous l'avons lu une première fois d'un bout à l'autre, et nos amis nous ayant reproché de l'avoir lu seul, nous le leur avons relu tout haut sans passer une ligne et sans éprouver un moment de fatigue ou d'ennui. Peu de livres supportent une pareille épreuve.

C'est que *Madelon* est l'œuvre d'un talent véritable. Tout y est brillant, incisif, coloré, saisissant. Ce n'est pas seulement l'esprit qui y coule à pleins bords, c'est aussi l'émotion. Il y a une scène qui nous a paru un chef-d'œuvre : l'inondation qui surprend dans la nuit une maison en fête et qui frappe à la porte du bal comme un coup de canon. Le trouble, l'effroi, la douleur, le tumulte, le péril, le drame général immense, terrible, les détails attendrissants et déchirants, la nature sobrement et largement décrite, suivie pas à pas dans son déchaînement au milieu de cette inextricable mêlée des personnages : c'est là un tableau qui donne froid, qui serre le cœur, et où l'on sent l'artiste puissant et simple, toujours maître de son sujet.

D'autres scènes sont racontées avec ce réalisme élevé qui n'a que faire de la forme lyrique pour arriver au beau, parce que le vrai est toujours beau. Il y a une certaine querelle entre deux usuriers : le père, qui meurt de rage en se voyant dépouillé ; le fils, qui en devient fou et qui court les rues, jetant son or et jusqu'à ses vêtements aux curieux attroupés sur son passage : cela est rude, violent, affreux, et littérairement magnifique.

La composition du livre, à un certain point de vue, n'existe pas : au nôtre, elle existe suffisamment. M. Edmond About a le brillant défaut de la jeunesse, qui est de mettre tous les personnages et tous les incidents en pleine lumière, sans sacrifier aucun détail à l'harmonie de l'ensemble. Dans le sujet qu'il traite ici, le défaut est presque une qualité, car le livre n'est pas fait en vue de deux ou trois personnages chargés de produire un effet principal. Le personnel est nombreux, et représente deux camps, les honnêtes gens et les fripons. Entre les belligérants se meuvent les faibles et les indécis qui vont de l'un à l'autre, attendris par le bien, entraînés par le mal. Tel d'entre eux qui, au début, semblait devoir concentrer sur lui l'intérêt, recule au troisième plan. Cela est fait sans art et sans que pourtant l'auteur cesse d'être grand artiste, car il sait forcer l'attention à se porter où il lui plaît et à ne pas s'apercevoir des brusques transitions qu'il lui impose. Enfin, il a ce grand secret qui se résume en un mot vulgaire, mais sans réplique : Il sait amuser son lecteur, ce qui n'est point du tout facile avec un sujet profondément triste.

Qu'on nous permette, à propos de la manière de composer de M. About, de dire ce que nous pensons de la composition en général. Nous savons qu'elle a des règles et qu'elles sont bonnes. Pourtant nous confessons que pour les autres, comme pour nous-mêmes, nous en faisons souvent bon marché. Nous suivons en cela l'exemple des maîtres, et nous ne voyons pas qu'ils consentent à sacrifier à la règle des proportions l'abondance et l'utilité des détails. Les *Misérables* en offrent la preuve. Le roman est là comme une trame très-lâche que l'auteur complète de larges broderies d'un effet très-puissant et d'un travail très-fini. Tour à tour poëte, historien, artiste et philosophe; qu'il s'engage dans le labyrinthe souterrain d'une grande ville, ou dans celui de la conscience d'un homme, qu'il raconte une grande catastrophe historique ou le combat de quelques obscurs bandits, il ne sacrifie rien à l'impatiente curiosité de son lecteur; il n'y a même aucun égard. Il fait de son œuvre une sorte de brillant archipel semé d'îles merveilleuses, où il faut bien l'accepter pour guide, sans compter les heures de station du navire, et sans avoir bonne grâce à vouloir passer les yeux fermés. Quel autre *cicerone* vous les montrerait avec plus de science, d'éclat et de profit pour vous-même?

Je sais qu'à ce degré de puissance on passe par-dessus tous les réglements, et que toutes les libertés ne siéent pas à tout le monde. Mais si l'on veut bien y réfléchir, on reconnaîtra que le roman est une conquête très-nouvelle de la littérature, conquête assez sérieuse et assez importante pour être reconnue par l'Académie elle-même.

Or, comme toutes les conquêtes soudaines, celle-ci apporte des éléments très-divers, un peu confus, et dont la richesse échappe encore à des calculs bien positifs. Nous sommes, sous le rapport de la liberté d'initiative, dans l'âge d'or de cette conquête, et c'est là une liberté dont la limite n'est pas facile à poser. Jusqu'à nouvel ordre, le roman ne doit pas s'astreindre aux usages qui régissent le théâtre. Certainement un temps viendra où les lois de la composition seront plus rigidement tracées, et où le public plus critique sera plus exigeant. Mais, hélas! gare à ce temps où la sobriété farouche rognera les ailes de la fantaisie et dira à l'artiste: Halte-là! vous avez rempli le nombre de pages; occupé le nombre de minutes que la règle accorde à l'élan de votre passion et au développement de votre pensée. Eussiez-vous à nous dire encore de meilleures choses, nous ne lirons pas une ligne, nous ne permettrons pas un mot de plus.

En ce temps-là, nous aurons sans doute des romans très-bien faits, comme nous avons déjà des pièces de théâtre très-bien faites dans la mesure exacte de l'attention du spectateur. Mais aurons-nous beaucoup de beaux romans? Avons-nous beaucoup de belles pièces de théâtre? Aurons-nous des Balzac et des Hugo? Avons-nous des Shakespeare et des Molière?

La *Nouvelle Héloïse* est-elle un roman bien *composé?* et *Manon Lescaut?*... Mais laissons les exemples, nous n'en finirions pas. Tous les romans de Walter-Scott ont la tête trop grosse pour le corps, Wilhem Meister a des jambes qui ne finissent point. Permettons donc à tous les modernes de jouir du privilége que réclame une sève encore trop abondante et de parcourir un peu à l'aventure cet éden de jeunesse, dont l'esprit critique, ce législateur si savant et si meurtrier, ne les fera que trop tôt sortir.

Et puis, il faut qu'on nous autorise à avoir les défauts et les qualités de notre temps. Ne traversons-nous pas une époque de controverse universelle? Nous ne faisons qu'enjamber des ravins et côtoyer des précipices. C'est un dur voyage, mais il est beau, et, quoi qu'on en dise, il y a encore des forces vives, des jeunesses puissantes. C'est un peu la mode de dire que depuis la première moitié du siècle, aucun talent bien original ne s'est révélé. Ce n'est pas notre avis. Nous trouvons le public ingrat et difficile envers les nouveaux venus. S'il était vrai que le sol littéraire, fatigué et appauvri, exigeât quelques soins pour se couvrir de fleurs nouvelles, ne serait-ce pas que le public, chargé de son entretien, se montre, comme certains capitalistes, trop défiant ou trop avare?

Pour nous, nous n'aimons pas ce dédain, ces préventions contre ceux qui labourent le champ que nous quitterons demain. Les anciens croyaient au destin plus puissant que les dieux : nous croyons au progrès qui est l'attribut vital de la Divinité. Cette grande loi qui pousse l'homme en avant malgré tout, travaille tout aussi bien aujourd'hui qu'elle travaillait hier. Mais l'homme veut des prodiges à toute heure, sans s'apercevoir que les germes encore enfouis sur lesquels il marche sont des prodiges qui couvent, et que de siècle en siècle, tout en maudissant le présent et désespérant du lendemain, chaque génération a eu sa jeunesse, ses forces, son riant avenir et son passé fructueux.

Ce que l'on croit pouvoir reprocher à la jeunesse actuelle, — ce que nous-même avons été tenté de reprocher à l'écrivain dont nous parlons ici, — c'est de ne croire à rien.

Mais je me souviens, moi, d'avoir entendu dire cela dans mon enfance : je me souviens d'avoir moi-même beaucoup douté de tout, et je vois que toute ma vie, comme celle de mes contemporains, a été la poursuite du vrai. Nous avons donc tous et toujours cru au vrai, et nous y croyons plus que jamais, puisque plus que jamais nous le cherchons.

Est-ce que la jeunesse ne cherche rien ? La jeunesse est l'élément vivace de la conscience publique; elle sent qu'elle a beaucoup d'erreurs à rejeter dès aujourd'hui afin d'être en mesure de les détruire un jour. Le doute qui nous fit tristes et forts, il y a trente ans, n'existe plus pour elle. La génération qui a trente ans aujourd'hui ne pleure plus les douces croyances que nous avons arrachées de nos âmes; elle nie ce passé avec lequel il nous a été si amer de rompre, et elle le nie sans douleur et sans regret. Elle le nie fièrement ! Nous sommes, grâce à vous, plus forts que vous, nous dit-elle ; nés sur les ruines que vous avez faites, nous jouons avec, nous les regardons sans surprise et sans effroi, car nous voulons nous en servir pour rebâtir quelque chose que vous ne savez point. Pour vous, il est toujours question de relever des temples : nous ne voulons plus de temples; ce qu'il nous faut, c'est une forteresse, en attendant que nous ayons une cité.

Eh bien, pourquoi non ? Ce qui effraie nos imaginations nourries d'un certain idéal, est encore l'idéal sous un autre aspect. La jeunesse veut s'affranchir de nos méthodes et se fortifier contre ce qu'elle appelle nos illusions. Qu'elle use de son droit. Elle arrivera par un autre chemin.

Cette grande recherche qui est celle de tous les temps et de tous les âges, ce vrai relatif tant désiré par l'homme et si longtemps présenté à son aspiration sous la forme absolue des dogmes religieux, que sera-t-il pour les esprits du prochain siècle? On peut prédire à coup sûr qu'il n'aura plus de forme exclusive, puisque déjà il n'a plus de culte obligatoire en dehors des États du pape, et puisque nous voici arrivés à cette formule officielle : « *Les vérités morales qui sont le fonds commun de l'humanité, et dont vivent les sociétés laïques, la religion les présente sous la forme qui lui est propre; il est bon, il est nécessaire que la raison, elle aussi, les enseigne, afin qu'aucun esprit n'y échappe.* »

Ces paroles du nouveau ministre de l'instruction publique ont une grande portée. Quelque limitée que puisse être leur application, elles expriment une pensée acquise au progrès, car c'est bien en vain que les pouvoirs changent et que les réglements se succèdent : ce qu'en tout temps et en tous pays les gouvernements consacrent par des formules de ce genre est l'expression d'une conviction sociale qu'il ne leur est plus possible de retirer en retirant l'institution protectrice. Le public souffre beaucoup d'atteintes à sa liberté d'action, il ne rend jamais la moindre parcelle de sa liberté morale.

Donc, la formule de la croyance publique c'est une somme de *vérités morales*, qu'il est plus simple de nommer sommairement *la morale*. C'est la formule indiscutable, indiscutée de tout temps, mais essentiellement liée autrefois au dogme religieux, aujourd'hui affranchie de ce dogme et subsistant par elle-même, se développant par elle-même, n'acceptant enfin l'enseignement religieux qu'autant qu'il favorisera les aspirations légitimes de la raison.

Ceci nous mène loin, grâce au ciel! Je ne sais si le ministre a prévu le moment de choc terrible où la raison publique et la religion officielle se trouveront libres en face l'une de l'autre et voudront poser l'impossible limite de leurs droits respectifs! N'importe, il faut marcher, l'impossible absolu, c'est de s'arrêter quelque part.

Si excellents qu'ils puissent être, les ministres n'ont jamais la prétention d'être des dieux. Ils savent bien que c'est à la conscience publique de les aider en les éclairant sur ses véritables besoins. Notre époque, encore indécise, doit à présent s'exprimer par toutes ses voix, dans les sciences comme dans les arts. Il n'est plus permis de dire : Que sais-je? il n'est pas possible de dire : Attendons! Il s'agit pour le XIXe siècle d'arriver à une solution philosophique, comme il s'est agi pour le XVIIIe d'arriver à une solution sociale. La majorité veut arrêter cette solution du passé à l'époque mémorable de 89. On n'arrête pas les solutions, à moins de supposer qu'elles sont applicables à une sorte de genre humain sans développement continu, et nous ne connaissons point ce genre-là. Mais passons! Il s'agit d'arriver à notre 89 philosophique et religieux et de savoir si une majorité se prononcera pour l'*accord* ou pour la *séparation* de ces deux méthodes intellectuelles que le pouvoir se flatte aujourd'hui d'amener à une entente cordiale : la raison, la foi.

Nous n'apportons pas ici notre solution personnelle; ce n'est pas pour parler de nous que nous avons pris la plume; c'est pour rendre compte de la tendance d'un écrivain de grande valeur, et, à propos de lui, il nous a été nécessaire de parler des tendances d'une partie de nos jeunes contemporains. Mettre ces tendances en lumière, en rechercher les causes et le but, nous a semblé intéressant, à nous qui demandons avec tout le monde d'où vient et où va le talent, ce qu'il prouve et ce qu'il annonce, enfin ce qu'il révèle aux penseurs de notre époque, aux ministres comme aux particuliers, aux croyants de toutes les écoles comme aux sceptiques de toutes les classes.

Ce que nous trouvons au fond de l'œuvre d'art qui nous occupe, — et *Madelon* est un spécimen très-tranché et très-brillant de la tendance *séparatiste*, — c'est un divorce audacieux entre l'homme et le ciel; c'est plus que le doute, c'est la négation.

Nous nous trompons peut-être et nous ne prétendons pas engager la conscience de l'écrivain; mais nous croyons voir dans sa manière de peindre la nature humaine une désespérance religieuse prononcée. Son étude de mœurs actuelles est aussi bien la négation des forces morales de l'homme d'aujourd'hui, que la satire du vice impudent et impuni. Un seul des personnages qu'il met en scène est pur de toute souillure : rien ne peut sauver cet homme de bien de sa ruine, de la persécution des méchants, de l'abandon des faibles et de son propre dégoût de la vie, ni son travail utile et fécond, ni son intelligence élevée, ni sa philosophie stoïque, ni ses vertus réelles, ni sa générosité inépuisable. En proie à une douleur muette et profonde, il se décourage et se tue. Il semble qu'après nous avoir fait pénétrer dans le sanctuaire d'une adorable famille, M. Edmond About n'ait songé qu'à faire ressortir l'insolent triomphe d'une prostituée et d'une bande de lâches asservis par elle, ou à nous montrer que s'il sait peindre la vie infâme et corrompue, il sait aussi bien, quand il lui plaît, présenter l'idéal d'une vie pure et saine.

Le blâmerons-nous d'avoir fait un tableau si sombre? Non; si les mœurs d'un certain monde sont-là fidèlement décrites, — et on le dit, — c'est toujours une bonne action que d'en avoir révélé la laideur et la honte. Le ton amèrement léger du narrateur donne à cette révélation une force d'*amusement* — nous maintenons le mot — qui en décuple l'effet. Ces turpitudes racontées sérieusement ne seraient pas supportables. Présentées sous la forme vive et limpide de l'ironie, elles sont comme flagellées et déjà punies par l'auteur en arrivant sous nos yeux. C'est un terrible pamphlet contre le vice, que cette analyse enjouée des âmes infectes, et l'indignation qu'elles nous causent est satisfaite par le sanglant mépris qui les dévoile. Sous ce rapport, le livre est bon. Il y a pour le mal une immense flétrissure, un châtiment exemplaire à passer sous la verge d'un railleur impitoyable comme M. Edmond About.

Mais le blâmerons-nous, quand même, de ne point avoir conçu la figure d'un seul homme vraiment honnête et vraiment fort, écrasant tous ces bandits, ou du moins survivant à leurs coups, et trouvant le bonheur encore dans la joie de sa conscience?

L'artiste nous répondra qu'il a voulu pousser la démonstration jusqu'à ses dernières conséquences, que son sujet l'a emporté, et qu'il a usé de toutes les ressources de son inspiration; ou mieux encore : il nous dira que la vertu étant la vertu, elle n'a pas besoin d'être prouvée par le bonheur, et que ceux qui ont besoin, pour croire en elle, de la voir triomphante ou récompensée, ne sont pas dignes de la comprendre.

Sans doute voilà ce qu'il nous dirait, et ce serait bien dit! Nous voyons de reste qu'il croit au bien puisqu'il fustige si énergiquement le mal; mais nous pensons qu'il ne croit qu'à la morale, qu'il nie la providence, et qu'il ne voit poindre dans l'avenir aucune sorte de théosophie que la raison puisse jamais accepter.

Nous qui pensons autrement, nous ne lui ferons pourtant pas la guerre; nous n'imiterons pas certain public enfiévré, oublieux des immenses services rendus par M. About à la cause de la liberté de conscience. Nous savons d'ailleurs que le public d'un jour s'éclaire et se retrempe vite dans la conscience générale. De grandes réparations sont donc réservées, nous n'en doutons pas, à M. About. Sans devancer l'heure que sa puissance littéraire et sa passion pour la liberté sauront bien amener sans le secours de personne, nous sommes contents de n'avoir pas à le compter parmi les indifférents à la cause du progrès. S'il n'est pas entré dans cette voie muni de toutes les armes que nous croyons nécessaires, du moins celles qu'il a sont si brillantes, si bien éprouvées, et il les manie si bien, que ce serait grand dommage de le laisser s'exposer tout seul à l'ennemi commun.

Qu'il soit donc *séparatiste* si c'est son opinion! Un si beau talent ne peut jamais être inutile, et puisque nous voici quitte envers lui de ce que la critique lui devait, disons sur le *séparatisme* en général ce qui nous reste à dire. Sans doute l'idéal intellectuel serait d'arriver à concilier toutes les inspirations divines du passé avec toutes les aspirations également divines du présent, tout ce qui dans la philosophie, dans la science sociale comme dans toutes les sciences, dans le naturalisme glacé comme dans les ardeurs de l'investigation religieuse, dans les arts comme dans l'industrie, enfin dans toutes les grandes manifestations de la raison, du sentiment et du génie, a élevé, embrasé et fécondé l'humanité. Tout ce que nous rejetterons du trésor commun sera éternellement regrettable, si tant est qu'il nous soit possible de le rejeter éternellement, ce que je ne crois point.

Mais si le temps de concilier tous nos éléments de certitude à l'aide d'une méthode supérieure n'est pas encore venu ; si la grande synthèse est encore en travail ; ou si déjà dégagée elle n'est pas encore entrée dans les conditions de vulgarisation qui peuvent la rendre populaire, n'y a-t-il pas moyen d'aider le monde, de nous aider nous-mêmes à la recevoir, à la comprendre, à l'examiner et à la développer ?

Cette synthèse sera désormais l'ouvrage des hommes. N'appartient-il pas à tous les hommes d'y contribuer ? Voilà pourquoi je disais, pensons-y et ne crions pas que peu nous importe, car tous nos maux viennent d'avoir des croyances que nous n'avons pas tous songé à remplacer.

Notre grande plaie actuelle, c'est la paresse métaphysique. De là vient que nous acceptons chacun un aspect de la vérité, et prétendons qu'elle n'a que celui-là, celui que nous avons choisi paraissant toujours à notre vanité le meilleur, le seul digne de respect. C'est une grave erreur. Nous ne serons vraiment des hommes que le jour où nous verrons la concordance de toutes les faces du vrai. C'est alors que remettant les symboles à leur place, nous en saisirons le vrai sens et pourrons nous dire parfaitement religieux sans cesser d'être parfaitement raisonnables.

Mais, en attendant ce jour-là, que ferons-nous vis-à-vis de toutes les *offres de vérité définitive* qui circulent sur la place? Chacun prétend nous fournir le dernier mot de la sagesse, et pourtant nous sommes très-peu sages. Nous rejetons sans examen tout ce qui nous vient des autres et ne croyons qu'en nous.

Soyons moins absolus et surtout moins prompts à repousser ce qui ne répond d'emblée à notre idéal intérieur. Si nous ne croyons qu'à la morale, ne raillons pas ceux qui regardent comme incomplet l'homme qui ne se sent pas en rapport avec l'éternelle conscience de l'univers. Si, au contraire, nous sentons ce rapport avec Dieu, qui constitue à lui seul, quoi qu'en en dise, une théosophie sérieuse, ne condamnons pas ceux qui, encore inattentifs à ce rapport, se croient ou se prétendent théophobes. Cette divergence n'est pas réelle au fond. Paris du même point, qui est l'amour du vrai et la recherche du bien, ceux qui se sentent aidés par la Providence et ceux qui la nient ne peuvent manquer de se rencontrer un jour au but.

Mais si cela n'arrivait pas? diront les pessimistes. — Si cela ne doit point arriver, si le monde doit persister à scinder ses croyances, c'est une raison de plus pour nous arranger fraternellement en ce monde d'aujourd'hui. Si l'accord des quatre termes qui, selon nous, constituent l'homme complet : morale et liberté, philosophie et théosophie, est à jamais impossible, associons-nous dans l'universelle Église de la fraternelle tolérance. S'il en est parmi nous qui rejettent un de ces quatre termes, ne le querellons pas : les trois qui lui restent, lui donnant encore droit à nos respects. N'en admet-il que deux? il est encore un frère. N'en admet-il qu'un seul? il est encore un homme; car si l'on interprète avec grandeur et loyauté un seul des quatre termes ci-dessus, il implique nécessairement la meilleure part du sens des trois autres. Il n'y aurait et il n'y a aujourd'hui de vraiment funeste que ce que l'on veut entendre dans un sens exclusif : la religion repoussant la raison, par exemple.

Mais la raison sans la foi n'est-elle pas également exclusive? Nous oserons dire non; car la raison, c'est la morale, et la morale est encore une religion. Fille des civilisations auxquelles ont puissamment contribué les idées religieuses, elle est pour les hommes d'aujourd'hui comme le pain qu'ils mangent, sans savoir d'où leur vient le blé, car le blé primitif n'existe plus dans la nature, et les botanistes lui cherchent un *aïeul* type dans la famille des graminées, sans être bien d'accord jusqu'ici sur ses titres généalogiques. Le blé est-il donc une création de l'homme? Non, ce n'est qu'une conquête. La nature est toujours le mystérieux artisan du monde primitif, perfectionné ensuite par la culture. C'est ainsi que la morale vient de la foi et qu'elle peut fleurir et fructifier sans que la foi ait à intervenir de nouveau, de même que le blé fleurit et fructifie sans que la nature ait besoin d'un nouveau procédé.

La morale est donc une religion transitoire, mais éternelle. Elle ne s'inquiète pas de ses origines, elle ne se tourmente de sa forme à venir; elle apparaît dans le monde pour combler les lacunes que les croyances exclusives laissent entre elles, et elle a pris tant de force dans l'esprit humain qu'elle se pique parfois de tout remplacer.

Que l'on nous permette de citer cette courte profession de foi d'un moraliste très-net :

« Nous n'avons plus cette illusion d'un autre monde
» qui consolait, dit-on, nos grands parents. Quelques
» années rapides et rarement heureuses entre deux
» absolus, voilà notre lot. Eh bien, qu'importe? Le
» mal a beau être impuni dans la vie et après la vie,
» il est le mal, et nous devons l'éviter pour lui-même,
» comme nous devons faire le bien pour lui-même et
» sans espoir d'aucune rétribution. On peut, on doit
» tirer parti de cette vie si courte et si tourmentée, pour
» le progrès général. Tâchons d'améliorer l'homme
» en nous et autour de nous, et de pousser le siècle
» en avant, au risque de nous casser les bras. »

Certes, voilà un programme qui montre l'énergie du cœur et le bon service que la bonne cause peut attendre de la morale moderne. Il s'y mêle une sorte de fanatisme assez piquant, car les hommes généreux qui raisonnent ainsi, ressembleraient volontiers à des martyrs. Eh quoi! ils ont tant d'orgueil qu'ils ne veulent pas de récompense, même après la vie, et tant de charité qu'ils se casseraient les deux bras pour ces frères d'un jour qu'ils ne retrouveront jamais ailleurs! Mettons-nous à la place de ce souverain juge que les religions nous représentent si sévère et si *casuiste*. Ne dirions-nous pas aux moralistes sans espoir : Vous aurez la meilleure place aux champs uraniens, vous qui avez voulu labourer pour rien la terre ingrate d'où vous venez?

Que d'autres condamnent à l'enfer ceux qui croient au néant. Nous qui ne croyons ni à l'un ni à l'autre, estimons avant tout le dévouement courageux. Sur ce terrain-là, il y a encore une belle communion à faire.

Notre idéal plus étendu et plus doux ne peut froisser ces âmes généreuses et timides, et leur stoïque désespérance ne peut détruire en nous le fruit de l'étude et de la réflexion. Pourquoi nous disputerions-nous ? Nous sommes bien d'accord sur ce point que l'existence du mal n'est pas absolue, puisqu'ils travaillent autant que nous à le détruire. Comme nous, ils savent que le mal est une déviation accidentelle du bien général, car la vie par elle-même est un bien, un état divin. Ce bien ne peut être troublé que par quelque chose qui est encore bien, mais qui se produit d'une façon anormale. C'est ainsi que par un excès de sève, gênée et mal départie, les monstruosités se produisent dans l'ordre physique. Le mal n'a pas sa cause en lui-même, il est toujours le résultat d'une atteinte portée à la vie. Même quand il se présente sous la forme d'un excès de vie locale, il est une aberration ou plutôt un manque de vie normale. Étendons les forces générales de la vie, comme nous donnons l'air et la lumière à nos nouveaux-nés. Écartons tout ce qui étouffe et obscurcit le corps et l'âme. Si nous travaillons tous à ce but commun, Dieu ne nous demandera pas compte de la notion plus ou moins complète que nous aurons eue de son rôle dans l'univers. Il nous jugera sur ce que nous aurons fait pour assainir et embellir ce monde-ci.

Nohant, 15 juillet 1863.

XXX

VICTOR HUGO

RACONTÉ PAR UN TÉMOIN DE SA VIE [1]

Voici un livre charmant, d'un goût parfait et d'un intérêt soutenu. L'histoire littéraire de Victor Hugo, c'est celle de notre siècle. Veut-on savoir comment le romantisme est né, comment il s'est développé, quelles luttes il a dû traverser, quels préjugés, quels obstacles il a dû vaincre? Il faut lire l'enfance, l'adolescence et la jeunesse d'un grand poëte, et nul ne caractérise mieux l'époque romantique que l'auteur de *Notre-Dame de Paris*. On peut dire que s'il n'est pas le créateur de cette école, il en est du moins le père, comme, dans l'ordre de la nature, le rôle du père est

---

[1]. Pendant que M. Paul de Saint-Victor publiait dans son beau style ses excellentes réflexions sur ce livre, notre envoi à la *Presse* s'est croisé avec la publication de son article. Le nôtre devenait superflu. Mais la *Presse* a désiré le faire paraître quand même, comme un témoignage de plus en faveur du livre.

de donner corps à une pensée qui vient de plus haut que lui. Les pensées, en effet, les idées, si l'on veut, sont dans tout ce qui constitue la vie intellectuelle d'un peuple ; elles viennent de lui, elles viennent aussi de Dieu ; elles sont le besoin impérieux d'un nouveau mode d'existence dont les manifestations attendent la consécration de la science ou de l'art. Victor Hugo fut dès sa jeunesse un grand consécrateur, très-naïf, très-croyant à son but et très-confiant en lui-même. Cette absence de doute fit sa force. Il imposa sa fantaisie, et elle fit loi pour la jeunesse. On s'étonne aujourd'hui de l'importance que prit ce combat et de l'animosité que rencontra le jeune poëte. En racontant toutes les péripéties de ce drame littéraire, madame Hugo, — nous la devinons et nous la nommons au risque de lui désobéir, — nous remet sous les yeux tout un monde de faits qui sont déjà assez loin pour étonner les jeunes gens d'aujourd'hui, mais qui pourtant expliquent admirablement les causes et les effets de la croisade anti-classique. C'était le temps où certain vocabulaire consacré prétendait exclure tout sentiment individuel, bien plus, toute simplicité dans le sentiment général. C'était le temps où la romance exprimait ainsi l'effet du clair de lune :

>L'astre des nuits, dans son paisible éclat,
>Darde ses feux...

Et ainsi du reste, car aucune chose ne s'appelait plus par son nom, sous peine de grossièreté, et les sentiments étaient aussi pompeux et aussi glacés que la parole dans cet art officiel qui prétendait être un dogme indiscutable. Or, on sait à quelle intolérance arrivent les dogmes qui ont fait leur temps. C'est au moment où ils ne sont plus que des fantômes, qu'ils veulent terrifier et chasser les vivants de la scène du monde. De là la passion que mettent les vivants à combattre et à effacer les spectres. Quand la bataille est gagnée, quand les morts dorment dans la tombe, on ne se rappelle plus ou bien l'on n'imagine pas ce qu'il a fallu d'audace et de persévérance pour se débarrasser d'eux.

On a beaucoup reproché, dans ce temps-là, au romantisme de s'être imposé presque à main armée dans les théâtres. Il faut lire dans le récit de madame Hugo tout ce que la tyrannie classique suscita d'obstacles à l'auteur de *Hernani*, pour reconnaître que ses amis ne firent que leur devoir d'hommes en rendant colère pour colère.

Ce récit est vraiment curieux, et il est vrai, car nous avons été témoin de plusieurs de ces faits retracés par elle avec une sincérité charmante et un enjouement plein de générosité. Les deux premiers volumes de cette intéressante biographie s'arrêtent à l'époque où M. Victor Hugo entra à l'Académie (1841). Rien d'emphatique; rien de trop flatteur et de trop partial dans cette première série, qui est, en son genre, un chef-d'œuvre, où l'auteur ne s'est pas écarté un seul instant du modeste programme qu'il nous révèle incidemment vers la fin... *Si mon livre était un livre de critique, il y aurait des lacunes considérables. Je parle à peine de l'œuvre lyrique de M. Victor Hugo; mais je ne juge pas ses œuvres, je les raconte, et le lecteur a pu remarquer avec quel scrupule je m'abstiens de toute appréciation et de tout éloge. Dans cette biographie pure et simple des créations de M. Victor Hugo, je dois m'é-*

tendre plus longuement sur celles qui ont eu plus d'aventures...

C'est, en effet, une suite d'aventures que nous révèle ici l'existence intellectuelle du poëte, les premières impressions de sa vie, l'influence des milieux qu'il dut traverser, les variations politiques de sa première jeunesse, la bonne foi de ses premières aspirations vers un but social et littéraire éclos en lui-même au jour le jour. Rien de plus discret, de plus touchant et de plus saintement voilé que l'histoire de sa première affection et de son mariage. Madame Hugo, dont l'esprit est jeune et franc, raconte tout ce qui est de la vie publique de son mari avec l'entrain et la liberté de cœur d'un brave et aimable garçon. Dès qu'elle touche à sa vie privée, on la sent redevenir femme ; aussi aimable et aussi brave, mais tendrement discrète et comme jalouse de cacher son orgueil et son bonheur dans un doux rayonnement de sérénité modeste. C'est une digne femme, on le voit, on le sent et on l'aime à chaque page, à chaque ligne. Le livre est bien d'elle, n'y a pas à s'y tromper. Il a cette sobriété de développements et cette netteté de résumés qui trahit la mère de famille occupée avant tout de ses devoirs de tous les jours, n'écrivant qu'à ses rares moments de loisir ou de repos, avec une conscience calme, un esprit de synthèse puisé dans les nobles habitudes d'un rare bon sens, enfin avec cette grâce saine et douce dont le sens maternel et féminin est incontestable. Cette couleur sobre n'empêche pas la force et l'esprit. Le livre est gai, car il amuse d'un bout à l'autre. Il est fort, car il prouve tout ce qu'il veut prouver.

Et ce qu'il prouve, c'est que les grands génies ne sont pas des malades ou des monstres, comme certaines *bonnes gens* aiment à se les représenter. Ils sont, au contraire, les mieux venus et les mieux portants du monde; ils naissent et se développent comme le commun des hommes; seulement, ce qui passe devant les regards de l'enfant vulgaire comme un vain et fugitif spectacle, ce qui s'entasse comme un bagage infécond dans la mémoire de l'écolier vulgaire, l'enfant de génie le contemple, le savoure ou le juge, et un matin, il s'éveille artiste. Il se révèle homme avant l'heure. Si on en est tout surpris autour de lui, c'est qu'on n'a pas pressenti ce travail intérieur, durant lequel il s'emparait en silence des grandes forces de la vie.

Nohant, 31 juillet 1863.

XXXI

L'HISTOIRE DE JULES CÉSAR [1]

Quand Jules César apparut dans le monde, les grands jours de la république finissaient. La conquête avait corrompu les conquérants, l'anarchie régnait à Rome.

Deux idées de salut étaient en présence : celle de Caton qui voulait faire revivre le passé de toutes pièces ; celle de César qui voulait tenter les choses nouvelles sans détruire les abus du présent. Une idée positive, pratique, en lutte contre une idée noble et généreuse, mais devenue irréalisable dans son intégralité.

C'est au monde moderne à chercher la solution sans laquelle l'histoire des hommes tournera toujours dans un cercle vicieux : l'accord de la raison, c'est-à-dire du possible immédiat, avec l'idéal, c'est-à-dire avec le possible futur. Cet accord est peut-être tout simplement dans l'application de l'idéal visible, c'est-à-dire

[1]. Tome Ier, Plon, 1865.

du possible prochain. Qui le redoute et le néglige pèche contre la destinée.

Plus on regarde en arrière, plus on voit que cette solution était impossible à des hommes qui manquaient de la foi au progrès. L'idéal de Caton était une oligarchie avec des esclaves ; la vertu pour quelques privilégiés, l'égalité pour un groupe d'hommes choisis, l'oppression et l'abrutissement pour le grand nombre. L'ambition de César c'était l'énergie politique, le développement de l'agitation sociale à tout prix ; l'ordre et le désordre, la paix et la guerre, les réformes enchevêtrées aux abus, tous les biens et tous les maux, plutôt que la dissolution de la Rome matérielle et l'extinction de sa vitalité.

Au premier abord, le génie aventureux de César séduit beaucoup plus que la rigide obstination de Caton, et même il semble que César représente la foi au progrès, l'estime de l'humanité, tandis que Caton représente l'éternelle défiance du développement humain et l'amour de la règle beaucoup plus que celui de ses semblables.

Il n'en est point ainsi pourtant. Caton place la vertu dans le passé, mais il y croit et il l'aime. César s'en rit et la supprime. L'idéal moral lui manque absolument, il méprise profondément les hommes, et c'est pour cela qu'il est pratique, il sait se servir d'eux. Caton conserve un idéal sublime, mais d'une étroite application, et trop inconscient des besoins de la vie nouvelle.

César, sceptique, attente légalement à la liberté ; mais il l'indroduit dans les mœurs par le fait. Caton, socialiste aveugle, veut enchaîner l'individu à l'État, et il sacrifierait volontiers la liberté au devoir.

Tous deux devaient succomber sur leur tâche, celui-ci, en s'ensevelissant avec héroïsme sous les ruines de sa petite église ; celui-là, en tombant victime de sa fastueuse magnanimité, ce qui n'empêche pas sa fin d'être misérable. Elle ne consacre pas un principe comme celle de Caton ; elle constate la destruction de tout principe chez les autres et chez lui-même, puisque cette démoralisation politique et sociale est son ouvrage.

César est une grande intelligence, une admirable organisation : mais aucune séduction de raisonnement ou de langage ne nous le fera accepter comme un beau caractère. S'il peut être considéré comme le sauveur de Rome, ce n'est que dans le sens matériel de sa richesse et de sa puissance extérieure. Il n'en est pas moins un des agents les plus énergiques qui aient travaillé à sa décomposition morale et au déclin de son légitime ascendant sur le vieux monde. Qu'est-ce donc que de relever la fortune d'une nation et d'agrandir son territoire, si on avilit son âme? un empire n'est pas grand parce qu'il est vaste.

Croit-on qu'il faille bénir César pour avoir rétabli l'ordre dans une société troublée? Il ne l'a jamais rétabli, il ne pouvait pas le rétablir. Il est faux qu'on fasse de l'ordre avec le désordre dans les mœurs publiques Quand on a fait le silence dans les rues, on n'a pas mis la paix dans les maisons, et quand, dans ces mêmes rues, on a déchaîné les bacchanales du plaisir, on n'y a pas fait circuler la joie.

Le rêve de César ne pouvait se réaliser par les moyens que proposait Caton, rêves également stériles! Rome voulait la vie, elle en avait besoin, elle y avait droit. La vertu ne pouvait satisfaire que son âme. Son existence physique, trop longtemps comprimée par Sylla, voulait se manifester. Caton, fanatique, mourut en lui criant : « Tu n'as plus d'âme, donc tu n'es plus ! » César, athée, lui dit : « Laisse là ton âme, et vis avec tes appétits. »

Quand il s'agit de ces républiques du passé qui ne représentent rien du monde moderne, nous avouons que nous faisons assez bon marché d'un mot, fût-il vénérable. Un changement de forme ne nous préoccuppe pas si le fond y gagne. Qu'un héros joignant l'énergie de César *(monstrum activitatis)* à l'austérité des Caton et au patriotisme des Gracques, eût mérité l'autorité d'une suprême dictature en ces temps difficiles, nous n'eussions pas défendu avec acharnement les ruines souillées du passé. Mais César est-il cet être divin qui mérite de s'emparer des destinées d'un peuple, lui qui commence par l'acheter, c'est-à-dire par flatter et développer le plus lâche de tous ses vices, la vénalité des consciences ? Là où Sylla venait de régner par la crainte, César règne par la corruption.

La véritable grandeur de Rome avait été de porter la civilisation avec la conquête sur toutes les rives de la Méditerranée et jusqu'aux limites du monde alors connu. Elle avait réellement alors initié les peuples aux idées du droit, telles qu'elles étaient admises en ce temps, dans ce meilleur des mondes possible. Par un patriotisme héroïque, elle était devenue le soleil des nations et nulle n'existait si Rome n'avait daigné la foudroyer de ses victoires et l'illuminer de son alliance. Mais l'orgueil et la vertu fondirent au contact du luxe oriental, et, au temps de César, on ne se battait que pour s'enrichir. César fit comme les autres, mais, plus grand seigneur et plus habile que le vulgaire des âmbitieux, il n'aima l'argent que *pour se faire des amis.* Acheter l'amitié, payer les suffrages, gorger la plèbe, voilà toute la vie de César, et c'est dans l'art de placer utilement ses largesses qu'il faut, avant tout, chercher le secret de son influence et de son prestige. Telles étaient les mœurs romaines ; tels étaient, nous dit-on, les moyens de ce temps corrompu. César s'en servit avec profusion ; nul n'avait jamais su s'en servir comme lui, il reconnut que c'était *les meilleurs,* il crut qu'il n'y en avait pas d'autres. Eh bien, je ne puis admettre que l'on porte en soi une ambition vraiment noble quand on est, à ce point, l'homme de son temps, quand on personnifie en quelque sorte le mal qui règne, le fléau qui sévit.

Je ne vois pas pour cela dans César un hypocrite voué au mal de parti pris et se le proposant comme le but de ses intrigues. Non, je vois en lui une spontanéité continuelle pour le mal et pour le bien, une nature excitée et sollicitée dans tous les sens ; doux par caractère, cruel sans plaisir et sans pitié, d'un cœur vide et froid avec de l'imagination ; une immense vanité, un goût exquis pour n'en laisser paraître que le côté aimable ; tour à tour dissimulé et abandonné, voluptueux sans amour, débauché sans ivresse, vindicatif à la manière des orgueilleux, sous une habitude de générosité exubérante, et trouvant son plus grand plaisir à avilir ses ennemis en les caressant : enfin un caractère beaucoup moins profond qu'on ne le suppose, mais doué d'instincts très-vivaces et toujours en éveil ; assez bien trempé pour les satisfaire tous, même les plus contraires, ne sachant guère dompter ceux qui pourraient user ses forces, ne le voulant peut-être pas, et pourtant se ménageant tout à coup pour le plaisir de se ménager et pour se reposer d'une situation d'esprit par une autre ; passant sa vie à vouloir être aimé, et à n'aimer personne, ne rêvant nullement d'avance la gloire et la prospérité de sa patrie, mais s'adonnant à cette plus noble tâche, le jour où sa tâche personnelle est accomplie et son ambition de pouvoir satisfaite. Alors il n'a plus rien à désirer pour lui-même, il lève la tête, ses délicates narines se dilatent, sa bouche perfide et sensuelle frémit, son bel œil limpide se remplit de lumière, il regarde et embrasse l'horizon. Il est artiste en politique, il voit le beau côté de la puissance, et dans l'orgueil calme et profond d'un triomphe si longtemps attendu et cherché, il se dit enfin : Rome, c'est moi ! C'est alors qu'il se met à l'aimer, mais comme une maîtresse qu'on a eue pour esclave et dont le charme a triomphé de l'avilissement où on l'avait plongée.

A ce moment, César grandit, mais il ne se rachète pas. La grande ambition remplace la petite, mais il est trop tard. C'est juste à ce moment qu'on le redoute et le soupçonne. Poursuivant un but étroit et personnel, il séduisait les esprits ; on le laissait arriver dans l'espoir qu'il ferait de grandes choses. Il met la main à l'œuvre, il ne veut plus le pouvoir que pour rendre sa patrie orgueilleuse, triomphante et magnifique comme lui. Hélas ! c'est maintenant, César, qu'il faut mourir ! c'est maintenant que ton passé se dresse pour t'accuser et te perdre, c'est maintenant que ce qui reste de la vieille Rome de Caton se consulte, éperdu. Le désespoir est entré dans les âmes fières que tu as cru dompter en les souillant de tes bienfaits, et le patriotisme que tu as voulu dénaturer reprend ses errements sauvages et fanatiques. Tu te disais en vain : Le temps n'est plus où le poignard armait les mains de la vertu. J'ai adouci ces mœurs barbares, j'ai civilisé le monde, je l'ai rendu aimable, fastueux, élégant, libéral, et séduisant comme moi ; je ne craindrai pas les ides de marse, je laisserai les conjurés baiser le bas de ma robe. A présent que je représente la patrie, ils n'oseraient me frapper.

Et eux, ils disaient : Que va donc faire César? que peut-il vouloir encore ? N'a-t-il pas obtenu tout ce qu'il souhaitait ? Et pourtant il n'est pas rassasié, car le voilà qui couve de mystérieux projets et qui cherche plus que jamais à se faire aimer. Plus que jamais il nous élève et nous caresse, plus que jamais il fait grâce à ses anciens ennemis. Sans doute il veut perdre la république et nous réduire tous en esclavage, car on sait bien que tout ce que César a fait, il l'a fait pour lui-même. On sait bien qu'il n'aime que lui et ne travaille que pour lui, et quand il parle des hautes destinées de la patrie, on sait bien qu'il ne songe qu'au brillant destin de César.

Et ces hommes l'ont tué lâchement, croyant faire une action héroïque, racheter leur honneur et sauver la patrie ! Et la patrie a laissé tuer César sans comprendre qu'elle lui devait beaucoup, puisqu'elle avait voulu ce qu'il lui avait donné. La patrie est restée muette de terreur et de surprise, sentant bien qu'elle ne valait pas mieux que le césar de la veille, et ne pouvant pas deviner le césar du lendemain. Comment l'eût elle deviné ? Quand un homme d'intelligence s'est longtemps appliqué à détériorer les esprits par l'intrigue, il peut se relever et se purifier jusqu'à un certain point, lui que la nature avait doué d'une grande vitalité; mais la foule ne peut le suivre, elle ne se transforme pas subitement ; son ivresse est lourde, elle ne peut la secouer comme un mauvais rêve, et tandis que César monte au Capitole pour invoquer les dieux de l'avenir, le peuple repu s'endort pour n'avoir plus à s'occuper du lendemain.

Donc il ne fallait pas tuer César, cela est certain ; car il pouvait au moins mûrir son œuvre de matérialisme et préparer peut-être ainsi le règne de l'esprit. Mais, telle qu'elle est, sa vie marque une époque de décadence morale dont Rome ne se relèvera pas. C'est en vain que l'empire, préparé et rendu inévitable par ses soins, aura ses jours de splendeur apparente : Rome est frappée au cœur. Elle est cupide, elle est dissolue, elle n'a plus soif de liberté ; elle défie ses maîtres ne pouvant plus s'estimer elle-même : elle finira dans l'orgie.

Le remarquable travail dont on nous invite ici à rendre compte ne porte pas d'épigraphe ; mais il en a une qu'il doit nous être permis de lui attribuer sans entrer dans le domaine de la politique. L'appréciation du rôle de César soulève une question d'histoire et de philosophie, et il serait impossible d'en parler sérieusement sans se reporter à l'histoire des idées modernes.

Cette épigraphe, qui par sa récente publicité nous semble le couronnement des réflexions suscitées par l'étude de la vie de César, la voici :

« Le progrès n'est point la réalisation d'une théorie
» plus ou moins ingénieuse ; c'est l'application des ré-
» sultats de l'expérience consacrés par le temps et ac-
» ceptés par l'opinion publique. »

Ce point de vue trop modeste selon nous, cette sorte

d'abdication de la gloire de l'initiative dévolue comme un droit, comme un devoir peut-être dans certaines situations, cette appréciation réfléchie du rôle de l'expérience dans la marche du progrès nous apparaît comme une protestation contre toute imitation de la manière de César, puisque, bien loin d'attendre le vœu de l'opinion publique, César s'évertua, il s'ingénia, il s'acharna à l'émouvoir et à la provoquer afin de s'en rendre le maître souverain et de substituer sa volonté à celle de Rome. Il y a loin de ce rôle fiévreux et personnel à la mission de patience et de désintéressement que la parole citée plus haut semble tracer à l'ambition humaine.

Nous pensons donc que, dans les volumes qui suivront nous trouverons, une critique raisonnée des témérités plus ou moins légitimes de César, car l'impartialité de l'historien n'exige pas qu'il accepte comme bons et justes tous les faits accomplis. Ce serait le fatalisme dans l'histoire, et telle ne peut être la doctrine d'un esprit sérieux et méditatif.

Comme nous ne pouvons juger que le premier volume, nous sommes forcé de dire que l'absence de cette critique nous a rendu plus sévère pour César que nous ne l'eussions été si, en avouant davantage les fautes de son héros, l'historien nous l'eût montré aux prises avec les terribles entraînements de son milieu social et politique. Obligé de compter avec les obstacles que ses meilleurs desseins rencontraient chez les autres, César en rencontra d'aussi grands en lui-même. Il y trouva ses propres idées, résultat d'une époque sans principes, ses propres attaches au passé qui devaient paralyser ses aspirations vers l'avenir, sa propre corruption qui le forçait non-seulement d'admettre celle d'autrui, mais encore d'en faire la base principale de son système, enfin ses propres appétits que le déchaînement des autres appétits sollicitait autour de lui. Tout cela peut être dit pour atténuer ce qui nous révolte dans l'audace ou dans l'inertie de sa conscience, et même l'esprit critique et analytique de notre époque nous a donné un sens qui manquait à nos devanciers ; nous savons maintenant beaucoup pardonner aux hommes du passé. Nous leur tenons compte précisément de l'influence de ce passé, que nous connaissons mieux. Si nous ne déifions plus les météores, nous leur sommes aussi plus indulgents et le scepticisme nous a conduits à une équité remarquable. Il n'y a pas à douter de l'esprit moderne sur ce point, et il n'est pas nécessaire de dissimuler les ombres d'un tableau pour que nous en saisissions les lumières.

Ce n'est pas que la louange soit décernée à César avec emportement dans ce premier volume. Rien n'y choque le goût, rien n'y dépasse la mesure. C'est une démonstration et non une apothéose. L'esprit de modération resplendit dans ces pages parfaitement pures d'esprit de parti et d'aversions systématiques. Elles sont vierges d'emphase et on peut en dire ce que Cicéron disait du style de César lui-même : « Il est pur, coulant, dépouillé de toute parure ora-
» toire et pour ainsi dire nu. Peut-être quelques
» sots écrivains croiront pouvoir broder ce cane-
» vas, mais les gens de goût se garderont bien d'y
» toucher.

Par cette sobriété de moyens et cette discrétion de sentiments, le livre ne réalisera probablement pas l'attente de ceux qui croyaient avoir à se passionner pour ou contre un ardent panégyrique. Le foudre et le glaive, symboliques ornements de la couverture, sont tout étonnés de se trouver là sur une prose si sage, si respectueuse envers tous les mérites et si simplement belle par elle-même. C'est la froide limpidité d'une source, mais c'est aussi l'éclat du casque de Minerve que nous préférons de beaucoup à celui du front de Jupiter tonnant.

Dans une organisation aussi savante et aussi compliquée que celle de César, il y a plus d'un aspect à saisir, et tout historien a le droit de s'attacher à celui qui lui semble le plus net, le plus accessible, le plus sûr à dégager. Donc, la haute prudence et la sereine capacité du personnage ont trouvé ici un interprète attentif, sage et particulièrement habile à résumer sa pensée sans en jamais subir l'entraînement. Ce sera la qualité essentielle du livre ; il n'aura pas la qualité opposée, il faut sans doute s'y attendre ; mais il faut aussi savoir prendre les œuvres sérieuses telles qu'elles sont et apprécier la victoire qu'une conviction nette sait remporter sur les émotions qui la sollicitent.

Au point de vue littéraire, l'ouvrage est sans défauts, ce qui ne veut pas dire qu'il soit sans couleur et sans attrait. Tout lecteur indépendant peut bien se laisser faire quand on le parque dans une situation d'esprit où il ne se sent pas enfermé sans moyen de contrôle. Un appel à la raison pratique ne révolte que ceux qui ne veulent jamais faire usage de leur raison, et quand cette raison vient à vous avec aménité et dignité, on peut, on doit écouter avec déférence tout ce qu'elle a à vous dire.

Ici l'attention est facile, le livre est extrêmement bien fait. Toute la moitié du premier volume est consacrée au résumé de la situation où César doit apparaître. C'est l'histoire de la république rapidement esquissée et très-suffisamment appréciée. Les faits nombreux de cette période, l'action multiple de Rome sur les colonies, le but et l'effet de ses conquêtes, la portée de ses alliances, l'esprit graduellement modifié de ses institutions, les causes de sa décadence morale, la réaction fatale du monde extérieur sur cette cité modèle, tout cela est merveilleusement clair et sobre, rapide et plein. C'est sans doute le résultat d'un très-grand travail, mais nulle part on ne sent l'effort ni la confusion. Cela semble venu tout d'une haleine sur les lèvres d'un penseur érudit qui résume l'œuvre de tous les anciens historiens avec tant de facilité qu'on pourrait croire les entendre se résumer eux-mêmes. Les jugements personnels sont très-courts, mais d'une formule excellente, et si la couleur en est sobre, le dessin n'en est que plus ferme et la portée plus franche. Il en faudrait citer plusieurs, car jamais personne n'a mieux dit.

La seconde partie du premier volume, consacrée au récit des quarante premières années de la vie de César, nous plaît moins. Elle n'est ni moins bien faite ni moins bien dite. Mais elle entre dans le développement d'une théorie historique que, jusqu'ici, nous trouvons trop sévèrement enchaînée à la logique du fait. César y est représenté comme ayant toujours agi aussi bien qu'il était possible d'agir, les circonstances données. Ce n'est pas là notre croyance ; nous estimons qu'il a été aussi habile que possible, son tempérament étant donné, et ce tempérament laissant beaucoup à désirer sous le rapport moral, nous n'acceptons pas la complète et réelle sagesse de César. Nous ne voulons pas confondre l'adresse avec la véritable habileté, et l'ambition de la puissance avec celle de la véritable civilisation.

On nous invite pourtant à ne pas le croire égoïste. On invoque les plus nobles mobiles des actions humaines ; on nous demande avec une conviction courtoise et généreuse, s'il est probable qu'un vaste esprit, un caractère héroïque, ait tout sacrifié aux étroits calculs d'une mesquine ambition. C'est presque nous dire : Aimez-vous à croire le mal, à profaner les marbres, à chercher la tache dans le soleil ?

Non certes, nous n'aimons pas cela ; et il nous plairait fort de trouver quelque part dans l'histoire des audacieux, un type sans reproche, un idéal incorruptible. Mais nous ne croyons plus à l'homme d'action proprement dit. Notre temps repousse les colosses d'intelligence et de volonté, s'ils ne sont pas fécondés par le véritable amour de l'humanité. Nous ne les comprenons plus. Ils ont en eux je ne sais quoi de surhumain dans un sens et de sauvage dans l'autre qui ne nous enseigne rien, et ce qui nous instruira le plus dans l'histoire de César, ce sera le néant de sa fortune s'écroulant sous l'ingratitude des hommes que son mépris avait achetés. C'est ici la grande leçon dont nous profiterons tous, en ce temps où l'intérêt général devient une vérité palpable, et où le siège de la force n'est plus dans le nombre des légions ni dans l'or de la conquête, ni même dans le génie d'un seul, mais dans le vif sentiment de la solidarité humaine, et dans le rapide développement de l'esprit d'association.

Nous souhaitons quand même que cette importante publication n'ait que de bons résultats, car un ouvrage si éminent comme talent d'exécution et rempli de sentiments si élevés, doit tendre à élever le niveau des idées et à servir l'œuvre du progrès. C'est, à coup sûr, la pensée qui l'a dicté, et non celle de soutenir une thèse ou de montrer une capacité intellectuelle qui avait fait ses preuves.

Aussi nous espérons que la suite du travail entrera un peu plus dans le sentiment de la génération nouvelle, et ne sera pas une apologie sans restriction des coups d'État quelconques de l'histoire. Il en est dans la vie de César qui méritent plus d'indulgence que d'admiration, et le mouvement des idées philosophiques modernes, mouvement qui doit toujours sanctionner les aperçus de l'histoire dans ses mouvements durables, ne nous emporte pas dans le sens du droit absolu de l'individu sur les masses, quelque bien doué ou quelque bien intentionné que soit le privilégié du destin. On ne peut plus resteindre la légitimité des dictateurs aux époques de transition, car nous n'entendons plus que le progrès s'arrête et désormais tout sera époque de transition dans le flot rapide de l'avenir. Donc, si on accepte encore les dictatures, ce sera à la condition qu'elles ne s'érigeront pas en principe et en droit applicable à tous les moments de notre vie. Dans la science comme dans l'art, dans l'action comme dans la réflexion, dans l'histoire comme dans la critique, la liberté individuelle est nécessaire à nos manifestations sérieuses. Nous aimerions donc à voir circuler bien vite cet air vital dans l'*Histoire de César*, et nous regretterions que l'historien, au nom de la logique, se le fût retiré à lui-même. Osons lui dire qu'il a le droit de critique sur son héros. C'est un droit bien acquis à celui qui manie la discussion avec une généreuse déférence et une évidente bonne foi, quand il s'agit de juger les adversaires de la doctrine et de la fortune de César.

Mars 1865.

XXXII

LE COQ AUX CHEVEUX D'OR

RÉCIT DES TEMPS FABULEUX

PAR

MAURICE SAND [1]

Voici un livre étrange, un fougueux caprice d'artiste enté sur l'érudition d'un chercheur patient. S'il y a anomalie, il n'y a pas bizarrerie. Le bizarre est ce qui n'a pas raison d'être. La logique de l'esprit, quelque dissimulée qu'elle soit sous la fiction, donne toujours une réelle solidité à un ouvrage d'art, et constitue l'originalité sans s'égarer dans le burlesque.

Il y a pourtant du comique dans ce livre, mais il y

---

1. Au moment où nous corrigeons cette épreuve, des amis bienveillants nous font observer que nous allons contre l'usage, peut-être contre la modestie, en signant George Sand l'analyse d'un livre signé Maurice Sand. Nous n'avons pas voulu nous rendre à cette opinion. Il ne nous paraît pas juste que, seul entre tous, nous n'ayons pas le droit de dire notre pensée sur un ouvrage soumis à la critique de tous. Nous accusera-t-on de

a surtout de la terreur et de la poésie, du savoir et de l'invention. Il fallait tout inventer en effet sur ces âges fabuleux, mais en même temps il ne fallait rien inventer qui ne fût dans la donnée, dans la forme et dans la couleur de la légende.

Grand et aride travail en apparence, travail abondant et facile pour celui qui, nourri d'études substantielles et doué d'une heureuse mémoire, puise dans son propre fonds et y trouve les matériaux tout prêts pour construire en se jouant l'édifice de la fantaisie.

La fantaisie! n'y a-t-il pas un point par lequel elle touche à la connaissance positive, comme la fable confine à l'histoire? Les mythologues ne sont-il pas déjà des historiens? S'ils racontent des faits erronés, s'ils affirment des choses impossibles, ne font-ils pas à leur insu le récit fidèle des idées et des émotions que subissait avec eux le monde de leur temps? La légende est bien la peinture intellectuelle de nos existences, comme les créations de l'artiste sont l'histoire de sa pensée.

Le Coq aux cheveux d'or est la reconstruction de toutes pièces d'un monde qui n'est plus. A-t-il jamais existé, ce monde perdu de l'Atlantide, dont toute l'antiquité atteste la splendeur et déplore le désastre? Les érudits de nos jours, frappés de la coïncidence de ces chroniques traditionnelles, cherchent encore la trace

---

partialité? On pourrait nous en accuser aussi à l'égard de tout autre livre dont nous aurions à rendre compte. Croira-t-on que l'auteur manque de modestie parce qu'il est content d'avoir notre avis sur son travail? Il nous semble au contraire qu'il y aurait de l'orgueil de sa part à vouloir s'en passer, et que, de la nôtre, il y aurait une fausse timidité à craindre l'accusation de népotisme littéraire.

évanouie du royaume des Atlantes à travers les brumes obscures de l'âge antéhistorique et les dislocations géologiques qui révèlent l'histoire de la planète.

Quoi qu'il en soit, et en attendant une découverte toujours possible, le rêve d'une civilisation disparue est toujours dans les notions de l'homme qui se reporte à la contemplation de ses origines religieuses et sociales, et il n'y a rien là qui choque la raison. Les derniers bouleversemens considérables de l'écorce terrestre ont pu engloutir une contrée vaste ou florissante, une antique Albion de l'Orient, ou une petite république comme celles de la Grèce, qui firent tant de bruit en occupant si peu de place. A cet écroulement d'un monde, centre relatif des lumières de nos ancêtres, a pu succéder une longue période de barbarie au sortir de laquelle l'homme, croyant commencer son histoire, ne fit que la recommencer, et se nourrir des mythes vaguement conservés dans ses traditions, en s'imaginant fonder des dogmes et se servir de symboles nouveaux.

De tous les sujets qui piquent la curiosité et font travailler l'imagination, la catastrophe de l'Atlantide est peut-être le plus saisissant. Les anciens avaient esquissé ce drame horrible et prodigieux. Notre déluge de Noé en est une version merveilleusement empreinte du caractère positif de la race sémitique. Le patriarche emmagasine dans son arche les dons et les fléaux de Dieu, sans autre motif qu'un esprit d'ordre qui va jusqu'à la passion de l'inventaire. Dans la légende du *Coq*, le mage Xizouthros exprime des idées plus hautes et des vues plus profondes :

« Comme les laboureurs et les femmes se plaignaient de ce fléau (les rats et les souris qui avaient pénétré dans l'arche et menaçaient les provisions) :

— Sachez, leur dit le mage, que j'ai embarqué le tigre, le vautour et le serpent qui sont des ennemis plus redoutables.

» — Pourquoi as-tu fait cela? lui dit Pyrrha, la femme de Deucalion.

» — Apprends, répondit Xizouthros, qu'Ahoura-Mazda n'a rien créé d'inutile, et que nul n'a le droit de lui dire : « Ceci est nuisible, » ou : « Cela est de trop. » Le sage qui se voue à la connaissance des secrets divins arrive à découvrir dans les venins et les poisons de puissants remèdes ; si vous ne savez pas encore tirer le bien du mal apparent, ne vous en prenez qu'à vous-même, et n'accusez pas le souverain bien de n'avoir pas su ce qu'il faisait. »

S'il y avait déjà de tels rayons de lumière dans l'esprit des sages, — nous ne voulons pas chicaner l'auteur après avoir cité cette courte et forte leçon, — il était bien permis de ressusciter un instant l'empire des Atlantes pour nous y faire pénétrer, de le placer au pied du Caucase, puisque c'est la région où la vraisemblance géographique le fait apparaître, et d'y introduire des personnages doués des éternelles aspirations et assujettis aux éternels appétits de l'homme. D'ailleurs le plus grand nombre des personnages de ce livre appartient au monde qui a survécu. Alliés, voisins ou ennemis des Atlantes, ils ont le droit de représenter les mœurs, les idées, les costumes, les croyances des peuples qui ont laissé non-seulement des traces confuses de leurs origines, mais des témoignages éclatans de leur existence.

Selon nous, Maurice Sand a tiré de ce sujet un parti des plus heureux. Il a su être intéressant, dramatique et amusant en peignant des sites, des monuments, des êtres qui ont leur physionomie réelle au sein d'un milieu fantastique. On en jugera par une rapide analyse.

Disons d'abord que l'auteur place son récit dans la bouche d'un narrateur relativement moderne, un certain *Psammos,* qui occupe une des charges de l'empire à Trébizonde sous Valentinien. Psammos s'est trouvé en rapports fréquents avec les prêtres et les mages de l'Arménie et de la Chaldée, qui prétendent descendre des Atlantes. Depuis dix ans, il parcourt l'extrême Orient de l'empire romain, les monts Caucace ou de Kaf, la Colchide ou pays de Cos, la Chersonèse taurique, les bords du Palus-Méotis, les rives de l'Hypanis et du Tanaïs. Il est convaincu que « ces contrées firent jadis partie de l'Atlantide dont l'île principale est maintenant au fond du Pont-Euxin ». Il est curieux et très-érudit pour son temps. Il a lu avec amour tous les auteurs qui parlent de l'Atlantide ; il a peut-être surpris, sans vouloir avouer son sacrilége, quelques indices dans les archives sacrées des mages; enfin il a « recueilli, dit-il, assez de fragments et de légendes ayant rapport à cette antique civilisation, » pour se croire capable « de recoudre une fable dont par la suite les héros sont devenus des dieux chez les peuples issus des races échappées au désastre ». «Tel, ajoute-t-il, Satourann, qui doit être Saturne, — Bolkaï, Vulcain; Thor, divinisé chez les Scythes, Némeith, le père de la race celtique, etc. C'est assez te dire, ô lecteur, que ce récit est antérieur à ce que nous connaissons de plus ancien. »

Voyons le récit attribué à ce Psammos.

L'Atlantide est la terre des prodiges qu'enfante la richesse. On croit voir l'agglomération des satrapies d'Orient sous la pression d'un prince absolu. La corruption règne sur ce monde gorgé d'or, et son roi Satourann est le type de la ruse et de la cruauté. Hemla est la fille unique de ce roi des rois. Elle a seule survécu aux quatorze enfants nés du mariage de Satourann et de Bahavani. Pour préserver ses jours, sa mère l'a fait sacrer *ziris*, c'est-à-dire euménide, vouée au culte du feu. Par ce vœu, Hemla est fiancée au redoutable Ptah, le dieu des feux souterrains, qui réside dans le temple Atanor, merveilleux édifice bâti ou plutôt forgé par les cyclopes du roi sur le cratère même du volcan, au centre de l'opulente cité de Sisparis, capitale de l'Atlantide. Ptah, malgré ses rugissements et ses flammes, est adoré comme une divinité secourable, dont la lueur entretient, en l'absence du soleil, l'éternité du jour sur l'heureuse ville des Atlantes.

Cependant la politique de Satourann s'accorde mal avec le célibat imposé à sa fille. Dès que la reine est morte, il déclare à la ziris qu'elle ait à faire choix d'un époux parmi les plus puissants rois ses alliés. De grandes fêtes sont ordonnées, tous les chefs des nations environnantes y sont conviés. Les prétendants arrivent au milieu de bizarres splendeurs. L'un offre à la ziris cent coursiers anoplothères, portant chacun un collier d'or; un autre cent mammouths à longs poils, montés par des sagittaires qui sèment l'épouvante; un troisième croit lui plaire en lui montrant ses cent concubines couronnées de fleurs.

Mais un autre a touché le cœur d'Hemla, c'est le Gète aux cheveux roux, Némeith le monothéiste, le preux, le chevalier des temps primitifs, celui qui ne possède rien que la confiance et l'amour de sa tribu, et qui, pour tout luxe, a planté sur la table du festin l'emblème de sa race, un coq de bois peint en rouge au bout d'un bâton. Némeith rêve aussi de la ziris, mais il a juré amitié à Thor, le chef des Scythes, son frère d'armes. Ils ont bu le sang l'un de l'autre. Thor, emporté, farouche, s'est pris d'une violente passion pour la jeune Atlante, et Némeith le généreux a renoncé à elle.

Après le festin, la ziris doit déclarer son choix en envoyant une corbeille de feuilles de palmier à chacun de ses prétendants. Toutes ces corbeilles contiennent des cadeaux, une seule renfermera l'anneau des fiançailles. Thor ne trouve dans la sienne qu'une hache de fer, don précieux pour un homme qui ne connaît encore que la lame de pierre, mais dont il s'indigne comme d'un affront; Némeith a reçu l'anneau, et, craignant la douleur de son ami, il a caché ce gage dans sa ceinture. Il retourne sa corbeille pour faire croire qu'elle était vide.

— Que lui as-tu donc envoyé? dit le Scythe jaloux à Hemla.

— Ma haine, répond la princesse irritée.

Tous les prétendants se croient joués. Le noir Surtur, roi de Cos, Arhimaz, prince d'Our, le louche Kaïs, roi des Ombos, se querellent avec les Scythes et les Gètes. Thor veut enlever la ziris. On se bat, le sang coule. Les éléphants effarouchés foulent aux pieds les vases d'or et les femmes éperdues. Un personnage vénérable se présente, c'est le grand-mage qui prédit la colère céleste, c'est Xizouthros qui construit l'arche du salut. Il menace et commande. A sa voix, tout se calme ou se tait.

Dans la nuit, Hemla, voyant son père décidé à la contraindre pour qu'elle épouse le noir Surtur, prend la fuite et tombe dans les mains de Thor, qui l'enlève ; le Gète est avec eux.

Poursuivi, on se réfugie sur les montagnes d'Our. Après mille dangers et mille désastres, la ziris se trouve seule sous la protection du coq aux cheveux d'or, et plus que jamais elle l'aime et se sent aimée ; mais ils ne peuvent être l'un à l'autre : Némeith respecte le serment de l'amitié, et le dieu Ptah, jaloux de sa fiancée, secoue la terre, déchaîne les vents, vomit des monstres et apparaît sous la forme d'un cône de laves ardentes qui surgit du sein de la mer bouleversée et furieuse. Hemla, pour l'apaiser, lui jette l'anneau que le Gète lui a rendu, et lui jure de retourner dans Atanor. A ce prix, le volcan épargne son rival.

Mais le Gète, qui ne croit qu'à Heimdall, le dieu père, méprise les forces brutales de la nature. Il obéit à sa conscience en reconduisant la ziris à son temple. Là, au moment de renoncer à elle, il est saisi de colère et de douleur. Il pénètre dans Atanor, et, de sa hache de jaspe, il coupe audacieusement la flamme qui s'exhale du cratère sacré, puis il s'éloigne pour rejoindre Thor, qui revient assiéger Sisparis.

Le rois alliés de Satourann sont vaincus et découragés. Le peuple attribue les désastres de l'empire à l'impiété du roi, qui a offensé le dieu Ptah. On se révolte, le roi comble de victimes humaines la gueule béante du volcan.

La fureur et le désespoir règnent dans Sisparis. Thor y pénètre et réclame la main d'Hemla, que son père épouvanté lui a promise. La ziris le hait et le repousse. Alors le Scythe accuse son ami, l'insulte et le frappe. Ils se battent. La hache de fer du Scythe pénètre dans le flanc de Némeith. Ses guerriers l'emportent sur la montagne, où ils le placent à la manière de leur pays, dans un cercueil de pierre, la face tournée vers l'Orient.

Thor exaspéré veut contraindre la ziris à le suivre. Il viole l'enceinte du temple et crache à la figure de Ptah, l'idole aux yeux de verre. Un bruit formidable répond à cette insulte. La grande tour des astres, où Hemla s'était réfugiée, croule, engloutit le Scythe et le broie sous les décombres.

Hemla reste cramponnée au chambranle d'une porte d'airain qui s'ouvre maintenant sur le vide, au flanc de la muraille éventrée. Elle est perdue, elle va céder au vertige, elle va lâcher prise. Un inconnu sorti de la foule gravit le long de cette ruine qui chancelle comme un homme ivre. Il saisit Hemla, la sauve, l'emporte et disparaît avec elle au milieu de la confusion où se débat dans les horreurs de l'agonie la ville déplorable des Atlantes.

Cette secousse de tremblement de terre, c'est la fin de Satourann et de son peuple, et cet homme prodigieux qui emporte la ziris, c'est Némeith revenu à lui. Gorgo, la belle fille aux dents pointues, l'avait déterré pour le dévorer. Elle l'a caché dans les profondeurs des cavernes où vivent encore de leurs hideuses rapines quelques-unes de ces goules ou kères, derniers restes des gorgones qui suçaient le sang des blessés sur les champs de bataille et rongeaient les os des morts. Elles avaient jadis ravagé l'Atlantide. Vaincues par les vaillantes Amazones, elles erraient encore autour des mourants et enlevaient les nouveaux-nés dans leurs berceaux. Némeith a pu échapper aux effroyables embrassements de la kère; mais une autre femme aussi féroce aux vivants que Gorgo l'est aux cadavres, c'est Arthémis, la reine des Amazones, qui est éprise de Némeith et jalouse d'Hemla. Elle rencontre et poursuit le couple fugitif. Némeith lui échappe, emportant sur son cheval la ziris percée d'une flèche et mourante. Ils fuient toujours au hasard, poussés par l'ouragan qui souffle derrière eux et renverse les forêts sur leur route. La terre s'enfonce et disparaît à mesure qu'ils franchissent les bois et les plaines. Ils cherchent la montagne ; mais Hemla se sent mourir. Elle dit à Némeith de la conduire vers le fleuve Léthé, qui guérit tous les maux.

Némeith obéit, quoique le déluge commence, et, quand il arrive au Léthé un brouillard épais enveloppe la terre et se résout en pluie chaude. Pourtant Hemla est glacée, et cette fois Néméith la crut morte.

« Il s'élança dans l'eau avec son cheval et plongea la ziris à trois reprises. Elle but l'onde bienfaisante, respira, ouvrit les yeux et parla.

» — Sortons d'ici, dit-elle. Qui es-tu, toi qui me tiens dans tes bras ? »

Elle avait perdu la mémoire. Ils gagnèrent le rivage, et, sous la pluie qui tombait toujours, lourde, incessante, Némeith s'écria en se roulant de désespoir sur la terre détrempée :

« — Heimdall lui a envoyé la folie !

» — Que fais-tu là ? lui dit la ziris en riant ! »

Quelques-uns des compagnons et amis du Gète l'avaient rejoint avec leurs guerriers.

» — Coq, lui dit Hu-Gadarn, prends courage et partons. La plaine se remplit d'eau, et la lumière du jour s'éteint dans des nuages de cendre.

» — Ce fleuve d'oubli va-t-il déborder et nous priver tous de raison ? dit Némeith.

» Il reprit Hemla sur son cheval, et tous s'éloignèrent dans la direction des montagnes de la Scythie.

» Elles sont loin, et les terrains délayés par la pluie deviennent impraticables.

» Les chevaux enfoncent dans une vase toujours plus profonde. Exténués de fatigue, ils ne peuvent lutter contre les courants de boue qui bientôt les entraînent avec les rochers, les prairies et les forêts.

» Un cavalier s'enfonce, puis quatre, puis vingt, puis cent.

» Hu-Gadarn crie :

» — Némeith ! si tu revois nos steppes, fais de mon fils un guerrier.

» Et il disparaît.

» Le Gète sent son cheval s'engloutir, il s'empare d'Hemla, il nage et fend les flots impitoyables.

» Ils sont seuls au milieu d'un océan sans rivages.

» — Hemla, te souviendras-tu au moins de ce que tu vois là, si nous en sortons ?

» — Je ne comprends pas, mais j'ai peur.

» Il rencontre le cadavre flottant d'un mammouth. Il s'y cramponne et reprend haleine ; le mammouth disparaît. »

Némeith heurte un autre cadavre, c'est celui d'Herser, son ami. Les torrents l'entraînent. La nuit vint longue et cruelle.

Ils ont trouvé une poutre, puis un tronc d'arbre :

« La pluie qui la veille est tombée en gouttes plus grosses que le poing, tombait en gouttes plus grosses que la tête d'un taureau.. Le froid les perçait de ses flèches. La faim se fit sentir impérieuse, dévorante.

. . . .

» Le jour suivant, une troupe de léviathans leur barra le passage et menaça de les engloutir. Némeith chercha par habitude sa hache de caillou à son flanc, il l'avait laissée dans sa tombe.

» — O Dieu père, dit-il, quand pourrai-je façonner une nouvelle arme dans mes montagnes ?

» Pendant trois jours, ils furent le jouet des flots.

» — Il n'y a donc plus de terre ? disait Némeith avec désespoir.

» Une nef passa dans le lointain, elle était haute comme un palais. Il rconnut l'arche de Xizouthros. Il appela, mais la maison flottante disparut dans les brouillards.

» La ziris pleura.

» Si les hommes nous abandonnent, lui dit Némeith, le grand Dieu nous voit.

. . . .

» Encore six jours, et Némeith, prêt à défaillir, se rappela le talisman que portait Hemla.

» — Qu'y a-t-il dans ce sachet doré ?

» Elle ne s'en souvenait pas. »

Némeith l'ouvrit. C'était un amulette donné à la ziris par sa mère mourante. Que contenait-elle ? Cherchez, lecteur. — C'est une des plus jolies inventions de ce poëme rempli d'idées originales et brillantes.

Mais pourquoi ne vous le dirais-pas ? Le livre est si riche d'événements et de personnages dont je ne vous ai rien dit, que mon analyse ne vous privera pas de mille autres surprises.

Le talisman de la reine des Atlantes contenait un rayon de soleil. Ils ne trouvèrent rien dans le sachet doré, mais « à l'instant même, le rayon perça les nuages et vint réchauffer le couple perdu au sein des eaux ».

. . . .

Quand ils abordèrent, le jeune guerrier cueillit une petite plante.

» — C'est une fleur des montagnes de Kaf, dit-il, nous sommes en Scythie.

» — Quel dieu dois-je remercier, Némeith ? N'es-tu pas dieu toi-même, et n'est-ce pas toi seul que je dois adorer ?

» Némeith n'osa lui rappeler la colère de Ptah et les serments dont le fleuve Léthé l'avait enfin déliée.

. . . .

» Un an après, lorsque les anciens guerriers de Némeith et ceux qui avaient échappé aux feux de Ptah eurent rejoint leur chef, deux beaux jumeaux aux cheveux d'or voyaient le jour devant la hutte de feuillage, sous les grands arbres de la forêt.

» La première fois qu'ils sourirent à leur mère, elle se souvint confusément du passé et dit à Némeith :

» — Ai-je rêvé que j'étais une grande princesse et qu'un peuple immense m'adorait comme une divinité ?

. . . .

» Hemla, qui, dès son enfance, avait lu dans les livres sacrés, recouvra peu à peu la mémoire des événements ; mais les mystères du temple Atanor lui furent à jamais voilés, et le dieu unique des géants et titans barbares, qui avait béni son amour, fut celui qu'elle transmit à sa postérité.

» ... Elle enseigna à ses fils les arts de la civilisation, et tandis que Némeith détruisait les monstres vomis par le déluge, Amphion bâtissait une ville en pierres blanches qui fut appelée Ataba ou Thèbes, la ville mère. Zéthus retrouva dans l'herbe les débris du vieux monde et releva au pays d'Our la ville d'Asgard où avait régné Arhimaz. »

On voit par ces fragments avec quelle simplicité de formes l'auteur raconte ce drame immense. La vision terrifiante d'un monde qui s'écroule gagne, selon nous, à n'être pas chargée de détails et d'épithètes. Où Psammos, écrivain de la décadence, a-t-il puisé ce mélange d'élégance grecque et de sobriété biblique? Dans les traditions recueillies chez les barbares ou dans la fréquentation des pâtres de la Chaldée? Je l'ignore, mais il me semble qu'il a dû lire souvent aussi le ferme et pur récit des prêtres de Saïs rapporté par Platon. A cette salutaire étude de la forme antique, l'auteur a joint adroitement, et sans qu'on sente l'intrusion, les qualités de l'art moderne, l'habileté de composition, la rapidité des événements, l'heureuse influence du sentiment de la peinture sur le procédé descriptif.

Nous avons suivi la ligne principale du roman; à cette arête se rattachent les ramifications de nombreuses aventures, et une foule de personnages indiqués avec une grande fermeté de main. Une figure neuve, horrible et charmante est celle d'Ized, l'Atalante qui remporte tous les prix dans les jeux publics, et qui a été vaincue à la course par le coq de la Gétie. Ized vit avec les péris qui, au pays atlante, ne sont nullement méprisées; mais elle vit chaste, fière et triste. Elle vide d'un trait les larges coupes de vin et reste impassible et froide. Quel secret amer cache donc sa douleur? Il semble qu'elle aime Némeith; mais elle aime aussi la belle et douce Hanaïd, dont elle a voulu être la servante et qu'elle fait périr dans un accès de fureur et de désespoir. Elle l'ensevelit et fuit en dérobant ses longs cheveux qu'elle a coupés et réunis en une seule tresse. Elle va se cacher dans la grotte d'Our et roule un rocher à l'entrée. Là elle ralluma le feu, monta sur une pierre, passa la tête dans le nœud coulant formé par la tresse, « et, ayant appelé trois fois Hanaïd, elle s'élança dans le vide. Un instant le bout de ses pieds agiles effleura le sable comme si elle eût voulu fuir devant la mort ; mais bientôt ils pendirent immobiles et glacés. Le feu de genévrier pétilla une dernière fois et s'éteignit.

« Tout rentra dans l'ombre et le silence.

» Elle avait vingt ans et avait reçu le jour dans cet antre. »

Qu'était-ce donc qu'Ized ?

Une descendante de l'antique race androgyne issue des anges, persécutée par les hommes et qui passait pour disparue.

Cette figure, celle de la gorgone, celle de Mouza l'avaleuse de gemmes et plusieurs autres non moins étranges semblent nous faire assister à une époque de crise où l'humanité veut en vain se dégager du cycle antérieur des créations divines devenues impossibles et monstrueuses. L'Atlantide est encore le refuge des fantômes que rêve, ébauche, lance et abandonne au destin la force créatrice exubérante, goules, hermaphrodites, géants, peuples lithophages, plantes colossales, animaux indomptables, constructions extravagantes, ouvrages délirants de l'homme et de la nature, c'est un monde où le grotesque et l'horrible étreignent sans solution possible le beau et le vrai. Il faut que ce monde mixte entre le ciel et l'enfer finisse sans retour on en éprouve le besoin. Il faut que l'androgyne, ange ou bête, se donne la mort, que la goule voie les cadavres se ranimer sous sa dent venimeuse, que les mangeurs de salamandres crèvent d'intempérance, que le peuple abruti par la peur des feux souterrains soit dévoré par son dieu, que les tours de Babel s'écroulent sans avoir touché aux astres ; il faut que la mer passe son niveau sans pitié sur toutes les énormités d'une société aux prises avec les énormités de la création primitive. C'est aux peuples réputés barbares qu'ils appartient, là comme partout dans l'histoire des civilisations corrompues, de régénérer la race condamnée et d'infuser dans ses veines un sang jeune et vivace.

Hemla est l'emblème de cet hyménée rédempteur. Par une fiction ingénieuse, l'auteur lui ôte la mémoire de ses croyances manichéennes. Elle échappe ainsi à la vengeance de ses dieux cruels et stupides. Elle oubliera jusqu'à leur nom, et c'est en vain que quelques survivants de sa race jureront encore devant elle par *Niroutka, l'ancien dieu.*

Elle a perdu ses titres et son prestige ; elle n'est plus la ziris, la fille sacrée, la vierge du feu, la grande euménide. Plus de richesse, plus de puissance tyrannique. Elle vit sous la hutte de feuillage. Dégagée de ses vœux impies, elle est aimée, elle est mère, elle s'est élevée à la dignité de femme. Elle est utile, elle enseigne, elle travaille, elle existe. La nature humaine est réhabilitée, purgée de ses aberrations, délivrée de ses épouvantes. La notion d'une providence intelligente, ou tout au moins d'une volonté humaine capable de braver et de dominer les forces aveugles de la matière, est entrée dans son esprit. Les éléments ne sont plus déifiés. L'homme n'est plus ni dieu ni esclave. La femme, sœur et compagne, n'est plus fatalement vestale ou courtisane.

La Gaule continuera et développera ces préceptes longtemps gardés dans les chariots de voyage et enseignés autour des feux de bivac de la race nomade celtique.

Février 1867.

XXXIII

A PROPOS

DES

IDÉES DE MADAME AUBRAY [1]

Quand on parle d'un ouvrage de cette valeur et de cette importance, il faut, au risque de paraître lourd, aller franchement au fond des choses.

Madame Aubray est un type idéal et pourtant humain. Elle est bonne et maternelle par nature, enthousiaste, héroïque par conviction. Elle est humaine en ce sens qu'elle va quelquefois trop loin, sa témérité généreuse est essentiellement *femme*. Vous voyez que ce n'est pas une créature impossible ; tous vous connaissez quelque type auquel celui-ci se rapporte, quelque sainte de bonne foi, bien vivante parmi nous, mais plongée dans les rêves du ciel, et dont vous dites : « C'est une tête exaltée, mais c'est un ange ! »

Ce type rare n'est donc pas de fantaisie. Il ne faut

---

1. Comédie, par A. Dumas fils.

pas traiter d'exception les caractères qui résument en eux tout ce qu'il y a de bon en nous, et qui nous montrent une image à laquelle nous voudrions ressembler.

Madame Aubray, ainsi faite, soulève un problème qui date de loin, et qui paraît toujours nouveau dans notre monde païen mal converti à la doctrine évangélique. Elle croit tout simplement à la conversion du pécheur. Nous appelons cela aujourd'hui la réhabilitation, et toutes les écoles socialistes de notre siècle cherchent un idéal renouvelé de l'idéal chrétien. Toutes, comme madame Aubray, marchent dans les pas sacrés qu'un doux et divin maître a laissés ineffaçables sur la poussière des siècles. Quels que soient le nom et la tendance de l'école, il y a toujours au fond ce mot d'ordre : tolérance ou pardon, excuse ou réhabilitation.

Cette figure d'ange pouvait-elle devenir dramatique au théâtre? S'intéresse-t-on à l'être qui ne peut pas faillir?

L'auteur a vaincu cette difficulté effrayante. Madame Aubray se précipite elle-même par la spontanéité de son instinct, par la sublimité de sa doctrine, dans une situation terrible. Son fils unique, un ange comme elle, l'être qu'elle adore par dessus tout, et dont à bon droit elle est fière, a trop profité de ses leçons, trop épousé ses croyances. Il aime une fille déchue, il veut en faire sa femme.

Madame Aubray reconnaît alors, ou qu'elle a mal conseillé son fils, ou qu'elle n'est pas à la hauteur des enseignements qu'elle lui a donnés. Ce jeune homme si pur va donc courir les risques d'une vie de honte et de désespoir? Jeannine est éclairée et convertie, il est vrai: mais si elle retombait dans le péché? Et, d'ailleurs, l'union d'une âme vierge comme celle du jeune Aubray avec l'âme froissée et déflorée de Jeannine, n'est-ce pas là une mésalliance morale? Ce jeune saint, ce jeune apôtre a-t-il mérité les souffrances attachées à une telle situation? Madame Aubray qui voulait marier Jeannine à un autre, à un voisin converti par elle, recule devant le danger d'imposer à son fils une expiation qu'aucune faute de lui n'a provoquée, et qu'aucune obligation contractée ne justifie. Jeannine, humble, sincère, presque innocente du mal qu'elle a commis sans le comprendre, se soumet et s'accuse. Le jeune Aubray, mortellement blessé dans sa croyance et dans sa passion, n'épousera pourtant jamais la femme que sa mère bien-aimée n'aura pas bénie. La foi triomphe dans le cœur de la mère : Camille Aubray épousera Jeannine pardonnée. Telle est, en peu de mots, la donnée de ce drame intime et puissant que tout Paris aspire à entendre, et dont l'analyse faite déjà par tout le monde est inutile à faire ici. Le succès éclatant de l'œuvre est-il dû à l'idée de l'œuvre — aux idées de madame Aubray — ou au talent irrésistiblement persuasif et saisissant de M. Dumas fils?

Au talent d'abord et par-dessus tout, car il n'est pas de sujet, si excellent qu'il soit, qui puisse se passer de l'art de le présenter. Celui-ci était difficile et dangereux entre tous. Il s'agissait de forcer le public à donner raison à une personne qui, aux yeux de la raison, a absolument tort. Il fallait battre en brèche tous les arguments, — et les plus forts arguments — de cette raison pratique et courante qui est la moitié de notre âme.

Oui, — mais ce n'est que la moitié. Le sentiment est l'autre moitié de nous-mêmes, et, en somme, c'est lui qui, bon ou mauvais, l'emporte presque toujours dans la vie, dans la société, dans l'histoire. Ce qui est sage, prudent, logique, nous le comprenons tous, et tous nous nous proposons de n'en pas sortir. Une passion bonne ou mauvaise souffle sur nos dignes résolutions : et ce souffle de tempête en fait de la cendre. La raison d'État nous criait: « Ne fais pas cette guerre ». Mais on a offensé notre orgueil national, et le sentiment national nous fait courir aux armes. La raison individuelle nous disait : « Ne fais pas cette dépense. » Mais la charité ou l'amour de l'art, le sentiment de l'ostentation, ou de l'admiration, ou de la bonté ont parlé plus haut que la prudence. « Je n'épouserai jamais une veuve ! » Elle passe, elle est belle, elle me plaît, je l'aime, je l'épouse. J'ai amassé des trésors en surmontant toutes mes passions. Un beau matin, je deviens joueur ou libertin — ou mieux encore ; l'amour de l'or est revenu passion en moi : je veux tripler ma fortune dont la raison m'ordonnait de me contenter, — je spécule, je risque tout, je me ruine. — En vérité, je vois bien que la raison gouverne nos esprits ; mais je vois qu'à tous les instants de la vie notre conduite lui échappe, et que si le sentiment nous a précipés dans mille désastres et dans mille folies, lui seul nous a fait faire les grandes choses qui marquent les victorieuses phases de la civilisation. Donc, madame Aubray, c'est la lutte de ce qui constitue notre propre nature à tous. Ce n'est pas un problème social soulevé pour le plaisir du paradoxe, c'est une étude des deux forces qui se combattent en nous : le doute éclairé d'en bas et l'espérance éclairée d'en haut. Otez-nous un de ces éléments, nous n'existons plus, nous n'imaginons plus. Le chimiste ne tentera aucune expérience, ou il n'en fera que d'impossibles. Supprimez la foi : le monde acceptera aveuglément ce qui est aujourd'hui, sous prétexte que demain n'est pas à nous, proposition admirablement raisonnable, mais stupide, parce qu'elle paralyse. Supprimez la raison, nous marcherons, oui, et très-vite, mais comme une locomotive livrée à elle-même.

C'est avec un art infini, une adresse merveilleuse et surtout avec une bonne foi complète, une équité vraiment victorieuse, que l'auteur des *Idées de madame Aubray* a exposé cette lutte universelle, résumée par les agitations intérieures de quelques personnages pris dans le milieu le plus actuel et le mieux connu. Rien d'exceptionnel dans leurs caractères, pas même dans celui de madame Aubray, qui représente l'élément sincèrement religieux, et qui le représente de la manière la plus féminine : logique poussée à l'extrême, nulle prévision des obstacles, nul doute, nul souci du danger, l'héroïsme de l'enfant sur la barricade. Pour soutenir le choc de cette nature ardente, il fallait une force de résistance bien trempée. Ce choix a été fait de main de maître. Le vieux ami de la maison, M. Barantin, est l'avocat de la raison, avocat aussi excellent (aussi fort) aussi sympathique que madame Aubray elle-même. Point de déclamation entre ces deux personnages d'élite. Une causerie serrée, affectueuse, nette, bien motivée, vissée, pour ainsi dire, à l'action de la pièce, et s'emparant de vous comme par des liens de fer. Ces deux personnages assis qui discutent sans quereller, et qui vous forcent à écouter l'exposé de leurs idées en même temps que celui de leur situation personnelle, c'est un tour de force tout à fait neuf au théâtre, et devant lequel le public étonné, saisi comme dans un étau, s'est passionné au moment où il craignait d'être ennuyé.

C'est que l'auteur apprécie apparemment le bon sens autant que l'enthousiasme ; c'est que son intelligence heureusement équilibrée contemple avec amour les deux faces du vrai. — Nous savons bien qu'il y en a une troisième. Le cerveau humain cherche à se compléter en découvrant la souveraine sagesse qui accorderait les deux contraires et tracerait à chacun sa limite d'action. Il ne l'a pas trouvée. La trouvera-t-il ?

Nous n'y sommes pas, mais nous y aspirons sans cesse, et s'il existe un chemin pour nous y conduire, c'est l'analyse désintéressée et l'examen courageux du pour et du contre. Toute autre étude est vaine, et si l'on y fait bien attention, cette recherche de la sagesse est au fond de toutes les œuvres réussies et vraiment solides. Elle est dans le *Misanthrope* comme elle est dans *Hamlet*, elle est dans tout le théâtre sérieux, et, comme le théâtre n'est pas une chaire où les révélations s'affirment, mais une tribune où les aspirations se manifestent c'est par l'exposé des passions que la vérité, un peu livrée à elle-même, se dégage et va frapper les yeux et toucher les cœurs. La science de ce grand art consiste donc à faire aimer le vrai, à le rendre palpable, pour ainsi dire, à le livrer pour ce qu'il vaut à ceux qui le cherchent aussi et qui sont capables de l'apprécier.

Le public a généreusement prouvé en cette rencontre qu'il n'avait pas arboré la pâle bannière du scepticisme. Un succès d'enthousiasme a consacré les généreux élans de madame Aubray, des flots de larmes ont absous Jeannine. La raison satisfaite a acclamé les résistances de Barantin, et puis elle a *exigé* le dénoûment que lui ménageait l'auteur, car un mouvement de douloureuse impatience s'est manifesté à la première représentation durant la terrible expiation que s'impose Jeannine en s'accusant devant celui qu'elle aime de hontes et de lâchetés imaginaires. Si l'auteur eût faibli là, s'il n'eût pas osé l'absoudre, ce public exalté par la compassion l'eût abandonné. Il était si monté, si convaincu, si impérieux, qu'il se fût indigné du triomphe de la raison.

C'est là un bon symptôme, un de ces embrasements de l'esprit qui prouve que le feu sacré vit encore et que la France est le pays du sentiment par excellence. Ceux dont l'opinion résiste à la morale de la pièce, disent aujourd'hui que, sans l'immense habileté de l'auteur, elle n'eût pas été acceptée. Soit! qu'est-ce que cela prouve, sinon que l'habileté mise au service du bien et du bon trouve sa véritable puissance et frappe comme le fluide électrique? C'est alors qu'elle change de nom, s'il vous plaît, et qu'elle devient quelque chose de plus que le talent.

On est convenu d'appeler autrement en littérature l'emportement lyrique qui touche aux nuages. Oui, certes, le génie est là, mais il est aussi dans l'examen attentif et profond des mouvements de l'âme humaine, et dans l'art de porter la conviction en s'emparant de l'intérêt. Habile, tout ce que vous voudrez, M. Dumas fils est plus qu'ingénieux et adroit. Il est une force de premier ordre à partir de *madame Aubray*. On ne soulève pas des montagnes avec de l'esprit seulement.

Il a eu — et il méritait de les avoir — d'excellents nterprètes : Arnal, un des plus grands comédiens qui aient illustré la scène; mademoiselle Delaporte, angélique de candeur et de sensibilité; madame Pasca, belle comme la vertu de madame Aubray. Les autres artistes pleins de charme, de convenance ou de conviction, ont bien montré qu'ils sentaient la portée de l'œuvre qui leur était confiée.

Mars 1867.

XXXIV

LES BEAUX MESSIEURS DE BOIS-DORÉ

AU THÉATRE DE L'ODÉON

A MONSIEUR ÉMILE DE GIRARDIN

Mon cher ami,

Vous m'écrivez que votre rédacteur dramatique est en ce moment malade, et vous me demandez de faire moi-même le rendu-compte de la représentation des *Beaux Messieurs de Bois-Doré*. J'ai dit d'abord : « Non, ce serait une réclame. » Vous m'avez répondu : « Parlez de Bocage, à propos de l'autre grand artiste qui le remplace dans le personnage principal de la pièce. » Je ne dois pas reculer ; car l'un a accepté le rôle avec une crainte modeste qui l'honore, et l'autre, — je n'en ai jamais parlé au public depuis sa mort.

Dans les commencements de cette séparation cruelle, je voulais lui payer mon tribut, cela m'a été impossible. En vieillissant on se dessèche : telle est la croyance générale des jeunes. Hélas non! La vieillesse n'a pas toujours ce bénéfice de l'indifférence ou de l'impuissance du cœur! En vieillissant ceux qui ont aimé beaucoup deviennent plus sensibles à la douleur. Tant de coups frappés par la mort sur leur âme fatiguée rendent leur sensibilité plus irritable, leur plaie plus saignante, et ce n'est qu'après des années de silence qu'ils trouvent le courage de parler de ceux qu'ils ont vus partir. Malgré soi on mettrait trop de personnalité dans les regrets, et le public n'a que faire de nos larmes; il a les siennes, et son fardeau n'est pas plus léger que le nôtre!

Bocage était le représentant en chair et en os de la littérature exubérante de son temps. Sa personne, sa figure avaient les beautés et les étrangetés de l'école. Il avait l'aspect souffrant, gauche ou excessif; mais son visage avait la beauté intellectuelle de la forte inspiration, et son regard brillait du feu sacré.

Son intelligence répondait à son aspect. Il parlait trop, il s'épuisait en détails, il composait mal ses récits et ses discussions, il s'y perdait; mais l'éclair y revenait à chaque instant, et au moment où l'on se croyait fatigué de l'entendre, on se sentait repris par une clarté éblouissante de l'esprit ou de la passion.

Ses lettres complétaient cet ensemble de contrastes. Il écrivait beaucoup et longuement, insistant sur des redites et disséminant ses observations fouillées avec excès; mais quand ce trop plein d'inquiétude et d'activité fiévreuse était épuisé, la lumière se faisait, et on voyait apparaître l'artiste de premier ordre, net, logique, et merveilleusement simple au sortir d'une analyse vague et compliquée.

Je ne sais si d'autres que moi ont pu l'apprécier autant sous ce rapport. Peut-être avais-je plus besoin de conseil que tout autre. Les siens m'ont ranimé et retrempé vingt fois et non pas seulement par rapport aux choses de l'art : il avait, au milieu de beaucoup d'erreurs et de préventions, un sens profond et admirablement généreux des choses de la vie. Son idéal était chevaleresque. Il avait représenté beaucoup de héros ; il était, à ses heures bonnes et vraies, le héros qu'il avait joué.

Tel je l'ai connu pendant trente ans. Il était difficile de ne pas se brouiller avec lui ; il était susceptible et violent. Il était impossible de ne pas se réconcilier vite ; il était fidèle et magnanime. Il vous pardonnait admirablement les torts qu'on n'avait pas eus envers lui, et cela était aussi bon et aussi beau qu'un pardon réel et fondé, puisque son imagination y allait de bonne foi.

C'est en réalité pour Bocage que la pièce des *Beaux Messieurs de Bois-Doré* fut faite, il y a six ans.

Pauvre grand artiste! depuis des années il souffrait, il végétait. Il avait toujour autant de talent, il l'a bien prouvé! mais il n'avait plus de bonheur. Frappé dans sa fortune, vaincu dans ses idées, il ne se plaignait qu'en secret à de rares amis. Ce n'était pas assez pour ce pur caractère de ne demander rien, il refusait tout. Ce grand citoyen, car c'était réellement un grand citoyen que Bocage, portait la douleur et la détresse avec une sorte de majesté théâtrale qui imposait le respect par sa sincérité.

Souvent ironique, mais d'une ironie faite d'enthousiasme, parfois misanthrope, mais d'une misanthropie faite d'amour, épris d'un sévère idéal, s'il exigeait beaucoup de ses amis, il exigeait trop de lui-même. Il voulait qu'on devinât les chagrins qu'il cachait, et il s'irritait quand on les avait découverts.

Le romantisme ne l'avait pas rendu exclusif. Il adorait tout ce qui est grand et beau. Nul n'a compris comme lui le *Tartuffe* de Molière.

Sa mort a caractérisé sa vie; sa maladie était ce souffle haletant et pénible que l'on appelle l'asthme, et qui était bien sensible dans sa diction nerveuse et entrecoupée. L'émotion l'étouffait, et dans les scènes de passion il avait je ne sais quoi de convulsif et de rentré dans le gosier, qui portait l'émotion du spectateur jusqu'au déchirement. Il semblait que l'air de ce temps fût impossible à respirer à cette noble poitrine.

A la fin, les rôles lui manquaient; tous les directeurs doutaient de lui.

Quand Paul Meurice et moi lui avons offert son dernier rôle, Sylvain de Bois-Doré, ce ne fut pas sans peine qu'on l'accepta au théâtre de l'Ambigu. Beaucoup de gens disaient avec raison : « Hélas! prenez garde, il en mourra; il est fini. »

C'est alors qu'il m'écrivit : — « Je sais ce qu'on vous dit de moi, mon amie; mais prenez garde! si je joue ce rôle, j'en mourrai peut-être ; mais si je ne le joue pas, j'en mourrai à coup sûr! »

On avait pensé à Lafont alors. J'ignore si on avait fait une démarche auprès de lui; mais devant le cri de désespoir de Bocage, j'insistai. Il joua le rôle, il le joua jusqu'au bout.

Je le vis un soir dans sa loge; il me dit : « C'est ma fin, mais je tombe au champ d'honneur comme un bon soldat. »

La première représentation avait été pour lui une véritable ovation. Les jeunes gens des écoles et une foule d'hommes de toutes les classes du peuple et de la bourgeoisie l'avaient ramené chez lui. Il les avait remerciés, m'a-t-on dit, en les priant avec douceur de ne pas s'exposer à cause de lui aux brutalités de la police qui eût pu prendre ce rassemblement pour une émeute.

Il ne joua pas le vieux marquis de Bois-Doré, il fut le personnage même, tel que l'auteur du roman l'avait rêvé, tel que l'auteur de la pièce l'avait réellement créé.

J'ai le droit de dire ici que le type est éminemment intéressant et dramatique, puisqu'en rassemblant des traits épars dans la longue et facile analyse d'un livre, Paul Meurice a modelé de ses propres mains une figure qui se pose en quelques mots et se manifeste vivante en quelques scènes. C'est ainsi qu'avec la légende du *Juif errant*, Quinet a fait *Ahasvérus*, et que beaucoup d'autres maîtres ont donné la personnalité à des figures entrevues à travers le récit et la tradition, bonne ou mauvaise, qui leur en avait donné l'idée première.

La mort tenait Bocage, mais le personnage, le type, la création de l'artiste, Sylvain de Bois-Doré, échappait à la mort et semblait la tenir à distance. Pendant trois mois, cloué tous le jour sur son lit, ne parlant pas, ne dormant pas, Bocage se relevait le soir et faisait revivre l'héroïque et chimérique vieillard.

Dans la première partie du rôle, il se moquait peut-être un peu trop de lui-même, comme un enfant qui sait à quoi s'en tenir sur ses poupées. Il était, à mon sens plus spirituel que naïf, et Lafont me semble avoir mis plus de naïveté dans la conception, partant plus de comique. Mais Lafont est bien portant et bien vivant, et le pauvre Bocage avait bien de la peine à faire sourire la mort !

Dans la seconde partie, où Bois-Doré revient à l'humanité par le sentiment paternel, Bocage a laissé à tous ceux qui l'ont vu l'impression d'une apparition sublime, ineffaçable. Son masque blême, ses cheveux blancs rejetés en touffes sur son vaste front transparent, son attitude royale, sa noble sénilité, c'était bien là sa chose et son œuvre. En ne disant rien, en ne faisant rien que se montrer, il souleva des tempêtes d'applaudissements.

Le reste du rôle fut l'apogée de son talent dramatique. Quel justicier! quel punisseur auguste! Tout ce que la vieillesse a de prestigieux et de sacré dans une grande âme fut dans son geste, dans sa parole et dans ces yeux limpides, admirables, où rayonnaient l'indignation contre le meurtrier et la tendresse pour l'enfant.

Lafont n'a pas fait oublier Bocage, et c'est tant mieux; car Lafont est un autre type admirable qui s'altérerait en copiant. Puisque l'occasion m'y entraîne, je veux dire qu'il sert la pièce autrement. Il la rend plus douce et plus consolante. On sent que ce beau vieillard solide vivra pour bénir les enfants de Mario. Il a le bras ferme pour punir le traître. Ce n'est pas le duel convulsif et désespéré qui provoque l'effroi, c'est la majesté vaillante d'un paladin qui vivra cent ans, redoutable.

Lafont joue dans sa nature et il fait bien. Il ne tromperait personne en courbant sa taille imposante et en faisant trembler sa main vigoureuse. Il a toute la tendresse de la situation, et il joue merveilleusement la scène où il croit reconnaître Mario; mieux encore celle où il est certain de l'avoir reconnu.

Me voilà entraîné à parler des autres artistes, je serais trop injuste si je ne le faisais pas.

Mario, tel que l'a compris et tracé Paul Meurice, est double aussi. Il n'était pas facile de se passer ici des développements que le conteur peut donner à un personnage qu'il prend au berceau et conduit jusqu'au mariage. Il fallait résumer en quelques heures le passé et l'avenir de l'enfant sans le vieillir d'un jour.

L'auteur de la pièce s'en est tiré avec une habileté simple si l'on peut ainsi parler. Il en a fait un enfant caressant et tendre, innocent surtout. Mario sert de messager d'amour, d'un amour aussi pur d'ailleurs que lui-même, sans savoir, sans comprendre, comme une bible où l'on cacherait un billet doux.

L'enfant ne demanderait pas mieux que d'être gai, joueur et moqueur. Il voudrait être de son âge, et par moment il en est comme malgré lui ; mais il a une lourde tâche, un devoir terrible à remplir : il faut qu'il trouve, il faut qu'il punisse l'assassin de son père. Mademoiselle Jane Essler rend ces deux aspects avec une puissance et un charme extraordinaires.

Quand Mario raille doucement Jovelin, ou contrefait Clindor, ou dit la bonne aventure au marquis, Jane Essler a la grâce naïve et mutine dans sa plus sincère fraîcheur. Mais, quand le débile vengeur devine le meurtrier, quand il le suit, le guette et le dépiste, quand il lit son crime dans les cartes, comme un jeune servant inspiré du temple Delphique, quand surtout témoin du premier duel où son père a succombé, il devient le témoin redoutable du second qui le venge, — sa figure énergique et charmante, son accent nerveux, son geste ardent et jeune, font penser à ce que pouvait être Hamlet enfant.

Quant à Berton, notre ami Louis Ulbach, dont l'article m'arrive en ce moment, l'a apprécié d'une manière exquise : « Il combine la tête de Molière et la tête de Shakespeare. Chose singulière, c'est peut-être moins le caprice du comédien que la logique de son rôle qui lui a donné cette physionomie touchante! N'est-il pas le disciple du génie, l'élève de Galilée, le proscrit, le représentant de tout ce qui est grand et beau, mais de tout ce qui fait souffrir; et n'est-il pas juste dès lors qu'il ait le sourire, le regard, la mélancolie d'aspect, les résignations superbes, les fiertés tendres de ce martyr qui s'appelait Molière, de ce rival de Dieu qui s'appelait Shakespeare? »

Nul acteur n'est mieux doué que Berton. Sa voix est une mélodie, comme sa personne est la grâce et l'élégance même. Joignez à cette diction et à cette tenue qui charment l'œil et l'oreille un sens délicat et profond des nuances. La chose la plus difficile au théâtre est peut-être de faire parler l'amour avec conviction et sans emphase, car dans la vie réelle l'amour parle peu ou mal. Il faut qu'il soit éloquent et persuasif sur la scène. C'est pourquoi les *amoureux* sont si rares et si recherchés.

La direction de l'Odéon n'a reculé devant aucun sacrifice pour associer les *étoiles* de première grandeur à sa pléiade. Elle a mis pour la première fois en présence Lafont et Berton.

Paul Deshayes est un superbe aventurier, après avoir été, la veille, un *Jean Bonnin* parfait de comique et de naïveté. Mademoiselle Antonine est gracieuse et jolie. M. Reynald, qui a si généreusement accepté un petit rôle, est d'une distinction rare. Tous les autres artistes méritent des éloges et des remerciements. Clerh est un vieux serviteur toujours distingué aussi, et qui dit bien. L'Odéon pourrait le mettre plus en vue;

nous savons qu'il a des cordes qui n'attendent qu'un souffle d'encouragement pour vibrer.

Je remercie tous ces bons artistes ici, comme je ferais dans une préface.

La mise en scène est splendide; les meubles, de vrais meubles du temps ont été trouvés et choisis avec le goût d'un artiste et la science d'un antiquaire; les costumes sont d'une beauté et d'une exactitude qui font plaisir aux peintres.

Je pensais n'avoir à parler que de Bocage, de Lafont par conséquent. J'ai fait innocemment ma *réclame*, on me la pardonnera. J'aime les comédiens; cela scandalise pourtant quelques esprits austères. On m'a reproché aussi d'aimer les paysans. Ce sont deux travers dont je ne rougis pas et que j'ai le droit de me permettre.

Je les connais bien; j'ai passé ma vie avec eux, et je les ai dépeints comme je les ai vus. Les uns nous donnent, au grand soleil, le pain du corps; les autres, à la lueur du gaz, nous donnent le pain quotidien de la fiction, si nécessaire à l'esprit inquiet et troublé par la réalité. Parmi ces derniers, il y a de grands et nobles caractères qui ont conscience d'eux-mêmes. Bocage était de ceux-là, et le temps est venu où un comédien peut laisser dans le souvenir de ses contemporains la trace sérieuse d'une belle vie couronnant un grand talent.

Septembre 1867.

XXXV

L'ÉDUCATION SENTIMENTALE

PAR

GUSTAVE FLAUBERT [1]

Gustave Flaubert est un grand chercheur, et ses tentatives sont de celles qui soulèvent de vives discussions dans le public, parce qu'elles étendent et font reculer devant elles les limites de la convention.

Ce qui nous a vivement frappé dans son nouveau livre, c'est un plan très-original, et qui eût semblé irréalisable à tout autre. Il a voulu peindre un représentant de la plupart des types qui s'agitent dans le monde moderne. Le roman a pour habitude de n'en peindre que deux ou trois, de les destiner à certaines aventures, de ne mettre sur leur chemin que des personnages de second et de troisième ordre; de composer l'action comme un peintre compose son tableau, laissant dans l'ombre ou dans le vague certaines par-

---

1. Chez Michel Lévy, rue Vivienne, 2 *bis*.

ties dites sacrifiées, concentrant les effets de lumière, mettant ainsi en relief ce qu'il juge avoir l'importance principale. Ce procédé très-connu et très répandu doit-il être arbitraire? Nous ne le pensons pas; du moins devant un tableau conçu autrement et magistralement réussi, il est permis d'en douter.

Et puis, nous l'avons déjà dit ailleurs, et nous croyons ne pas devoir changer d'avis, le roman étant une conquête nouvelle de l'esprit, doit rester une conquête libre. Il perdrait sa raison d'être le jour où il ne suivrait pas le mouvement des époques qu'il est destiné à peindre ou à exprimer. Il doit se transformer sans cesse, forme et couleur. On en a fini avec les données classiques absolues; le roman y a contribué autant que le théâtre; il est le terrain neutre et indépendant par excellence.

Plus nous avançons dans l'histoire dont nous sommes les éléments vivants, plus la diversité de vues, qui n'est autre chose que la liberté de conscience, veut être et se manifester.

Ce n'est donc pas au nom des théories rigides qui ont si longtemps tyrannisé la littérature qu'on peut avec équité et avec lumière juger les maîtres nouveaux. Vieux écoliers, je n'aime pas les pédagogues. Avant de comparer un ouvrage d'art à ceux qui ont pris place dans les panthéons, je me rappelle que les panthéons ne se sont jamais ouverts qu'à regret aux novateurs, et après des luttes obstinées. Je vois que les chefs-d'œuvre ne se ressemblent pas, et que quand on a dit avec emphase : *le procédé des maîtres*, on a dit une chose vide de sens. Chaque maître, digne de ce titre, a eu son procédé. Toutes les manifestations du beau et du vrai ont été bouleversées par le temps et le milieu qui ont produit les individualités puissantes.

Heureusement! car s'il nous fallait rester pétrifiés dans l'admiration des premières révélations de l'art, nous n'aurions pas un portrait historique ressemblant. La figure léonine de Condé serait une reproduction du Jupiter antique. Nous n'aurions pas non plus l'expression historique de l'art. La Diane de Goujon ne nous eût pas transmis l'idéal si particulier de la renaissance. Le maître nous eût donné une copie servile de l'art grec, c'est-à-dire qu'il n'eût pas été un maître.

Voilà bien des raisons qu'on ne conteste plus, et on s'étonne pourtant encore des choses nouvelles, on hésite avant de les admettre. Gustave Flaubert a dû débuter par un ouvrage de premier ordre pour vaincre certains préjugés. Le plus curieux de ces préjugés, c'est celui qui consiste à vouloir que la morale d'un livre soit présentée de telle ou telle façon, consacrée par l'usage. Si elle se présente autrement, fût-ce d'une manière encore plus frappante et plus incisive, le livre est déclaré immoral. O rangaine! que ton règne est difficile à détruire!

Après *madame Bovary*, Gustave Flaubert a produit un terrible et magnifique poëme, qui a été moins compris par tout le monde, mais que les lettrés ont apprécié à sa valeur. *Salammbô* est l'œuvre d'une puissance énorme, effrayante. C'est un monde gigantesque qui se meut et rugit en masse autour de figures monumentales. L'auteur aime à manier des légions. Il joue avec les foules. Après s'être concentré dans l'étude d'une bourgeoise pervertie, il a mis en scène les nations, les races qui s'entre-dévorent. Nous avouons que notre admiration est surtout pour ce côté hardi et grandiose de son imagination; mais quand, par un de ces contrastes qui lui sont propres, il redescend dans le monde de l'observation, nous le suivons avec la certitude qu'il ne s'y comportera pas comme le premier venu.

Le voici qui nous conduit dans la vie vulgaire et qui semble avoir résolu de nous la montrer si fidèlement que nous en soyons aussi effrayés que de la chute de madame Bovary ou du supplice de Matho. Il a réussi à produire une sensation nouvelle : le rire indigné contre la perversité et la lâcheté des choses humaines, quand, à des époques données, elles vont à la dérive toutes ensemble.

Épris de ces vues d'ensemble qui avaient éclairé si fortement l'histoire de Salammbô, il a exprimé cette fois l'état général qui marque les heures de transition sociale. Entre ce qui est épuisé et ce qui n'est pas encore développé, il y a un mal inconnu, qui pèse de diverses manières sur toutes les existences, qui détériore les aptitudes et fait tourner au mal ce qui eût pu être le bien; qui fait avorter les grandes comme les petites ambitions, qui use, trahit, fait tout dévier, et finit par anéantir les moins mauvais dans l'égoïsme inoffensif. C'est la fin de l'aspiration romantique de 1840 se brisant aux réalités bourgeoises, aux rouerie de la spéculation, aux facilités menteuses de la vie terre à terre aux difficultés du travail et de la lutte. Enfin, comme le sous-titre du livre l'annonce, c'est l'histoire d'un jeune homme, — d'un jeune homme qui, comme tant d'autres, eût volontiers contribué à l'histoire de son temps, mais qui a été condamné à en faire partie comme chaque flot qui s'enfle et s'écroule fait partie de l'Océan. Peu de ces lames sans nom ont la chance de porter un navire ou de déraciner un rocher : ainsi de la foule humaine : elle s'agite et retombe quand elle ne rencontre pas les grands courants, ou elle tourne sans but sur elle-même quand elle plie sous les vents contraires.

Le *jeune* homme dont nous suivons l'éducation sentimentale à travers les déceptions d'une triste expérience ne serait pas un type complet s'il n'échouait pas par sa faute. Il n'a pas l'énergique constance des exceptions, les circonstances ne l'aident point et il ne réagit pas sur elles. Le romancier dispose comme il l'entend des événements de son poëme ; celui-ci ne veut rien demander à la fantaisie pure. Il peint le courant brutal, l'obstacle, la faiblesse ou l'inconstance des lutteurs, la vie comme elle est dans la plupart des cas, c'est-à-dire médiocre. Son héros est, par un point essentiel, semblable au milieu qu'il traverse ; il est tour à tour trop au-dessus ou trop au-dessous de son aspiration. Il la quitte et la reprend pour la perdre encore. Il conçoit un idéal et ne le saisit jamais ; la réalité l'empoigne et le roule sans pouvoir l'abrutir. Il ne trouve pas son courant et s'épuise à ne pas agir. Vrai jusqu'au bout, il ne finit rien et ne finit pas. Il trouve que le meilleur de sa vie a été d'échapper à une première souillure, et il se demande s'il a échoué dans son rêve de bonheur par sa faute ou par celle des autres.

Ce type si frappant de vérité est le pivot sur lequel s'enroule le vaste plan que l'auteur s'est tracé ; et c'est ici que le dessin de l'action nous a paru ingénieux et neuf. Ce *moi* du personnage qui subit toutes les influences et traverse toutes les chances du *non moi*, ne pouvait exister sans une corrélation continue avec de nombreux personnages. Il y a là l'étude approfondie de tous les types et de tous les actes bons et mauvais qui influent fatalement sur une situation particulière. Dès lors le scénario du roman, multiple comme la réalité vivante, se croise et s'enlace avec un art remarquable. Tout vient au premier plan, mais chacun y vient à son tour, et ce n'est pas une froide photographie que vous avez sous les yeux, c'est une représentation animée, changeante, où chaque type agit en passant avec son groupe de complices ou de dupes, avec le cortége de ses intérêts, de ses passions, de ses instincts. Ils traversent rapidement la scène, mais en accusant chaque fois un pas de plus dans la voie qu'ils suivent, et en jetant un résumé énergique, un court dialogue, parfois une phrase, un mot qui condense, avec une force de naïveté terrible, la préoccupation de leur cerveau.

Gustave Flaubert excelle dans ces détails, qu'on dirait saisis sur nature, dans ces mots que l'on croit avoir entendus, tant ils parlent juste du caractère et de la situation. Sous ce rapport, il est logicien comme Balzac, qui inventait des choses plus vraies que la vérité même.

L'analyse d'un ouvrage si complet est impossible. A la lecture, la complication disparaît, tant l'action de chacun est bien placée sur son rail. On s'inquiéterait à tort d'avoir à faire connaissance non avec cinq ou six personnages, mais avec un groupe nombreux, une petite foule. L'auteur vous présente et vous ramène adroitement tous ses types. Ils marchent sous la tourmente qui les pousse au dévouement, au mensonge, au mal, au ridicule, à l'impuissance ou au désenchantement. Il faudrait les citer tous, car tous ont une valeur d'étude sérieuse. Tous représentent un souvenir frappant, qui, en réalité, l'a peut-être navré ou obsédé, mais qui, refondu et remanié par une forte et habile main d'artiste, lui apparaît excusable ou comique. C'est ainsi que le théâtre nous fait rire des travers qui, dans la vie, nous font bâiller, et nous porte à juger philosophiquement les torts qui nous ont froissés.

Il n'y a pas de question *morale* comme on l'entend soulevée dans ce livre. Toutes les questions, solidaires les unes des autres, s'y présentent en bloc à l'esprit, et chaque opinion s'y juge d'elle-même. Quand il sait si bien faire vivre les figures de sa création, l'auteur n'a que faire de montrer la sienne. Chaque pensée, chaque parole, chaque geste de chaque rôle exprime clairement à chaque conscience l'erreur ou la vérité qu'il porte en soi. Dans un travail si bien fouillé, la lumière jaillit de partout et se passe d'un résumé dogmatique. Ce n'est pas être sceptique que de se dispenser d'être pédant.

Ce livre appartient-il au réalisme? Nous confessons n'avoir jamais compris où commençait le réel, comparé au vrai. Le vrai n'est vrai qu'à la condition de s'appuyer sur la réalité. Celle-ci est la base, le vrai est la statue. On peut soigner les détails de cette base, c'est encore de l'art. Tout le monde sait que le piédestal du Persée de Benvenuto Cellini, à Florence, est un bijou ; on regrette que la statue ne soit pas un chef-d'œuvre. On avait le droit de l'exiger. Nous donnerions volontiers au réalisme le simple nom de science des détails. Le *vrai*, dont il ne peut se passer, et dont il ne se passe pas quand il est manié avec talent, c'est la science de l'ensemble, c'est la synthèse de la vie, c'est le sentiment qui ressort de la recherche des faits.

Nous ne savons donc pas du tout si Balzac était réaliste et si Flaubert est réaliste. On les a souvent comparés l'un à l'autre parce qu'ils ont le même procédé. Ils établissent leur fiction sur une grande étude de la vie réelle. Mais ils diffèrent par des qualités essentielles, et là s'arrête la comparaison. Flaubert est grand poëte et excellent écrivain. Balzac, moins correct en fait de goût, a plus de feu et de fécondité.

Ce qui nous est arrivé en achevant la lecture de l'*Éducation sentimentale* arrive à quiconque ferme un livre lu avec plaisir ou avec émotion. Nous avons dit : Qu'est-ce que cela prouve? Cette réflexion est stupide quand elle s'applique à une étude simple, car il y a des études simples comme il y a des corps simples. Mais devant une étude de la vie multiple, de la combinaison, de la vie sociale en un mot, on a le droit de demander à l'auteur où il nous mène et ce que nous devons penser de cette vie qu'il met sous nos yeux, et qui est censée la nôtre.

Ici l'auteur se tait-il?

Il a mis devant nos yeux un miroir en disant : « Regardez-vous; si votre image n'est pas ressemblante, celle de votre voisin le sera peut-être. » Et, en effet, nous avons tous trouvé le voisin ressemblant. C'est à nous de conclure et de nous demander si notre époque est effectivement médiocre, ridicule, et condamnée à l'éternel avortement de ses aspirations.

La majorité des opinions, qui a disposé de nos destinées jusqu'à ce jour, et qui n'a pas su nous donner un état social libre et logique, a été médiocre en effet, et c'est une douce punition que de la vouer au ridicule; mais l'éternel avortement n'est pas dans la nature matérielle, il ne saurait être dans la nature pen-

sante. Nous ne pouvons exiger qu'un artiste nous
raconte l'avenir, mais nous pouvons le remercier de
nous faire, d'une main ferme, la critique du passé.
Donc, la réponse est simple et facile : Que prouve ton
livre, écrivain humoristique, railleur sévère et profond ? — Ne dis rien. Je le sais, je le vois. Il prouve
que cet état social est arrivé à sa décomposition et
qu'il faudra le changer très-radicalement. Il le prouve
si bien qu'on ne te croirait pas si tu disais le contraire !

Nohant, 10 décembre 1869.

XXXVI

REPRISE DE *LUCRÈCE BORGIA*

A VICTOR HUGO, A GUERNESEY

Mon grand ami, je sors de la représentation de *Lucrèce Borgia*, le cœur tout rempli d'émotion et de joie. J'ai encore dans la pensée toutes ces scènes poignantes, tous ces mots charmants ou terribles, le sourire amer d'Alfonse d'Este, l'arrêt effrayant de Gennaro, le cri maternel de Lucrèce; j'ai dans les oreilles les acclamations de cette foule qui criait : Vive Victor Hugo ! et qui vous appelait, hélas ! comme si vous alliez venir, comme si vous pouviez l'entendre.

On ne peut pas dire, quand on parle d'une œuvre consacrée telle que *Lucrèce Borgia* : « Le drame a eu un immense succès; » mais je dirai : vous avez eu un magnifique triomphe. Vos amis du *Rappel*, qui sont mes amis, me demandent si je veux être la première à vous donner la nouvelle de ce triomphe. Je le crois bien que je le veux! Que cette lettre vous porte donc, cher absent, l'écho de cette belle soirée.

Cette soirée m'en a rappelé une autre, non moins belle. Vous ne savez pas que j'assistais à la première représentation de *Lucrèce Borgia*, — il y a aujourd'hui, me dit-on, trente-sept ans, jour pour jour?

Je me souviens que j'étais au balcon, et le hasard m'avait placée à côté de Bocage, que je voyais ce jour-là pour la première fois. Nous étions, lui et moi, des étrangers l'un pour l'autre : l'enthousiasme commun nous fit amis. Nous applaudissions ensemble ; nous disions ensemble : « Est-ce beau! » Dans les entr'actes, nous ne pouvions nous empêcher de nous parler, de nous extasier, de nous rappeler réciproquement tel passage ou telle scène.

Il y avait alors dans les esprits une conviction et une passion littéraires qui tout de suite vous donnaient la même âme et créaient comme une fraternité de l'art. A la fin du drame, quand le rideau se baissa sur le cri tragique : « Je suis ta mère ! » Nos mains furent vite l'une dans l'autre. Elles y sont restées jusqu'à la mort de ce grand artiste, de ce cher ami.

J'ai revu aujourd'hui *Lucrèce Borgia*, telle que je l'ai vue alors. Le drame n'a pas vieilli d'un jour ; il n'a pas un pli, pas une ride. Cette belle forme, aussi nette et aussi ferme que du marbre de Paros, est restée absolument intacte et pure.

Et puis, vous avez touché là, vous avez exprimé là avec votre incomparable magie le sentiment qui nous prend le plus aux entrailles ; vous avez incarné et réalisé « la mère ». C'est éternel comme le cœur.

Lucrèce Borgia est peut-être, dans tout votre théâtre, l'œuvre la plus puissante et la plus haute. Si *Ruy Blas* est par excellence le drame heureux et brillant, l'idée de *Lucrèce Borgia* est plus pathétique, plus saisissante et plus profondément humaine.

Ce que j'admire surtout, c'est la simplicité hardie qui sur les robustes assises de trois situations capitales a bâti ce grand drame. Le théâtre antique procédait avec cette largeur calme et forte.

Trois actes, trois scènes, suffisent à poser, à nouer et à dénouer cette étonnante action :

La mère insultée en présence du fils ;
Le fils empoisonné par la mère ;
La mère punie et tuée par le fils ;

La superbe trilogie a dû être coulée d'un seul jet, comme un groupe de bronze. Elle l'a été, n'est-ce pas ? Je crois même me rappeler comment elle l'a été.

Je me rappelle dans quelles conditions et dans quelles circonstances *Lucrèce Borgia* fut en quelque sorte improvisée, au commencement de 1833.

Le Théâtre-Français avait donné, à la fin de 1832, la première et unique représentation du *Roi s'amuse*. Cette représentation avait été une rude bataille et s'était continuée et achevée entre une tempête de sifflets et une tempête de bravos. Aux représentations suivantes, qu'est-ce qui allait l'emporter, des bravos ou des sifflets? Grande question, importante épreuve pour l'auteur....

Il n'y eut pas de représentations suivantes.

Le lendemain de la première représentation, *le Roi s'amuse* était interdit « par ordre », et attend encore, je crois, sa seconde représentation. Il est vrai qu'on joue tous les jours *Rigoletto*.

Cette confiscation brutale portait au poëte un préjudice immense. Il dut y avoir là pour vous, mon ami, un cruel moment de douleur et de colère.

Mais, dans ce même temps, Harel, le directeur de la Porte-Saint-Martin, vient vous demander un drame pour son théâtre et pour mademoiselle Georges. Seulement, ce drame, il le lui faut tout de suite, et *Lucrèce Borgia* n'est construite que dans votre cerveau, l'exécution n'en est pas même commencée.

N'importe! vous aussi, vous voulez tout de suite votre revanche. Vous vous dites à vous-même ce que vous avez dit depuis au public dans la préface même de *Lucrèce Borgia* :

« Mettre au jour un nouveau drame, six semaines après le drame proscrit, ce sera encore une manière de dire son fait au gouvernement. Ce sera lui montrer qu'il perd sa peine. Ce sera lui prouver que l'art et la liberté peuvent repousser en une nuit sous le pied maladroit qui les écrase. »

Vous vous mettez aussitôt à l'œuvre. En six semaines, votre nouveau drame est écrit, appris, répété, joué. Et, le 2 février 1833, deux mois après la bataille du *Roi s'amuse*, la première représentation de *Lucrèce Borgia* est la plus éclatante victoire de votre carrière dramatique.

Il est tout simple que cette œuvre d'une seule venue, soit solide, indestructible et à jamais durable, et qu'on l'ait applaudie hier comme on l'a applaudie il y a quarante ans, comme on l'applaudira dans quarante ans encore, comme on l'applaudira toujours.

L'effet, très-grand dès le premier acte, a grandi de scène en scène, et a eu, au dernier acte, toute son explosion.

Chose étrange! ce dernier acte, on le connaît, on le

sait par cœur, on attend l'entrée des moines, on attend l'apparition de Lucrèce Borgia, on attend le coup de couteau de Gennaro.

Eh bien! on est pourtant saisi, terrifié, haletant, comme si on ignorait tout ce qui va se passer; la première note du *De Profundis* coupant la chanson à boire vous fait passer un frisson dans les veines; on espère que Lucrèce Borgia sera reconnue et pardonnée par son fils, on espère que Gennaro ne tuera pas sa mère. Mais non, vous ne le voudrez pas, maître inflexible; il faut que le crime soit expié, il faut que le parricide aveugle châtie et venge tous ces forfaits, aveugles aussi peut-être.

Le drame a été admirablement monté et joué sur ce théâtre, où il se retrouvait chez lui.

Madame Laurent a été vraiment superbe dans *Lucrèce*. Je ne méconnais pas les grandes qualités de beauté, de force et de race que possédait mademoiselle Georges; mais j'avouerai que son talent ne m'émouvait que quand j'étais émue par la situation même. Il me semble que Marie Laurent me ferait pleurer à elle seule. Elle a eu comme mademoiselle Georges, au premier acte, son cri terrible de lionne blessée : « Assez! assez! » Mais, au dernier acte, quand elle se traîne aux pieds de Gennaro, elle est si humble, si tendre, si suppliante, elle a si peur, non d'être tuée, mais d'être tuée par son fils, que tous les cœurs se fondent comme le sien et avec le sien. On n'osait pas applaudir, on n'osait pas bouger, on retenait son souffle. Et puis toute la salle s'est levée pour la rappeler et pour l'acclamer en même temps que vous.

Vous n'avez eu jamais un Alfonse d'Este aussi vrai et aussi beau que Mélingue. C'est un Bonington, ou mieux, c'est un Titien vivant. On n'est pas plus prince et prince italien, prince du xvi⁰ siècle. Il est féroce et il est raffiné. Il prépare, il compose et il savoure sa vengeance en artiste, avec autant d'élégance que de cruauté. On l'admire avec épouvante faisant griffe de velours comme un beau tigre royal.

Taillade a bien la figure tragique et fatale de Gennaro. Il a trouvé de beaux accents d'âpreté hautaine et farouche, dans la scène où Gennaro est exécuteur et juge.

Brésil, admirablement costumé en faux hidalgo, a une grande allure dans le personnage méphistophélique de Gubetta.

Les cinq jeunes seigneurs, que des artistes de réelle valeur, Charles Lemaître en tête, ont tenu à honneur de jouer, — avaient l'air d'être descendus de quelque toile de Giorgione ou de Bonifazio.

La mise en scène est d'une exactitude, c'est-à-dire d'une richesse qui fait revivre à souhait pour le plaisir des yeux toute cette splendide Italie de la renaissance. M. Raphaël Félix vous a traité — bien plus que royalement — artistement.

Mais — il ne m'en voudra pas de vous le dire — il y a quelqu'un qui vous a fêté encore mieux que lui, c'est le public, ou plutôt le peuple.

Quelle ovation à votre nom et à votre œuvre !

J'étais tout heureuse et fière pour vous de cette juste et légitime ovation. Vous la méritez cent fois, cher grand ami. Je n'entends pas louer ici votre puissance et votre génie, mais on peut vous remercier d'être le bon ouvrier et l'infatigable travailleur que vous êtes.

Quand on pense à ce que vous avez fait déjà en

1833! Vous aviez renouvelé l'ode; vous aviez, dans la préface de *Cromwell*, donné le mot d'ordre à la révolution dramatique; vous aviez le premier révélé l'Orient dans les *Orientales*, le moyen-âge dans *Notre-Dame de Paris*.

Et, depuis, que d'œuvres et que de chefs-d'œuvre! que d'idées remuées, que de formes inventées! que de tentatives, d'audaces et de découvertes!

Et vous ne vous reposez pas! Vous saviez hier là-bas à Guernesey qu'on reprenait *Lucrèce Borgia* à Paris, vous avez causé doucement et paisiblement des chances de cette représentation, puis à dix heures, au moment où toute la salle rappelait Mélingue et madame Laurent après le troisième acte, vous vous endormiez afin de pouvoir vous lever selon votre habitude à la première heure, et on me dit que, dans le même instant où j'achève cette lettre, vous allumez votre lampe, et vous vous remettez tranquille à votre œuvre commencée.

4 février 1870.

FIN

TABLE

		Pages
I.	— Préfaces générales, 1842-1851............	1
II.	— Mars et Dorval................	13
III.	— *Obermann*, par de Sénancour........	25
IV.	— A propos de *Romans et Nouvelles*......	43
V.	— Souvenirs de madame Merlin.........	53
VI.	— Marie Dorval................	61
VII.	— Ingres et Calamatta.............	65
VIII.	— Les Poëtes populaires............	73
IX.	— Lamartine, utopiste.............	79
X.	— Dialogues familiers sur la poésie des prolétaires.	91
XI.	— Préface du *Chantier*, par Charles Poncy...	159
XII.	— Préface des *Poésies de Magu*.........	189
XIII.	— Hamlet...................	195
XIV.	— Réception de Sainte-Beuve à l'Académie française.................	201
XV.	— Deburau..................	215

TABLE

XVI.	— Arts. — Théâtre de la République, théâtre de l'Opéra.	223
XVII.	— Préface des *Conteurs ouvriers,* par Gilland.	233
XVIII.	— La Comédie italienne.	249
XIX.	— *Bouquet de marguerites,* par Charles Poncy.	257
XX.	— Préface de : *Le Monde des papillons,* par Maurice Sand.	269
XXI.	— A propos de *La petite Fadette.*	279
XXII.	— Le Réalisme.	287
XXIII.	— Préface de *Masques et Bouffons,* par Maurice Sand.	295
XXIV.	— Préface de *Six mille lieues à toute vapeur,* par Maurice Sand.	299
XXV.	— Lettre sur Salammbô.	303
XXVI.	— La Vierge à la chaise de Raphaël.	313
XXVII.	— Pourquoi les femmes à l'Académie ?	319
XXVIII.	— *Les Miettes de l'Histoire,* par Auguste Vacquerie.	333
XXIX.	— A propos de *Madelon,* par Edmond About.	339
XXX.	— *Victor Hugo, raconté par un témoin de sa vie.*	357
XXXI.	— *L'Histoire de Jules César.*	363
XXXII.	— *Le Coq aux cheveux d'or,* par Maurice Sand.	379
XXXIII.	— A propos des *Idées de madame Aubray.*	397
XXXIV.	— *Les Beaux Messieurs de Bois-Doré,* au théâtre de l'Odéon.	405
XXXV.	— *L'Éducation sentimentale,* par Gustave Flaubert.	415
XXXVI.	— Reprise de *Lucrèce Borgia.*	425

Imprimerie de Poissy — S. Lejay et Cie.

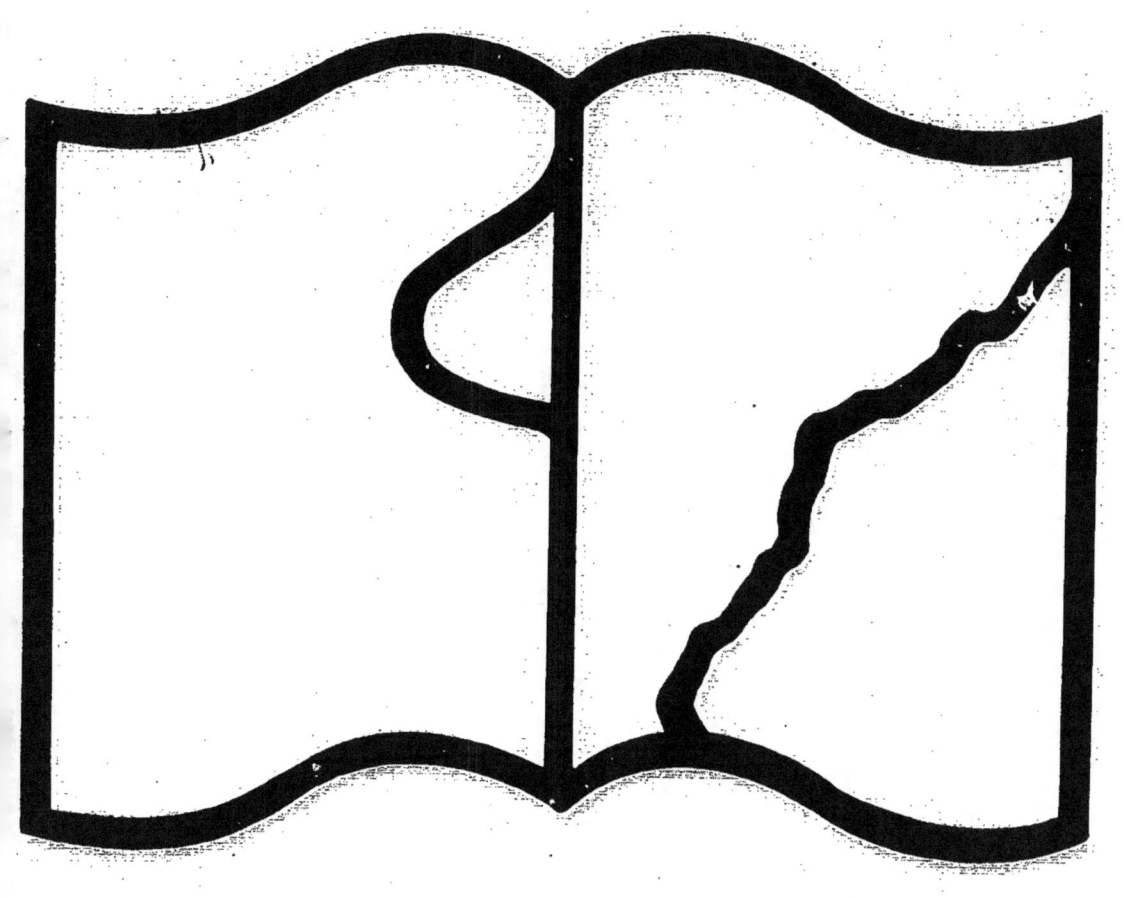

Texte détérioré — reliure défectueuse
NF Z 43-120-11

www.ingramcontent.com/pod-product-compliance
Lightning Source LLC
Chambersburg PA
CBHW071110230426
43666CB00009B/1897